Der zweite Band seiner Erinnerungen, aus dem Nachlaß herausgegeben von Hans-Martin Gauger und Wolfgang Mertz, umfaßt die Zeit von Golo Manns Exil in Frankreich ab 1933 bis zu seiner Flucht über Lissabon in die Vereinigten Staaten 1940. Diese Jahre in Frankreich zählen zu den unbeschwertesten in seinem Leben. Erstmals konnte er sich in einer »unbelasteten« Umgebung frei fühlen, hier durfte er seine eigenen Fähigkeiten entfalten und er selbst sein, nicht nur der Sohn des Literaturnobelpreisträgers Thomas Mann. Er wurde Deutschlektor in St. Cloud und später in Rennes. Besuche bei den Eltern in Küsnacht, Exkurse über den Einfluß französischer Dichter und vor allem Historiker auf sein Werk und ein Kapitel über seine Zeit in einem französischen Internierungslager in der Provence runden diese Erinnerungen zu einem »Portät des Historikers als junger Mann«.

Golo Mann, 1909–1994, wurde in München geboren. Er erhielt zahlreiche Literaturpreise, so auch den Goethepreis 1985. Vor allem zwei Bücher machten ihn über Fachkreise hinaus bekannt und zum erfolgreichsten deutschen Historiker: ›Deutsche Geschichte des 19. und 20. Jahrhunderts‹ (1958; Bd. 11330) und die große Wallenstein-Biographie (1971; Bd. 13654); weitere Publikationen: ›Wir alle sind, was wir gelesen. Aufsätze und Reden zur Literatur‹ (1989); ›Zeiten und Figuren‹ (Bd. 3428); ›Friedrich von Gentz‹ (S. Fischer; 1995); ›Erinnerungen und Gedanken. Eine Jugend in Deutschland‹ (Bd. 10714).

Unsere Adresse im Internet: www.fischer-tb.de

Golo Mann

Erinnerungen und Gedanken

Lehrjahre in Frankreich

Herausgegeben von
Hans-Martin Gauger und
Wolfgang Mertz

Fischer Taschenbuch Verlag

2. Auflage: Oktober 2001

Ungekürzte Ausgabe
Veröffentlicht im Fischer Taschenbuch Verlag GmbH,
Frankfurt am Main, Dezember 2000

Lizenzausgabe mit Genehmigung des
S. Fischer Verlages GmbH, Frankfurt am Main

Druck und Bindung: Clausen & Bosse, Leck
Printed in Germany
ISBN 3-596-14952-5

Inhalt

Zur Entstehung dieses Buchs

Schon am 7. Februar 1986, als noch nicht einmal die Fahnen von *Eine Jugend in Deutschland*, dem ersten Band seines Memoirenwerks *Erinnerungen und Gedanken*, vorlagen, sorgte sich Golo Mann, siebenundsiebzigjährig, in einem Brief an den Verlag über den »deo volente nachfolgenden Band«: Er wollte sparsamer mit Zitaten aus seinen Tagebüchern umgehen, ausgenommen die Aufzeichnungen seiner Erlebnisse im Lager in Frankreich aus dem Jahr 1940.

Nach dem großen Erfolg von *Eine Jugend in Deutschland* – das Buch erschien im November 1986, fünf Monate danach waren 100000 Exemplare verkauft – hoffte der Autor, die aufgelaufenen »Schulaufgaben« zügig zu erledigen und das Frankreich-Kapitel zu beginnen. Frankreich war für seine innere Entwicklung entscheidend, weil er hier zum ersten Mal aus dem Schatten des Vaters trat. Er erinnerte sich gerne an die École Normale Supérieure von Saint-Cloud, an Rennes weniger, und sicher wollte er auch eine Dankesschuld an Félix Pécaut, den Direktor von Saint-Cloud, seinen väterlichen Freund und Mentor, abtragen.

Die Arbeit am Manuskript jedoch stockte; das Jahr 1987 verging, auch eine Kur in Bad Vals (Graubünden) beförderte nichts, Golo Mann klagte über Müdigkeit und Abhaltungen; nur die Übersetzungsverträge für den ersten Band heiterten ihn ein wenig auf. Am 26. Januar 1988 konnte der Verlag dann das Eintreffen von 215 Manuskriptseiten bestätigen und seiner Begeisterung über das »Vorspiel« und große Teile der Jahre in Frankreich Ausdruck verleihen.

Aber dieses Jahr 1988 brachte keine weiteren Fortschritte – Golo Mann schrieb am 17. Oktober: »Noch immer komme ich zu dem zweiten Band überhaupt nicht und das stimmt mich sehr melancholisch«, so daß der Verlag für den 80. Geburtstag im Frühjahr 1989 ersatzweise einen Band mit Aufsätzen und Reden zur Literatur vorschlug (*Wir alle sind, was wir gelesen*). Das paßte auch zu den Arbeitsplänen des Autors: Er wollte in zwei Exkursen seiner Erinnerungen dankbar festhalten, was ihm von französischer Geschichtsschreibung und französischer Literatur wichtig geworden war. Der zweite Exkurs freilich blieb Fragment. Alle zitierten Textstellen hat Golo Mann selber übersetzt. Er war ein vorzüglicher Übersetzer – auch diese Seiten zeigen es.

Im Juni 1989 stellte sich heraus, daß offensichtlich das Böhmen-Kapitel den Autor blockierte. Der Versuch, als Tscheche – Heinrich besaß seit Sommer 1935, Thomas, Katia und Golo Mann seit Herbst 1936 und Klaus seit Frühjahr 1937 einen tschechischen Paß – sich in Prag auf eigene Füße zu stellen, scheiterte; so auch der Bericht von dieser kurzen, düsteren Lebensspanne. Im Nachlaß von Golo Mann, den das Schweizerische Literaturarchiv in Bern bewahrt, liegt ein Fragment von 19 Seiten, das er dem Verlag nie zu sehen gab. Am 12. Oktober 1990 schrieb er nach Frankfurt: »...ich glaube, daß ich es fast ganz weglassen soll.« Es wurde denn auch in dieses Buch nicht aufgenommen.

Am 13. Juli 1989 erhielt der Verlag die Manuskriptseiten 216 bis 262 mit den Exkursen und einem vorläufigen Schluß des Frankreich-Kapitels, bestehend vorwiegend aus späten Briefen von Félix Pécaut. Erneut schlug der Verlag seinem Autor vor, von der chronologischen Abfolge abzugehen und einen glückhafteren Lebensabschnitt anzupacken, zum Beispiel ein großes Kapitel über die Schweiz, die ihm zur zweiten Heimat geworden war. Kurz nachdem der Autor sich

und dem Verlag im Oktober 1989 noch einmal versichert hatte, das Werk im Jahr 1990 abschließen zu wollen, übersiedelte Golo Mann für längere Zeiträume in das Haus seiner Schwiegertochter in Leverkusen und wurde im März 1990 zum ersten Mal operiert. Die Medikamente schwächten ihn das ganze Jahr über, er trug sich noch mit dem Gedanken, den Aufenthalt in den französischen Lagern anno 1940 und die Flucht über die Pyrenäen auszuarbeiten, die Schweiz ausführlich, die USA dann nur flüchtig zu beschreiben – alles in dem bereits zitierten Brief vom 12. Oktober 1990.
Im Januar 1991 mußte Golo Mann erneut ins Krankenhaus. Er schickte im Februar 1992 einen Text über die französische Literatur und einen Monat später die Aufzeichnungen aus seinem Tagebuch von 1940, die der Verlag als Abschluß des zweiten Bandes vorsah – Golo Mann hat der Publikation des vorliegenden Manuskripts zugestimmt.
Der Verlag hat in Absprache mit Ingrid Beck-Mann Hans-Martin Gauger und Wolfgang Mertz mit der Herausgabe dieses zweiten Bandes von *Erinnerungen und Gedanken* beauftragt. Jener hat in der Festschrift zum 70. Geburtstag den außerordentlichen Beitrag »Zum Stil Golo Manns« veröffentlicht und stand mit unserem Autor seit 1964 in freundschaftlichem Kontakt; dieser betreute als Lektor und Geschäftsführer des S. Fischer Verlags Golo Mann vom Jahr 1982 bis zu dessen Tod im April 1994 und redigierte in ungetrübter Eintracht mit ihm *Eine Jugend in Deutschland.*
Grundlage der Texte dieses Buchs bildet die letzte, von Golo Mann durchgesehene Fassung der Manuskripte im Besitz des Schweizerischen Literaturarchivs, dessen Leiter, Herrn Dr. Thomas Feitknecht, der Verlag zu Dank verpflichtet ist.
Vergleichbar der Arbeit am Manuskript des ersten Bandes haben die Herausgeber vor allem die Angaben verifiziert,

Abschreibfehler korrigiert, extreme Interpunktionsformen normalisiert; Textauszüge fremder Autoren wurden gelegentlich gekürzt. Die Herausgeber danken Herrn Volker Wittenauer für seine Mithilfe. Alles sollte im Interesse des verehrten Autors geschehen – in Gedanken an die mal lässige, mal brummige Zustimmung Golo Manns, wie sie der Verlag bereits bei der Redaktion des ersten Bandes erfahren hatte.

Mit der Publikation dieses Buchs gedenken wir auch des 90. Geburtags (27. März 1909) und des fünften Todestags (7. April 1994) von Golo Mann. Es vertieft das Bild, das er uns von sich hinterließ, und die nunmehr kompletten *Erinnerungen und Gedanken* geben uns den *ganzen* bedeutenden und liebenswerten Menschen. Was diesen Entwicklungsroman angeht, schrieb er uns am 12. Oktober 1990: »Mit dreißig oder Anfang dreißig ist man fertig, oder sollte es sein.«

Der Verlag

Vorspiel

Ein Augustnachmittag unter strahlendem Himmel. Die Terrasse einer Villa unweit Toulon, über dem Meer gelegen, jedoch von ihm getrennt durch eine Wiese, in der ein Knaben-Jüngling sich mit dem Bau eines Zeltes beschäftigt. Der Gastgeber: Graf Carlo Sforza, italienischer Diplomat, Botschafter in Paris zur Zeit von Mussolinis »Marsch auf Rom«, ein paar Jahre später im Protest gegen das neue Regime aus dem Vaterland geschieden, verheiratet mit einer Belgierin, lebt nun in Brüssel von politisch-historischer Schriftstellerei. Ein überaus stattlicher Mann, vielleicht lombardischer Herkunft, wie so mancher seiner Standesgenossen. Die Gäste: zwei seiner gleichfalls emigrierten Landsleute, Historiker beide, Guglielmo Ferrero, lang, hager, ein wenig melancholisch dreinblickend, und Gaetano Salvemini, um einen Kopf kleiner als sein Kollege. Die drei Italiener tragen Voll- oder Spitzbärte. Salvemini hieß ursprünglich anders. Seinen neuen Namen – »Möget ihr gerettet werden« – gab er sich, als er, einen Tag nach dem Erdbeben nach Messina zurückkehrend, Frau und Kinder erschlagen fand. Das war nun lange her, zweiundzwanzig Jahre, und Salvemini der lachlustigste in der Gesellschaft. Die deutschen Gäste: Julius Meier-Graefe, gefeierter, überwiegend nach Frankreich neigender Kunsthistoriker, jedoch ganz deutscher Herr, hochgewachsen und mit einem Monokel hantierend, in der Mitte der Sechziger. Seine Frau könnte seine Tochter, beinahe seine Enkelin sein, sie hat ihn von Saint-Cyr hierher chauffiert, chauffiert ihn immer, worüber er uns einmal

eine melancholische Erzählung, *Der Mitfahrer*, vorlas; dann Heinrich und Thomas und Katia Mann, letztere zusamt ihrem Sohn G. Wir unsererseits waren von dem jüngeren Sohn des elsässischen Schriftstellers René Schickele, mit Namen Rainer, hierher chauffiert worden.
Bei der Ankunft begrüßte TM den Grafen auf deutsch, um alsbald dessen letzten Essay, *Die Rückkehr der Junker*, in starken Tönen zu loben, nicht ganz zu Recht übrigens, denn der Autor hatte die Rolle, welche die »Junker« im neuen Deutschland spielten, stark überschätzt. Nun war es interessant, den Diplomaten zu beobachten, während er der freundlichen Ansprache lauschte: seine Züge drückten höfliche, sogar gespannte Aufmerksamkeit aus, zugleich aber auch die Tatsache, daß er kein Wort verstand, da er des Deutschen nicht mächtig war. Mein Vater, nach einer Weile die Situation erratend, bat die Mutter zu dolmetschen; ungern, denn sie, die Französisch noch vor der Muttersprache erlernt hatte, beherrschte es noch immer völlig. Solches in seiner Gegenwart zu zeigen, machte ihr Vergnügen, ihm weniger. Die Unterhaltung wurde dann, während zwei oder drei Stunden, auf französisch geführt.
Von was sie handelte? Natürlich von Faschismus und Nationalsozialismus, von der Gefahr, in der Frankreich sich nun befand, und von den beiden Diktatoren. Es war der Ehrgeiz der Deutschen zu beweisen, daß ihre neuen Herrscher unvergleichlich böser seien als jene in Rom; was die Italiener mit der Hilfe von Gegenbeispielen energisch bestritten, Salvemini unter Lachen, Ferrero in tiefem Ernst. Sforza hatte Mussolini persönlich gut gekannt, als Botschafter noch unter ihm gedient, häufig mit ihm gesprochen. »Er ist Journalist, Journalist und nichts als Journalist«, versicherte er uns, »als Lügner nicht zu bezahlen, sonst aber einfallsarm, ohne solide Kenntnisse, momentan dankbar für jede ihm zuge-

tragene Idee.« Schließlich einigte man sich darauf, daß Mussolini der Bösere, Hitler der Dümmere sei – wozu ich schwieg, der Ereignisse der vergangenen sechs Monate eingedenk, die ich erlebt hatte. Im ganzen blieb das Gespräch eine wunderliche Mischung aus Heiterkeit und Düsternis. Sforza: »Ein Bündnis zwischen Deutschland und Italien bedeutet die Invasion Frankreichs.« Oder: »Binnen zwei Jahren wird man nach Australien auswandern müssen, Sie wie wir.« Dann wieder schlug jemand vor, wir sollten ein gemeinsames höhnisches Telegramm an Mussolini richten. Sforza: »Da würde er einen epileptischen Anfall erleiden…« Insgesamt ein Meinungsaustausch, wie ich solche während eines langen Sommers, Juni bis September 1933, nur zu oft über mich ergehen lassen mußte: Originell nur die Gegenwart der Italiener, die sonst fehlten. Sie winkten uns noch einmal zu, als wir wieder in unseren Wagen saßen: »Nieder mit allen Diktatoren!« Dies unter einem letzten Lachen.
Dagegen zeigte TM am Abend sich bedrückt: Diese Italiener hätten anfangs gewiß auch auf eine baldige Rückkehr gerechnet und lebten in schwieriger Fremde nun schon seit zehn Jahren.

Nach einigen Wochen in Bandol, wo die Familie, den Onkel Heinrich mit eingeschlossen, in einem Hotel hauste, wurde oberhalb des westlich benachbarten Ortes Sanary, weder Dorf noch Stadt, eine bescheidene Villa gefunden, die mit gutem Recht *La Tranquille* hieß; das Meer nahe, die Autostraße fern und alles zum Leben Nötige vorhanden. Wie froh TM war, nach vier Monaten unsteten Hotellebens, wieder, wäre es auch noch so flüchtig, im eigenen Haus zu wohnen, mag man in seinem Tagebuch nachlesen. Die Familie: die Eltern, die »beiden Kleinen«, Elisabeth und

Michael, nun 15 und 14 Jahre alt, Monika und ich. Dazu gesellte demnächst sich eines der »Mädchen«, die in der Münchner Poschingerstraße gedient hatten, Fräulein Maria F., vielseitig begabt und ebenso gutmütig; ihre vertraute Gegenwart machte das Haus entschieden heimeliger oder heimischer. Eine häufige Besucherin in der Villa war deren Besitzerin, Frau Marchesani.

Von ihr erzählte man sich in Sanary, wo man alles über alle wußte, Wahres und Unwahres: »Elle se pique« – in diesem Fall eine Wahrheit, denn die Dame pflegte mit ihrer Tochter anzukommen und sprudelnder Laune zu sein. Nach einer Weile sank sie in sich zusammen, grau und stumm. Die Tochter winkte ihr, die beiden verschwanden, um nach ein paar Minuten zurückzukehren, die Mutter so fidel wie anfangs, und bald wußten wir warum: Die Tochter hatte in der Garage des Hauses ihr eine weitere Morphium-Spritze verabreicht. Die Szene erinnerte unheimlich genau an jene in der Oper *Hoffmanns Erzählungen*, in welcher die vom Helden geliebte Automatenpuppe Koloratur singt, nach einer Weile der Motor am Ende ist und ihre Stimme kläglich zu scheitern droht, worauf ihr »Vater« und der dämonische Brillenkünstler Coppélius eine Kurbel an ihrem Körper drehen und der Gesang seine hohe Pracht wiedergewinnt... In der Familie pflegten wir unsere Vermieterin »Frau Morphesani« zu nennen.

Da für mich in der Villa kein Platz war, nahm ich Quartier in einer Pension nahebei, wurde aber bald davon befreit dank der Vermittlung von Schickele. Er hatte sich mit einem nordamerikanischen Schriftsteller angefreundet, Seabrook mit Namen, vielgereister Mann, vertraut besonders mit Zentralafrika, damals noch beinahe terra incognita, worüber er Reportagen veröffentlichte. Sogar stand er im Geruch, Menschenfleisch verspeist zu haben, was er mir gegenüber weder bestätigte noch dementierte, dem Freunde Schickele aber genauestens beschrieb. Seabrook war von gewaltiger Körperkraft und erratischem Charakter: einmal liebenswürdig und humoristisch, einmal aggressiv oder unansprechbar, zumal wenn er getrunken hatte, was oft geschah. Sein Bericht über eine Entziehungskur, *Asylum*, wurde sein erfolgreichstes Buch. Seine Frau Marjorie, Schriftstellerin auch sie, war so zart und blaß wie er stark und von gerötetem Teint. Das ungleiche Paar hatte sich ein altes Gebäude am Meer gemietet, etwa eine Stunde westlich von Sanary, halb Schloß, halb Ferme, arg heruntergekommen, *La Gorgette*. Die Wände im Haus trugen sonderbaren Schmuck: grausige afrikanische Masken, Waffen auch, Ringe und Ketten. Daß die Eheleute solche Dinge liebten, aktiv er, sie passiv, darüber wurde in der Umgegend geplaudert. Selber, als ich nun in der Burg hauste, kann freilich nicht behaupten, je unheimliche Töne gehört zu haben.

Bald entstand Freundschaft zwischen dem Mieter, der nichts bezahlte, und der Schloßherrschaft. Seabrook hatte in früher Jugend Philosophie studiert und eine Dissertation über *Zeit, Raum und Kausalität* verfaßt. Das führte, zumal ich meinen Immanuel Kant noch frisch im Gedächtnis trug, zu manch wunderlichem Gespräch. Ein gleichfalls beliebtes, grundverschiedenes Thema war der Krieg; Seabrook war amerikanischer Soldat gewesen in Frankreich, anno 1918, und erinnerte sich gern daran: die Jagd auf Menschen sei wenigstens so interessant wie die auf Löwen... Unvergeßlich bleibt mir der Besuch eines französischen Malers, der, aus den Niederlanden kommend, den Untergang der Kunst zusamt aller Menschenwelt prophezeite. Solches nach reichlichem Cognacgenuß. Was seine pessimistischen Ansichten auf den Gipfelpunkt brachte, waren die Ereignisse in Deutschland: »Wenn Einstein – auf dessen Kopf ein Preis gesetzt worden ist – ermordet wird, dann bringe ich drei Deutsche um.« Am traurigsten fand er, daß die weite Welt Hitler nicht den mindesten Widerstand leistete. Als ich ihm den Grafen Sforza als Gegenbeispiel beschrieb, rief er: »Das ist ein Masochist!« Man konnte es ihm nicht recht machen. Seabrook fand das Gespräch unangenehm und wiederholte mehrmals: »Aber X., was hast du da aus Holland für eine Philosophie mitgebracht! Du warst doch sonst nicht so, du machst nur Späße.« Aber nur zu deutlich waren es keine…

Dann wieder gab es in der *Gorgette*, vielmehr in dem Hof davor, gewaltige Feste. Wie anders als die Einladungen, welche meine Eltern, welche das Ehepaar Schickele gaben; da wurde entweder politisiert, ein trostarmes Sich-Drehen immer im selben Kreis, oder vorgelesen, von TM aus *Joseph und seine Brüder*, von Schickele aus dem Roman, an dem er gerade arbeitete, *Die Witwe Bosca*, von Heinrich Mann aus einem stetig wachsenden französischen Essayband, welcher *La Haine* heißen sollte und von Nazideutschland handelte. Da also wurde dem Zusammensein Sinn gegeben, in einem Fall ein trostarmer, im anderen ein guter und, wenn man von Heinrichs düster grotesken Darbietungen absah, ein erfreulicher. Bei Seabrooks Festen brauchte man nach Sinn nicht zu suchen, er lag in der Sache selbst; zumal in der ausschweifenden Bewirtung. Da wurde zum Beispiel ein halber Ochse gebraten, ein riesiges Faß Wein angestochen, über einen gewaltigen Eisblock unter Glas floß eine Pfirsich-Bowle – bekanntlich macht nichts so rasch betrunken wie alkoholisierte Früchte. Dazu ein Gewimmel mehr oder weniger namhafter Gäste. Da waren neben anderem Volk eines Abends anwesend: Heinrich und Thomas Mann mit ihren Damen, Julius Meier-Graefe, René Schickele mit Gattin und zwei Söhnen, Lion Feuchtwanger und Arnold Zweig; dazu

ein Brite, Aldous Huxley, der unter all den Deutschen sich etwas fremd ausnahm.
Seine Biographin, Sybille Bedford, will wissen, die deutschen Schriftsteller hätten auf ihn herabgeblickt und sich selber als »Dichterfürsten« überaus ernst genommen. Übrigens habe ich den Verdacht, daß unter dem Namen Sybille Bedford sich niemand anderes verbirgt als die Tochter unserer Frau Marchesani, die damals bis über die Ohren in Huxley verliebt war und wohl immer blieb. Das mit dem »Herabblicken« konnte schon physisch nicht stimmen, da Huxley alle Anwesenden um Haupteslänge überragte. Seinerseits hielt er, wie ich seiner Biographie entnehme, von den deutschen Emigranten nicht viel. »Eine ziemlich traurige Gesellschaft«, schrieb er seinem Bruder Julian, dem Biologen. »Schon zeigen sie die katastrophalen Wirkungen des Exils. Wollen wir hoffen, daß wir nicht selber zu wandern haben, wenn Oswald Mosley zur Macht kommt.« Mosley: der Anführer einer britischen Faschistenbewegung, die es nie sehr weit brachte. Huxley war damals schon nicht mehr der spottende Gesellschaftspsychologe, als den ich ihn ehedem in seinem Roman *Point Counter Point* kennengelernt hatte; er war schon unterwegs zu dem Mystizismus, dem er sich später in Kalifornien, im Exil – wenngleich es ein freiwilliges war – ergab. Ein einziges kurzes Gespräch durfte ich in der *Gorgette* mit ihm führen. Über Politik, britische Politik: da meinte er, man werde in seinem Vaterland die Arbeitslosigkeit ohne große Experimente überwinden, worin er recht behielt. Als wir zur britischen Monarchie, zu Georg V. kamen, bemerkte ich mit Stolz: »C'est un allemand« – wobei ich seine hannoveranisch-coburgischen Ahnen im Sinn hatte. Huxley war und blieb zeit seines Lebens ein Verächter jedes Nationalismus. Gelegentlich der Ermordung Mahatma Gandhis meinte er, auch dieser edle Geist

sei der Barbarei des Nationalismus anheimgefallen und zuletzt dessen Opfer geworden. Aber ein Brite blieb er; so warf er schweigend einen Blick zu mir herunter, in dem ein wenig Verachtung sich mit ein bißchen Mitleid kreuzten. Ich hatte die ärgste Taktlosigkeit begangen; nach einer Schweigeminute trennten wir uns. Wir begegneten uns noch mehrfach, ohne daß es zu einem zweiten Gespräch gekommen wäre.

Lion Feuchtwanger, Verfasser historischer Romane – *Jud Süss* brachte ihm in Deutschland den größten Erfolg –, war durchaus Münchner, ein Beispiel für die völlige Assimilierung dieser deutschen Juden, als Deutsche ganz und gar und stark regional verwurzelt: Feuchtwanger als Bayer, Bruno Frank, naher Freund und Schüler meines Vaters, als Württemberger, Jakob Wassermann als Franke. Feuchtwanger war klein von Gestalt – wir nannten ihn das »Äffchen« –, was seine Erfolge beim weiblichen Geschlecht nicht behinderte, und immer guter Laune, weil aus dem Grunde zufrieden mit sich selber. Das Ehepaar Feuchtwanger hatte in unserer Nähe ein schönes Haus mit großem Garten gemietet. Im Augenblick arbeitete er in aller Hast an einem Roman *Die Geschwister Oppermann* – 1933 in Amsterdam unter dem Titel *Die Geschwister Oppenheim* erschienen –, handelnd von den traurigen Schicksalen eines jüdischen Geschwisterpaares im neuen Deutschland. Dieser Autor wußte genau, welches Thema jetzt in der weiten Welt am stärksten interessieren würde. Durfte man ihm glauben, so wartete sein amerikanischer Verleger, Mr. Huebsch, mit größter Ungeduld auf das Manuskript, derart, daß dessen Schöpfer das letzte Kapitel wohl werde hinüber »depechieren« müssen – das hätte ein Telegramm von nie gekannter Länge ergeben! Überhaupt neigte er zu wunderlichen Prahlereien. So erzählte er uns, er habe einem Taxichauffeur zehn Francs geben wollen, ihm aber aus Versehen tausend überreicht; wer mit dem Unterschied zwischen den kleinen unappetitlichen Zetteln und den imposanten sauberen Scheinen vertraut war, dem mußte eine solche Verwechslung höchst unwahrscheinlich vorkommen. Der sich aufdrängende Zweifel wurde noch vermehrt durch Frau Feuchtwanger, die solchen Anekdoten treuherzig hinzuzufügen pflegte: »Aber, Lion, das hast du mir ja nie erzählt!« Ihrerseits hätte sie Sportlehrerin werden können; ihren die Fünfziger streifenden Gatten nötigte sie jeden Morgen zu einem ausgedehnten Dauerlauf, wie sie denn später, in Kalifornien, noch als Greisin den ganzen Winter hindurch im Ozean zu schwimmen pflegte. Dem mag sie es verdanken, daß sie noch immer lebt im Moment, in dem ich dies niederschreibe – eine wandelnde Widerlegung von André Gides berühmtem Bonmot »Surtout, pas de sport«, als Antwort auf die Frage, wie er sich so gesunderhalte. Er erreichte dann auch das biblische Alter Marta Feuchtwangers keineswegs.

Womit die »deutsche Kolonie« in Sanary und Umgegend noch keineswegs erschöpft ist. Es kam Hermann Kesten, Freund meines Bruders Klaus, dem er später in einem recht eigentlich historisch gewordenen Brief die Idee seines Romans *Mephisto* eingab: »Kurz, der Residenz eine Geschichte erzählen, wie man Intendant wird« – dies frei nach *Kabale und Liebe*. Es gab Franz Wilhelm Beidler, einen Enkel Richard Wagners, dem er zum Lachen ähnlich sah, zumal wenn er ein schwarzes Barett aufsetzte, von dessen Genie er aber arg wenig geerbt hatte. Damals arbeitete er und arbeitete noch viele Jahre an einer Biographie seiner Großmutter Cosima, die niemals fertig wurde. Auch er siedelte sich demnächst in der Schweiz an. Es kam Joseph Breitbach, der in der Münchner Zeit mit Klaus befreundet war; hochbegabter Literat, im Französischen und Deutschen gleich zu

Hause; wohlhabend damals schon, später sehr reich, wobei die Frage, woher nur sein Vermögen kam, ein Lieblingsthema unter seinen Bekannten bildete, aber keine der mannigfachen Vermutungen überzeugend wirkte. Auch er sollte für lange Zeit ein Begleiter meines, unseres Lebens werden. Es kam Annette Kolb, seit einem halben Jahrhundert Freundin meiner Großeltern Pringsheim und durch sie meiner Eltern.

Ist es erlaubt, in wenigen Zeilen ein Portrait dieser unvergleichlichen Persönlichkeit zu geben? Kaum, aber der Name steht nun einmal da und muß es auch. In München wurde kolportiert, sie sei von ihrem Vater her eine Wittelsbacherin, was meine Mutter nicht glauben wollte, was aber heute wohl eine offizielle Tatsache ist. Der Vater, Herr Kolb, war der Sohn eines Fräuleins dieses Namens und des Königs Maximilian II. Kolb, mit einer Französin verheiratet, wurde nicht nur königlicher Hofgärtner, sein Haus war ein Treffpunkt der Münchner Hautevolee; er soll auch einmal wöchentlich mit seinem königlichen Vater zu Mittag gespeist haben. Wenn das wahr ist, so bestätigt es den Glauben der Bayern, wonach die Geisteskrankheit der beiden legitimen Söhne Maximilians von seiner preußischen Gattin stammte; denn Herr Kolb, von dem gleichen Vater mit einer anderen Mutter gezeugt, war kerngesund, seine Tochter, Annette, wohl ein wenig »verhuscht«, wie wir es nannten, aber glücklichst begabt nach verschiedenen Richtungen hin, Musik, Schriftstellerei, kurzum als Persönlichkeit, die auch ohne Werk, ohne Klavierspiel imponiert hätte; eine Münchner Aristokratin, wie die beste Salon-Schauspielerin sie nicht hätte darstellen können. Reizvoll war auch das Spiel, das sie mit ihrem Alter trieb. Dem Brockhaus nach ist sie 1870 geboren und wäre demnach mit 97 Jahren gestorben – was sie niemals angeben wollte. Auch scheint es nicht zu stimmen. Denn einmal las sie ihrem Verleger S. Fischer und seinen Kindern aus ihren Erinnerungen vor: wie sie im Jahre 1870 mit ihren Eltern in Paris gewesen sei, wie die Gefahr des Kriegsausbruchs sich steigerte und sie von den Eltern in aller Eile angekleidet wurde; man müsse alsbald abreisen. S. Fischer nachdenklich: »Ich wußte gar nicht, daß Sie damals in Paris waren.« Annette: »Ach so – nein, nein, das muß gleich wieder aus dem Manuskript raus...« Sie spielte mit ihrem Alter wie Joseph Breitbach mit der Quelle seines Reichtums; als sie endlich sich entschloß, ihren neunzigsten Geburtstag zu feiern, hätte es den trockenen Daten nach wohl eher der hundertste sein müssen. Es kam aber nicht mehr dazu. Als Bayerin-Französin, als Humanistin, haßte sie den Krieg wie nichts anderes auf der Welt; als meine Mutter sie am ersten Kriegstag 1914 auf der Münchner Ludwigstraße traf – »Nun, was sagst du dazu?« –, war die kurze Antwort: »J'en ai assez jusqu' à la fin de mes jours.« Sie ließ sich in der Schweiz nieder und kehrte erst, als der Wahnsinn ein Ende hatte, nach Deutschland zurück, um in Badenweiler als Nachbarin und Freundin der Schickeles zu hausen. Kein Gedanke daran, daß sie im Reiche Hitlers hätte bleiben können. Also wieder eine Flucht, woanders hin, diesmal nach Paris. Von dort schrieb sie an meine Eltern, damals in Lugano: »Nach D. kehre ich niemals zurück!« Niemals soll man nie sagen, aber ihr freiwilliges Exil würde nun dreimal so lang dauern wie das erste Mal, und schwer würde sie es in dieser Zeit haben. Nun war also auch sie in Sanary, herbeigelockt vermutlich durch ihren Freund und Schicksalsgenossen René Schickele. Von der Liebe, der fleischlichen, wollte das alte Jungfräulein nichts verstehen. Es war lange her, daß sie im Münchner Hoftheater zusammen mit meiner Mutter den *Faust,* Erster Teil, gesehen und die jüngere Freundin plötzlich gefragt hatte: »Du, Katia, hat die Tragödie eigentlich schon stattgefunden?« Aus Sanary wäre folgendes zu berichten. Sie kam zur Villa *La Tranquille* vom Strand her und beschrieb ihre Eindrücke: »Die Mädchen gefallen mir gar nicht, wenn sie so anhosen (in Hosen ankommen); die jungen Männer schon etwas besser. Ich glaube, ich werde noch homosexuell.«

Unter den literarischen Emigranten war mir, wenn ich von der unvergleichlichen Annette absehe, René Schickele der liebste. Seine Augen, hinter dicken Brillengläsern, strahlten Wahrheit aus, und Wahrheit findet sich auch in seinen Tagebüchern. Über meinen Vater notierte er sich: »Was ist Deutschland? Wer ist Deutschland? ... Ein Mensch wie Thomas Mann hängt mit allen seinen Fasern daran, er ist ein Teil von ihm. Er muß den Schnitt bis in die Gewebe der Haut, die Veränderung bis in die Eingeweide fühlen. Fraglich, ob er, also amputiert, weiterleben könnte.« Es war genau dies, was andere politische Flüchtlinge, die nun anfingen, den so Charakterisierten wegen seines Schweigens zu beschimpfen, durchaus nicht verstehen wollten; sie gaben der Sorge um seinen deutschen Besitz, um seine Einnahmen aus Deutschland die Schuld daran... Nur einmal während dieses Sommers geriet ich mit Schickele in Streit. Da ging es um Bürgers *Lenore*, über die er sich lustig machte, zum Lachen sei sie und weiter gar nichts. Nun war und ist *Lenore* für mich bis zum heutigen Tag die gewaltigste Ballade in deutscher Sprache. Am liebsten hätte ich, anstatt lange zu argumentieren, sie aufgesagt, was aber in diesem Kreis nicht anging. Daß ein ewig wiederholtes Schwatzen über die Vorgänge in Deutschland mich nervös machte, bemerkte er und notierte sich: »G. dreht sich in einer Ecke langsam hin und her. Er blickt finster und unbeteiligt.« Über meine Schwester Erika: »... bildhübsch, klug, energisch.« Zu meiner Mutter, als sie sich darüber beklagte, daß sie wohl niemals Enkel haben werde: »Doch, Ihre beiden Jüngsten werden sie Ihnen besorgen« – eine Voraussage, die sich bewährte.

Im großen und ganzen dachte ich damals über die politische Emigration, so wie ich sie in Sanary kennenlernte, nicht allzu hoch und mit jugendlicher Schärfe. Dabei begann ich zu unterscheiden zwischen Emigranten, die ihre Chance zu Hause noch gar nicht gehabt hatten, zum Beispiel jene Lenins und seiner Genossen, und solchen, die sie gehabt, aber vertan hatten; und rechnete uns dazu. Im Tagebuch: »Gestern abend war Arnold Zweig da, der so ein eitler, mittelgescheiter, geschwätziger Mann ist, wie die anderen auch. Außer dem Alten und Heinrich habe ich noch keinen wirklich bedeutenden Emigranten getroffen.« Dann wieder: »Mit den Arnold Zweigs, den Beidler-Wagners und Bert Brecht im Kaffee. Wenn man sich hier in ein Kaffee setzt, schwapp, sitzt eine gestürzte Größe neben einem. Was hat Zweig... da wieder für erztheoretischen Unsinn verzapft: Daß man die Kausalität in der Physik längst aufgegeben habe, in der Politik sie aber törichterweise beibehalten wollte usw.« Eine Anspielung auf die Heisenbergsche »Unschärferelation«. Was ich meinte: Wer von Wissenschaft nichts versteht, sollte nicht davon reden, und was für die Mikrophysik gilt, muß für die Welt der Menschen noch längst nicht gelten.

Daß ich meine Schicksalsgenossen, soweit ich sie in diesem Sommer kennenlernte, nicht sehr hoch schätzte, mußte mir die eigene Zukunft als trübselig erscheinen lassen. »Menschliche und soziale Vereinsamung – eine und dieselbe Sache – das ist es, wovor ich Angst habe. Es wird recht schwer für die arme Mutter sein, ihre Eltern über diese Jahre hinweg und zu einem ordentlichen Tod zu bringen; aber was haben wir für Aufgaben! Das Materielle ist ja nur eine Folge des anderen. Man könnte sich aufs französische Land, ins Schweizer Gebirge zurückziehen, das Geld in den Schreibtisch sperren; aber selbst da würden die Wellen der neuen Gewalt hinaufschlagen. Täten sie es aber nicht, könnte man leben, so würde man sich in das vereinsamte Bewußtsein verlieren. Man *ist* seine Zeit, man *ist* seine Aufgabe, man kann sich ihr nicht durch Selbstmord, nicht durch Einsiedlerleben entziehen. Man redet es sich wohl ein, aber man kann es nicht...«

Normalerweise verlief mein Tag folgendermaßen. Früh stand ich auf, nahm ein Bad in der Bucht vor dem Hause, machte mir ein Frühstück à la française allein in der Küche und beschäftigte mich dann mit Lektüren, später mit Schreiben: Seite auf Seite Gedanken über das »Dritte Reich« im Tagebuch, dann ein Aufsatz über dessen »Philosophie«, der nach und nach sich auf Ernst Jünger konzentrierte, weil ich ihn für den bedeutendsten geistigen Vertreter des Regimes hielt, was er war und auch nicht war und nicht sein wollte. Gegen Mittag trat ich den Marsch nach der Villa *La Tranquille* an, begann meinen Besuch dort mit der Frage »Neues aus der Heimat?«, schwamm noch einmal im Meer mit Mutter und Geschwistern und blieb für die beiden Hauptmahlzeiten; dazwischen las ich oder gab meinen jungen Geschwistern, Elisabeth, »Medi«, und Michael, Bibi, eine Art von Ersatz-Schulunterricht. Mit Medi studierte ich Schillers *Wallenstein* – wie denn wohl nicht? –, mit Bibi Sallusts *Die Verschwörung des Catilina* in der Originalsprache, auch Schiller-Balladen, etwa *Das verschleierte Bild zu Sais,* das ihm zusagte und worüber er einen Aufsatz schrieb. Die Mutter: »Du hättest eigentlich Hauslehrer bei einem jungen Grafen werden sollen.« Ich: »Ja, im 18. Jahrhundert wäre das für mich genau das Rechte gewesen.« Gegen zehn oder elf trat ich den Rückweg an, war Gesellschaft gewesen gegen

Mitternacht, immer den Strand entlang, zur Burg der Seabrooks. Dieser einsame Gang konnte ernste Stimmungen erwecken, keine guten, auch keine schlechten. »Nachts unterm Sternenhimmel, wenn nicht Haus, noch Licht, noch Mensch zu sehen, bei schwüler Luft und Dunkelheit, nehme ich den Gott ernst, den Gott außer mir, gegen mich. Andernfalls wäre es die Hölle.« Ist sie es vielleicht? Indessen blieben meine nächtlichen Wege die schönste Erinnerung, die ich von diesem wunderlichen, so sehr provisorischen Sommer bewahrte. Langte ich dann zu Hause an und hörte das Ehepaar noch reden, so schlich ich lautlos an ihrem Zimmer vorbei in das meine im Oberstock und kroch alsbald ins Bett. Es mag dies gewesen sein, was Seabrook einmal die Bemerkung entlockte, ich sei ein »wildes Tier«. Wäre ich es gewesen, so nicht das einzige am Platz. Der Hof wurde von sechs Wildkatzen bevölkert, welche der Hausherr bei Namen nannte; schöne Wesen, die teils von Seabrookschen Küchenresten, teils von der Jagd lebten. Lud das Ehepaar mich zum Mittagessen unter freiem Himmel ein, so umkreisten die Bestien den Tisch oder schwangen sich zu ihm hinauf, so daß jeder Bissen, den man sich zum Munde führte, zum Triumph über sie wurde. Die vergleichsweise kleinste oder jüngste dieser Katzen hieß *Le monstre*, zwischen ihm und mir entspann sich eine Art von freundschaftlicher Beziehung.

Ja, und dann kamen flüchtige Gäste, mehr oder weniger mit dem Auftrag, meine Eltern zur Rückkehr nach Deutschland zu überreden, Gottfried und Tutti Bermann-Fischer im Juni 1933. Die ersten waren die Auftraggeber für die späteren, Samuel Saenger, alter Mitarbeiter S. Fischers, zwei Berliner Cousinen meiner Mutter aus Berlin. Ihnen hatte der Verleger gesagt: »Sie müssen TM am ersten Tag für uns gewinnen. Gelingt es Ihnen am ersten nicht, dann ist für die folgenden Tage keine Hoffnung mehr.« Wir lebten, so die Argumentation, hier unten in einer Art von *Zauberberg* – ein Vergleich nicht *ganz* ohne Sinn – und könnten so, was zu Hause vorging, unmöglich beurteilen. Ganz hoffnungslos sei dort die Lage trotz allem nicht, viel widerspruchsvoller, als wir uns das vorstellten, und TM gehöre nun doch einmal dahin, wohin denn sonst? ... Er hörte zu, er war für den Moment leicht zu beeindrucken. Daß die endgültige Trennung von Deutschland ihm als etwas Unnatürliches, seine Identität Bedrohendes bevorstand, hatte ich schon während der Monate vorher beobachten müssen. Er schwankte, er wußte nicht. Den Widerpart hielt Erika. Sie war eigentlich nicht mit uns dort unten, sie hielt sich in Zürich auf, um dort die Wiedereröffnung ihres Cabarets, der *Pfeffermühle*, vorzubereiten. Sie kam für eine Zeit, eben zu diesem hochpolitischen Zweck, wie auch um den fünfzigsten Geburtstag, am 24. Juli, der Mutter feiern zu helfen. Selber stand ich in der Mitte, neigte aber doch, wie die Wochen vergingen und die bösen Nachrichten aus der Heimat sich häuften, zusehends mehr zu Erika, wenn mir auch ihre Resolutheit fehlte. Darüber TM in seinem Tagebuch, am 11. September: »Gestern Abend war ich erregt und verstimmt, da K. [Katia] andeutete, daß auch Golo, wie seine Geschwister, eine Äußerung von mir gegen das Hitler-Deutschland herbeisehne...« Dem entspricht meine frühere Tagebuch-Notiz vom 15. Juli: »Vom hiesigen Kriegsschauplatz, dem Alten, der nun jeden Tag fragt: ›Wann wird wohl unser Bruch mit den Behörden erfolgen? Unter welchen Formen wird er vor sich gehen? Werde ich, zu Zuchthaus verurteilt, in der Schweiz leben können?‹ Ihm gab ich gestern den Rat, doch seinerseits das Praevenire zu spielen, zum Angriff überzugehen und unter Anbietung des gesetzlichen Viertels seines Vermögens (die ›Reichsfluchtsteuer‹), seinen Austritt aus dem Reichsverband zu erklären. Das leuchtete ihm ein.« Was wir alle nicht wußten: wie schlecht unsere Sache stand; daß die Enteignung nicht eines Viertels, sondern des ganzen Vermögens in München beschlossene Sache war, daß man TM verhaften und ins Konzentrationslager Dachau bringen würde, sobald er nur die deutsche Grenze überschritte...

Im Konkreteren ging es den Fischers vor allem um den ersten Band von *Joseph und seine Brüder*, der im Herbst in ihrem Verlage erscheinen sollte, wie auch um den zweiten Band *Der junge Joseph*, der auch schon zum Druck bereitlag. Äußerte der Autor sich auch nur mit einem Wort *gegen* das Regime, so war an dies Projekt nicht mehr zu denken. Hier hatte sich mein Vater ein Argument ausgedacht, das, abstrahiert man von der Situation, wie sie war, gut genug klang: Im Lauf der Jahrzehnte habe er sich ein Publikum erzogen, das an ihn glaube und auf den Trost, der von seinen Werken ausgehe, auf »höhere Heiterkeit« mehr denn je angewiesen sei; diese Menschen dürfe er nicht im Stich lassen. Jedoch war es kaum der tiefste Grund für sein Schweigen, Zögern, Schwanken. Er taugte, seiner Überzeugung nach, nicht zum politischen Réfugié, und er achtete die deutsche Emigration insgesamt nicht sehr hoch. Aus seinen Tagebüchern, die wir natürlich nicht kannten, geht dies alles überdeutlich hervor. Erika bedurfte ihrer nicht. Sie nannte mir gegenüber die Haltung des Vaters die eines Narziß. Nach einer ausgenommenen Mittelstellung tastete er: sich nicht gemein machen mit Alfred Kerr und Bertolt Brecht – nicht mit Bruder Heinrich. Es sollten annähernd drei Jahre vergehen, ehe er diese längst unhaltbar gewordene Position in aller Feierlichkeit aufgab – ein später Schritt, der nun auch für ihn eine Erlösung bedeutete... Was die jüngere und jüngste Vergangenheit betraf, so dekretierte Heinrich einmal, die zwölf Jahre der Weimarer Republik seien die glücklichsten in der deutschen Geschichte gewesen – ein Beispiel für seine wunderliche Weltfremdheit. Dagegen sein Bruder: wie glücklich, wie frei sei doch die späte Kaiserzeit, sei die Zeit vor 1914 gewesen – womit er der Wirklichkeit immerhin näher kam. Jedoch mag er nicht so sehr an die damals herrschende, annähernd totale literarische und geistige Freiheit gedacht haben als an die Tatsache, daß man sich um Politik überhaupt nicht zu kümmern brauchte. Der Obrigkeitsstaat nahm ihm diese Lästigkeit ab.

Mein Bruder Klaus ließ sich während dieses Sommers gar nicht in Sanary blicken; zum fünfzigsten Geburtstag der Mutter schickte er einen schönen, zu Herzen gehenden Brief. In Amsterdam, wo er hauste, war er ganz mit der Vorbereitung einer Zeitschrift befaßt, welche *Die Sammlung* heißen sollte. Dabei halfen ihm Fritz Landshoff, der gütige alte Verleger Querido, bei dem die Monatsschrift erscheinen sollte, anfangs auch die Schweizer Freundin Annemarie Schwarzenbach, die sich aber bald von dem Unternehmen zurückzog. Die erste Nummer erschien Ende August. Ich finde einen Brief, den ich ihm darüber schrieb: »*Die Sammlung* ist mir soeben zugegangen. Du gestattest mir wohl eine fraternelle, kommunistische Selbstkritik daran. Es sind wohl – oder durchweg – Namen darin, gut und teuer, oder die vor dem Umsturz in Deutschland gut und teuer waren; ob sie es aber jetzt noch sind? Der Alfred Kerr, ein ausgedienter alter Schwätzer, hat uns viel mehr geschadet als genützt; die Reaktion gegen ihn beruhte auf einem nicht ganz unechten Instinkt. In eine ›Sammlung‹, Konzentration, Auslese in unserer Lage, gehört er, wohltätigkeitshalber, höchstens gelegentlich mal; nicht in die erste Nummer... Ich habe mittlerweile eine Reihe von Emigranten dieses Schlages kennengelernt, und ich gestehe, daß ich daraufhin unsere Niederlage mehr und mehr begreife. Man muß ja mit dieser Tradition nicht geradezu brechen... aber wenn man etwas Neues und Zukunftsvolles machen will, so darf man jene, die geschlagen, und weiß Gott nicht ohne inneren Grund geschlagen sind, nicht mehr das große Wort führen lassen... Der Heinrich ist da noch der Beste, weil er wenigstens originell und künstlerisch sieht, wenn auch manchmal naiv; er hätte Dir aber lieber schicken sollen, was neulich im *Tage-Buch* stand... [Leopold Schwarzschild war mit seinem Pariser *Neuen Tage-Buch* der *Sammlung* zuvorgekommen.] Wo freilich die jungen Genies so rasch hernehmen? Wären ihrer so viele gewesen, dann würde Hitler ja heute nicht regieren. Aber darauf kommt es an; Du mußt Dich da sehr umtun und allenthalben herumlaufen.« Selber hielt ich mich betonterweise nicht für einen der »Zukünftigen«: »Daher Du, was ich Dir anbieten werde, nicht unter dem Wohltätigkeits-Aspekt – dazu ist die Chance, welche Du Dir und mehreren verschaffst, viel zu wichtig – betrachten wirst.« Der Bruder reagierte etwas verärgert. Leider sind mir fast alle seine Briefe auf einer meiner unfreiwilligen Wanderungen verlorengegangen. Jedoch erinnere ich mich an den Anfang: »Und schönen Dank für guten Rat und versprochene Tat« – also spöttlich.

Die versprochene Tat sollte ein Aufsatz über die *Philosophie des Dritten Reiches* sein. Meine Lektüre zu diesem Zweck begann ich mit Moeller van den Brucks *Das Dritte Reich*, einem Werk, das in den zwanziger Jahren auf sogenannte »Jungkonservative« durch eine Mischung von Preußentum und Sozialismus im Stile Oswald Spenglers Eindruck gemacht hatte. Wirklich wußte Moeller über Preußen recht schön zu schreiben. Sonst war er beherrscht von grundfalschen fixen Ideen. Glaubte man ihm, so waren die Westmächte nicht erst seit 1914, sondern schon Jahrzehnte früher fest entschlossen, das Deutsche Reich wieder aus der Welt zu schaffen. Auch hätten die Sozialdemokraten im November 1918 ihre Revolution »gemacht«, weil sie in ihrer Verblendung glaubten, auf diese Weise einen günstigeren Frieden zu erlangen. Der Verblendete war der Autor selber, blind gegenüber der Wahrheit: die Führer der SPD hatten während jenes Herbstes getan, was sie nur konnten, um die Revolution zu *verhindern*. Im Jahre 25 beging Moeller Selbstmord: seine Vorurteile stammten aus einer Verzweiflung, die mit Politik im Tiefsten der Seele so wenig zu tun haben konnte wie der Selbstmord Heinrich von Kleists. Die neuesten Schreibereien über den *Sinn der nationalen Revolution*, mit denen Opportunisten sogar in S. Fischers *Neue Rundschau* drangen, konnten mich nur anwidern, nicht interessieren. Darum konzentrierte ich mich auf Ernst Jünger. Über ihn hatte Klaus schon im Jahre 30 einen Essay geschrieben, der am Ende besser war als meine ungleich gründlichere Untersuchung. Mein Bruder gegen Ende: »Kennen wir ihn nun ein wenig, diesen Taschenspieler, der uns die Barbarei als neue Gesinnung vorgaukelt und mit seiner Blutromantik die Knaben verführt? Daß er schreiben kann, erst das macht ihn gefährlich. Seinen Gaben nach gehört er zu uns.« Damals gab es das theoretische Hauptwerk des frühen Jünger noch nicht: *Der Arbeiter, Herrschaft und Gestalt.* Ich fing dies Buch im Juni 33 zu lesen an, während ich, geschäftehalber in Zürich, in der Früh von Paris angekommen, auf den Nachtzug nach Marseille wartete. Da saß ich auf einem Brunnen im »Niederdorf«, einer Altstadt mit Häusern, deren älteste auf die Zeit Karls des Großen zurückgingen, mit zahlreichen Tafeln an den Wänden, welche von Zwingli bis Lenin an ehemalige Bewohner erinnerten. Eine Stadtlandschaft mit ihrer engen Hauptstraße, ihren Plätzen, ihren in die Höhe und hinunter zum Fluß führenden Gassen und Treppen, wie ich sie so sehr liebte, nach Jünger aber nicht mehr lieben durfte; denn das war nur noch »museal«, wie die gotischen Dome, wie die Gemälde der großen Meister in den Galerien, es hatte mit der Wirklichkeit, wie sie nun werden mußte, nichts mehr zu tun. Dergleichen hatte ich schon bei Spengler gelesen, von den »harten, römischen Zeiten«, die jetzt kommen und keine Schöngeister, Dichter, Maler, Philosophen mehr dulden würden. Spenglers allwissende Schulmeisterei war leicht zu durchschauen; der Vergleich – nein, die Gleichsetzung unseres 20. Jahrhunderts mit dem römischen ersten Jahrhundert vor Christus, aus dem seine ganze »Morphologie der Weltgeschichte« stammte, reiner Unsinn. Jünger war kein Schulmeister, auch kein Historiker; er bedurfte keiner Vorbilder, um ein Bild unserer unvermeidlichen, unerbittlichen Zukunft zu entwerfen. Es war der totale, immer mobilisierte, technisierte Staat des »Arbeiters«, des »Typus«, der herrschen und der Menschenwelt wiederum »Gestalt« verleihen würde. Gemeinsam war beiden Autoren der Ästhetizismus; Spenglers *Untergang des Abendlandes* sollte sich »prachtvoll« vollziehen, und auch in Jüngers Werk fehlte der Begriff der seelenlosen, eisigen, »schönen« Herrschaft nicht. Helmuth James Graf von Moltke, eines der edelsten Opfer des deutschen Widerstandes, hatte das Buch bald nach dem Erscheinen gelesen und nannte es »romantischen Blödsinn« oder so ähnlich. Schwächer war ich und von meiner Lektüre erschüttert, während ich auf jenem Brunnen saß. Traf zu, was Jünger zugleich prophezeite und lobte, traf es auch nur halbwegs zu, wo war dann für einen wie mich noch Platz auf dieser Erde? Schrieb ich jetzt über und gegen ihn, so war es Gegenwehr und manchmal etwas wie ein Pfeifen im Dunkeln. Zum Beispiel behauptete Jünger, der Gegensatz zwischen »Stadt« und »Land« sei im Begriff, völlig zu verschwinden. Dagegen ich: man könne doch noch immer den

Unterschied zwischen der Großstadt und einer Wiesen-, Wald- und Bauernlandschaft angenehm genießen, ohne dafür weite Wege zu machen. Aber eigentlich ahnte ich, daß es so nicht bleiben würde. Im übrigen warf ich dem Autor eine gewisse Abgespaltenheit vor von der Menschenwelt, über die er berichtete, so als lebte er selber auf einem anderen Stern. Und schließlich verwies ich auf die krassen Unterschiede zwischen seinem Bilde unerbittlicher Zukunft und der menschlichen Wirklichkeit des »Dritten Reiches«. Meinem Bruder gegenüber verteidigte ich die Beschränkung meines Aufsatzes wie folgt: »Wer überhaupt Bücher über unsere Zeit liest, der kann an dem *Arbeiter* von Ernst Jünger nicht vorübergehen; es ist fast beschämend, wie sehr die Diskussion in der [S. Fischerschen] *Rundschau* sein Niveau nicht erreicht und daß es, seine Tendenz sei so gefährlich oder hassenswert wie immer, zu den vorzüglichsten schriftstellerischen Leistungen gehört, ja, daß ihm die Linke etwas Ebenbürtiges in dieser Sphäre nicht entgegenzusetzen hat. Also lies mal! Mit dem, was jetzt in unserem Vaterlande geschieht, hat es freilich nur sehr indirekt zu tun.« Der Aufsatz erschien im fünften Heft der Zeitschrift in Amsterdam. In meine erste Essaysammlung, 27 Jahre später, nahm ich ihn nicht auf, weil er mir zu unreif schien. Jedoch ist die *Sammlung* als ganze unlängst wieder aufgelegt worden.

Von Jüngers weiterer Schriftstellerei konnte ich erst nach 1945 wieder anfangen, Kenntnis zu nehmen; seitdem verfolgte ich sie mit Bewunderung für die Vielfalt seiner Interessen, von Käfern bis zu Sanduhren, für die völlige Unabhängigkeit und Disziplin seiner Existenz, für die Überraschungen, die er seinen Lesern mit jedem seiner Werke immer wieder bereitete, in dem ich einiges mit Spannung las, anderes nur aus Pflichtgefühl. Der alternde, dann der uralte Ernst Jünger wurde gütiger, hilfreicher, als der jugendliche gewesen war; dazu überaus naturnah, nahe den Pflanzen, Tieren und Sternen, lange ehe es die »Grünen« gab. Eines freilich blieb er immer: stolz. So bestritt er, daß seine *Marmorklippen* irgend etwas mit Hitler und seinen Helfern oder Schindern zu tun hätten, was doch offensichtlich und bis zum Erstaunlichen der Fall war. Mit meinem Vater hatte Ernst Jünger, abgesehen von der Arbeitsdisziplin, nichts gemeinsam. Nein, eines doch und trotz allem. Beide konnten sie nie zurücknehmen, was sie einmal sich ausgedacht und geschrieben hatten: TM nicht seine *Betrachtungen* während des Weltkriegs: er habe die Arbeit gebraucht für die eigene Fortentwicklung, er hätte, sagte er, mit Europas Gedankensprüngen im *Zauberberg* sein hohes, heiteres Spiel nicht spielen können, hätte er sich nicht zuvor in blutigem Ernst mit ihnen auseinandergesetzt. Immer, so glaubte er, entsprach seine eigene geistige Entwicklung untergründig jener seiner Nation, weswegen er sich denn für ein Sonntagskind hielt bis zum Jahre 1933 und der Hitlerismus schon darum falsch war, weil er nun sich unter qualvollen Zweifeln von Deutschland trennen mußte, was ihm im Grunde niemals gelang. Dann wieder wollte er mit der ihm verhaßten »Demokratie« gerade jene gemeint haben, die *jetzt* in der Heimat herrschten. Kurz, wie er sich drehte und wendete, ein schwerer Irrtum war ihm nie unterlaufen. Ernst Jünger hörte ich einmal sagen, sein *Arbeiter* sei als Warnung gemeint gewesen. Das stimmt nicht; das Buch war positiv gemeint, von der ersten bis zur letzten Seite, eine kalte, strenge Forderung an die Jugend, darin den letzten Seiten von Oswald Spenglers Werk durchaus vergleichbar.

Mittlerweile verfolgte ich die Ereignisse in Deutschland, so gut ich konnte; nun überwiegend aus der Pariser Zeitung *Le Temps*, einem seriösen, pompösen Blatt, aus dem einem die Langeweile ins Gesicht schlug. Was mir dabei auffiel: wie schnell auch die selbstgerechteste Redaktion ihre Ansichten wechselte. Da las ich einen Leitartikel ›Deutschland vor dem Abgrund‹. Eine Überschrift, die für sich allein schon für den völligen Mangel an Solidarität spricht, der damals die Verhältnisse zwischen europäischen Staaten bezeichnete. Versank Deutschland im »Abgrund«, dann mußte eine solche Katastrophe doch auch für seinen unmittelbaren Nachbarn im Westen bedenkliche Folgen haben. Keine Rede davon. Später fand der seit der »Machtergreifung« erste »Reichsparteitag« in Nürnberg statt, und nun herrschte in den Augen des *Temps*-Korrespondenten im Reich eine geradezu bewundernswerte Ordnung, nun war der Berichterstatter von der großartigen Organisation, der Disziplin, dem guten Aussehen exerzierender jugendlicher Massen stärkstens beeindruckt, so als ob der Artikel ›L'Allemagne devant l'abîme‹ von niemandem gelesen worden wäre. Ein Licht im *Temps* kam von einem freien Mitarbeiter, dem Publizisten Wladimir d'Ormesson, Bruder des französischen Gesandten. D'Ormessons Artikel über die deutschen Dinge blieben mir ein Trost während der folgenden Jahre; der kannte sich aus. Bewirken konnte er freilich nicht das mindeste; wann je hätte Kassandra gewirkt? Die Gabe zu sehen ist eine; die zu wirken, eine andere. Glücklich und selten jene, in denen beide Begabungen sich vereinigen.

Von den Ereignissen des Sommers konnte allenfalls das Konkordat mich traurig enttäuschen: Daß der Vatikan, die höchste moralische Autorität in Europa, der erste Staat war, der mit Hitler-Deutschland einen Vertrag schloß. Das andere, die Selbstauflösung der politischen Parteien, die Erhebung der NSDAP zur einzig erlaubten, dazu die Vermehrung der Konzentrationslager, die zum Himmel schreienden Justizmorde an »Kommunisten« waren nur noch Bestätigungen dessen, was schon im März entschieden worden war. Aus den allzu vielen Notizen, die ich mir darüber machte, mögen hier ein paar folgen.

»*30. Juni.* Der Minister Hugenberg hat nun wirklich demissioniert, sang- und klanglos, und seine Partei aufgelöst. Die so lange mit dem Wort ›Revolution‹ gespielt und gehurt haben, erfahren jetzt, was das heißt. Von dem viel erwarteten Widerstand ist rein gar nichts zu spüren gewesen. Bloß: O weh, hätten wir doch unseren Reichskanzler von Schleicher behalten! Euch geschieht's recht. Aber wie hohl die ganze Sache geworden war, von Thälmann bis Hugenberg, dies Kaiserreich ohne Kaiser, erkennt man erst jetzt... Es war alles eine Suppe geworden, man brauchte ihnen nur die Namen wegnehmen und ihre Führer einsperren. Mit Ausnahme von Bayern; hier lag wirklich eine ernste Gegnerschaft vor, zwei miteinander nicht verträgliche Wertmaßstäbe; aber die Kräfte, die Begabungen waren verschieden.«

»*5. Juli.* Die Perspektive, in welcher ›Militärputsch‹, ›Palast-Intrige‹, ›widriger Zufall‹, ›einzelnes Versagen‹ und ›einzelne Gemeinheit‹ figurieren, hat ihre Gültigkeit; aber sie kann dem nicht genügen, der erkennen will. Der Erfolg blendet, solang er besteht; besonders besticht er die von Außen Kommenden. Die Energie des Nazismus stammt nicht aus der Konsequenz der Idee; vielmehr sind es die Widersprüche in ihrem eigenen Denken, ihrer eigenen Praxis, die sie mit nervöser Brutalität niedertrampeln. Ihr Tätigkeitsdrang, ihre Nivellierungswut stammt aus Widerspruch und Armut; aus ihr auch ihre Verhimmelung des Führers, welchen man als die Inkarnation der Idee präsentiert, für die ein anderes Wort nicht gesucht zu werden braucht... Auf den russischen Popanz sind hereingefallen: die deutschen Kommunisten, das Ausland, besonders der Papst, die deutsche Rechte hat nur so getan. Verhängnisvoller Popanz! ... Man sagt: Die Gewaltanbetung haben die Nazis von Sorel. Ganz falsch; denn erstens haben sie Sorel nie gelesen und zweitens gab es Gewaltanbetung auch schon vor ihm. Ähnlich steht es mit der Behauptung, wonach sie den Antisemitismus von Gobineau und Chamberlain hätten.« Dagegen dann wieder: »Man muß sich mit solchen Büchern beschäftigen, die der Konjunktur des Nazismus zeitlich vorhergingen und deren Autoren von keiner Partei favorisiert wurden. Diese, weil in Einsamkeit konzipiert, sind die ernsten und typischen. Was von den Führern und Liebedienern der Partei in den letzten Jahren geschrieben wurde, hat nur symptomatische Bedeutung; noch mehr die seit Ausbruch des Dritten Reiches gedruckten Verlautbarungen vieler Tausender von Journalisten und Epoche-Deutern, politischen Beamten, Theatermännern und Militärs, Befehle und Gegenbefehle, Hetzrufe und Rückpfiffe, bestellte Biographien und Lobeshymnen, programmatische Forderungen und Interpretationen, auch Versuche zur Unterbringung persönlicher fixer Ideen in dem allgemeinen Stimmengewirr.«

»*16. Juli.* Der Alte liest einen Aufsatz vor, noch einmal eine Erwiderung in der leidigen Wagnersache. Wer alt ist, sieht in den Braunen das Junge und insofern Berechtigte; wer, selber jung, noch einmal daran zu kommen hofft, urteilt dreister ...« [Nachtrag 1987. Es handelt sich hier um die tiefernste, melancholische Antwort an Hans Pfitzner, die TM uns abends vorgelesen hatte und in welcher der traurige Fragesatz steht: »Will man einen Schriftsteller, der, als Jüngling und Mann, in seinen besten Stunden der Jugend und der Bildung seines Volkes etwas zu sagen hatte, dem es sogar vergönnt war, die Kultur dieses Volkes nach außen hin ehrenvoll darzustellen, das Recht einräumen, auch in veränderter Zeit und politischer Atmosphäre das Seine zu sagen, sein Leben und Werk nach dem Gesetz, wonach er angetreten, zu Ende zu führen – oder will man das nicht?«] »Erika, die mit zugehört hatte, meinte nach der Lektüre: ›Für dich mag es ja gut und erleichternd sein, daß du es geschrieben hast. Aber veröffentlichen darfst du es nicht.‹« [Wirklich wurde der Essay erst in dem dreizehnten, ›Nachträge‹ benannten Band seiner Gesammelten Werke anno 1974 gedruckt.]

»*9. Sept.* Lange in deutschen Berichten über den Parteitag in Nürnberg gelesen. Er war doch kein Mißerfolg, er hat die Suggestion bewirkt, die er bewirken sollte. Hitlers politische Proklamation war geschickt, teilweise sogar richtig. EX NIHILO NIHIL. Vom Kulturellen sollte er allerdings die Finger lassen; das sind Aufsätze eines Volksschülers. Aber: ›Die Anderen haben von Demokratie gesprochen und in Teezirkeln tiefgründige Abhandlungen verlesen; wir sind Gegner der Demokratie, aber wir sind hunderttausendmal in rauchige Wirtsstuben und in Sportsarenen gegangen und haben Kontakt mit der Masse gehabt.‹ Nun? ... Derweil fangen die Emigranten an, sich untereinander zu blamieren. Es besteht große Gefahr einer Blamage; dies wäre ein konkreterer Beweis von Hitlers Herrschaft als alle Parteitage ... Wir alle, besonders aber mein Vater, machen den Fehler, die Dinge zu objektiv zu nehmen, uns zu ihnen wie zu fremden Notwendigkeiten zu verhalten. Sollte vielleicht der Faschismus die zeitgemäße, modernste, die einzige Möglichkeit sein, die Massen zu regieren? Kein Wunder, daß eine solche Opposition sich nicht durchzusetzen vermag.«

Woraus man sieht, daß auch ich in meinen einsamen Gedanken schwankte wie ein Rohr im Winde.

Mittlerweile ging dieser bunte, reiche, manchmal heitere, manchmal quälende, höchst sonderbare und ebenso vorläufige Sommer dem Herbst und damit seinem Ende entgegen. Beschlossen und nach langem Schwanken durch Erika entschieden, war die Niederlassung meiner Eltern in oder nahe Zürich, wo die stets praktische Schwester in dem Orte Küsnacht – nahe Zürich, nicht jenem Küssnacht, in dem Tell dem Landvogt auflauerte – eine hoch über dem See gelegene hübsche Villa zu erschwinglichem Mietpreis entdeckt hatte. Die Eltern reisten mit der Bahn; ich folgte mit dem alten Peugeot, den wir in Toulon gekauft hatten, einem Ding mit zwei bequemen und zwei hinten zu erkletternden offenen Sitzen und einem Aufziehdach, mit den jüngsten Geschwistern, der Helferin Maria und der Wildkatze »le monstre«; die anderen, größeren Katzen, so meinten die Seabrooks, würden sich schon selber ernähren können. Das Ehepaar brach als erstes auf, in Richtung Nordamerika, nach einer herzlichen Verabschiedung. Sechs Jahre später, im Winter 1939, besuchte ich sie auf ihrem Landsitz im Staate New York; da war der angebliche Anthropophage freundlich, aber entschieden wunderlicher als anno 33. Als ich im folgenden Jahr wieder kam, schien er noch wunderlicher und unfreundlicher, fast feindlich, so daß ich an einen dritten Besuch nicht mehr denken konnte. Gegenüber seinem Landhaus hatte er sich einen großen, scheunenartigen Bau errichten lassen, zu mir rätselhaften Zwecken. Das nächste und letzte, was ich von ihm hörte, war sein Selbstmord. Ob dies bittere Ende mit jenem Gebäude und den dort getriebenen rauhen Spielen zusammenhing, weiß ich nicht, wollte auch nichts darüber hören. Die Gastfreundschaft in *La Gorgette* bleibt eine gute Erinnerung... Die Côte d'Azur sah ich sieben Jahre später noch einmal, unter wenig erfreulichen Bedingungen; dann nie wieder.

Aus der Reise nach Zürich machten wir ein viertägiges Vergnügen, indem wir viele schöne Städte besichtigten, Aix-en-

Provence, Avignon, Valence, Grenoble, von dort ins Gebirge und zum Genfer See, Bern, Luzern. Dabei benahm unser Kater sich unerwartet fügsam; im allgemeinen lieben die Hunde das Autofahren, während die Katzen es hassen. Nicht so »le monstre«. In Zürich, am Abend des vierten Tages, trafen wir meine Eltern zusamt Erika und Klaus in einem Hotel, von dem aus wir das neue Heim in Küsnacht suchten und fanden. Dies galt es nun einzurichten, die Bücher aufzustellen, die Möbel zu verteilen. All dies, wie auch Porzellan und Silber, war noch vor der Beschlagnahme des Münchner Hauses zu den Schickeles in Badenweiler und von dort unter einer Deckadresse nach Basel verschickt worden. Nur gerade das Gewichtigste und Schönste fehlte, weil man es hatte retten wollen: die kostbarsten Bücher, die ein Münchner Freund zu sich genommen hatte und nun der Gestapo zum Opfer fielen, die Manuskripte, welche unser ungetreuer Münchner Rechtsanwalt einem mit Diplomatenpaß und einem Schreiben meines Vaters versehenen Freund auszuhändigen sich weigerte: es sei das kostbarste Gut und dürfe nicht aus dem Lande. Wie es dann verlorenging, obwohl der Anwalt während des Krieges sein ganzes Archiv auf dem Lande in Sicherheit brachte, hat sich nie aufgeklärt. Das Wahrscheinlichste: Dr. Heins hatte sie der Gestapo ausgeliefert und wollte dies nicht zugeben…
Demnächst besaß die Familie zwei »Zimmermädchen«; aus München kam eine Schwester jener Sophie, die nun den Haushalt meiner Großeltern Pringsheim führte. Beide Damen blieben in der Schweiz, als meine Eltern im Jahre 38 nach Amerika verzogen; sie heirateten in der Schweiz, helvetisierten sich und leben, indem ich dies niederschreibe, noch immer, die eine in Küsnacht, die andere in Zürich, treue Freundinnen, die ihre Schweizer Gatten früh verloren. Den Krieg in Deutschland zu erleben, blieb ihnen

erspart. Ihr Entschluß, der Familie noch ein Weilchen treu zu bleiben, war ein leicht gefaßter gewesen; so wunderlich zufällig entstehen Lebensschicksale. »Le monstre« verhielt zunächst sich wie ein Hündchen; er lief treu hinterdrein, wenn die Damen zum Einkaufen ins Dorf hinuntergingen. Nur zu bald aber erwachten seine Instinkte, er verschwand, blieb mehrere Tage lang fort, in den Wäldern, kehrte zurück, um sich vollzufressen, sich durch einen Schlaf von 24 Stunden zu kräftigen und wieder zu verschwinden. Und einmal kehrte er nicht zurück. Ein Wildhüter muß ihn beim Jagen ertappt und erschossen haben.

In Küsnacht blieb ich sechs Wochen, trieb Französisch und machte mich mit der Landschaft vertraut, welche die schönsten Spaziergänge bot in Schluchten und Wäldern. Einmal fuhr ich mit dem kleinen Bruder über den See, um in Kilchberg auszusteigen. Den Namen kannte ich schon dank des Gedichtes *Requiem* von Conrad Ferdinand Meyer: »Horch, mein Kilchberg läutet jetzt!« Wir gingen hinauf ins Dorf, um das Haus des mir längst vertrauten Dichters zu sehen – seine Tochter wohnte noch dort, eine große, in Zürich verehrte Dame –, wie auch sein Grabmal, nahe dem alten Turm der Kirche. Hatte ich Zukunftsahnungen dabei? Nein. Dem Vater suchte ich mich gefällig zu machen, indem ich die Eltern gelegentlich ihrer Konzert- oder Theaterbesuche in die Stadt chauffierte und wieder abholte, um ihm den gewohnten Fahrer zu ersetzen; ich wußte, daß er sich ungern von der Mutter chauffieren ließ, überhaupt, und weil sie auf seine nervösen Ängste durchaus keine Rücksicht nahm, während ich diese nur zu gut kannte und mich ihnen anpaßte. »Siehst du«, sagte er dann, »fahre nur auch so gewissenhaft wie dein Söhnchen.« Sie konnte es nicht, ihr Temperament war nicht so. Übrigens tat sie mir herzlich leid; sie war binnen eines halben Jahres deutlich gealtert, nicht wegen materieller Sorgen oder Unterernährung wie während des »Weltkrieges«, sondern aus schierem Ekel an den Ereignissen in Deutschland. »Wann kommt die Erlösung?« mochte sie fragen. Meine Antwort: »Die kommt so bald nicht.« Erschienen Gäste und wurde politisiert, so litt ich darunter, wie in Sanary.

Im Tagebuch: »Ich muß mir Rotwein einschenken, wenn es losgeht. ›Wenn doch wenigstens der Völkerbund‹ ... Was ist der Völkerbund, fragte ich zornig. Das sind die einzelnen Staaten, die so sind, wie sie sind. Der Völkerbund ist nichts von ihnen Unterschiedenes, das heißt, er ist gar nichts... Die Abrüstungsbesprechungen in Genf haben etwas Gespenstisches... Was mir besonders auffällt: daß man von der geschehenen und stets geschehenden deutschen Auf- und Kriegsrüstung gar nicht spricht; man scheint also wirklich auf das deutsche Manöver hereinzufallen, welches sich in Genf mit Leidenschaft um gewisse Permissionen bemüht, welche sie doch für das, was sie längst treiben, wahrlich nicht benötigen. Diesen ›Großmächten‹ scheint etwas wie ein Todeswunsch innezuwohnen.«

Die Schweiz, als ein Mosaik verlockender Landschaften, kannte ich noch kaum: als politisches Gemeinwesen überhaupt nicht, und während jener kurzen Küsnachter Wochen war keine Zeit, es kennenzulernen. Immerhin kamen gelegentlich Eidgenossen zu Besuch, um sich eher skeptisch über ihre Mitbürger zu äußern: nur dreieinhalb Millionen insgesamt, daraus Enge, Inzucht, Abhängigkeit von Ereignissen jenseits der Grenzen, auf die man nicht den mindesten Einfluß besaß. Was ich mir nach einem solchen Gespräch aufschrieb, klingt noch arg primitiv: »Diesen Kleinstaat im Ernst zu verstehen ist nicht leichter, als sich mit irgendeinem Staatsgiganten vertraut zu machen. Also denn: Ein paar Millionen Deutsche, die früh sich vom

›Reich‹ getrennt und abgesperrt hatten, ohne doch Franzosen zu werden, vielmehr sich mit ein paar hunderttausend Welschen allmählich zusammengefunden, haben dies nach allen Seiten blickende stolze Gebirgs-Gemeinwesen gegründet – man kann sich das wohl vorstellen. Mit ihren Nationalsozialisten will es übrigens nicht recht vorwärts kommen... Ihr Adel ist überaus alt, weil er ja seit vielen Jahrhunderten kaum noch ergänzt wurde« – Sätze, die zeigen, daß ich hier erst am Anfang eines Studiums stand, welches sich, mit langen Unterbrechungen, durch die Jahrzehnte hinziehen sollte.

Gegen die öffentliche Stimmung, so wie jene Besucher sie schilderten, zeugte der ungeheure Erfolg des politischen Cabarets meiner Schwester Erika, die *Pfeffermühle*, die am 1. Oktober in einem alten Gasthof des Niederdorfs Premiere hatte. Der Raum, an sich nicht groß, war dicht gefüllt und blieb es Tag für Tag, bei neuen Programmen, Monat für Monat. Jedes Programm war im Politischen angriffiger, witziger und ernster als das vorhergehende, und jedesmal konnten viele nicht Einlaß finden. So wie meine Eltern zwei bayerische »Zimmermädchen« aus München, so hatte Erika die Mehrzahl ihrer Münchner Mitarbeiter nach Zürich lokken und für diesen besonderen Zweck ihnen Arbeitserlaubnis verschaffen können, den Pianisten und die Grotesktänzerin, und vor allem die unvergleichliche Schauspielerin Therese Giehse. Noch sehe ich sie in einem Lehnstuhl sitzen und das Lied »Frau X« singen.

Es kräht kein Hahn danach, es kräht kein Hahn danach, die Hühner lachen leis.
Es schert sich keine Katz, weil das doch jeder weiß:
Wer's Pech hat, na, der hat's...
Und gibt es Krieg, dann muß es ihn halt geben...

Wie der Krieg aber zuletzt wirklich kommt und sein wahres Gesicht zeigt, ärger und ärger kommt, sinkt Frau X in ihrem Stuhl zusammen; so hatte sie sich das nicht vorgestellt…
Das Publikum jubelte. Gab es Sympathisanten Hitlers in der Stadt, und demnächst würden sie nur zu laut werden, so gab es auch das Gegenteil davon, und vermutlich gehörte ihm die Mehrheit an, ungefähr. Meinungsbefragungen gab es noch keine, und Wahlen, durchaus auf innerschweizerische Fragen bezogen, konnten darüber nichts aussagen.
Am 3. November erhielt ich die ersehnte Nachricht aus Paris, ein Schreiben des »Ministère de l'Instruction Publique«, welcher Name durchgestrichen und durch »Ministère de l'Education Nationale« ersetzt worden war: »Monsieur G. M. ist zum Lektor für deutsche Sprache an der École Normale Supérieure d'Enseignement Primaire de Saint-Cloud für das Jahr 1933–34 ernannt. Geschehen zu Paris, den 31. Oktober 1933, gezeichnet: de Monzie.« Dieser war der Minister, der Name nur in Form eines Stempels. Darunter, unleserlich und mit Tinte, der Name des Direktors des enseignements primaire. Was solches bedeutete, konnte ich nur ungefähr erraten. Von Gehalt stand nichts da, und es würde auch keines geben; nur »au pair«, Kost und Logis. Aber die Nachricht war eine erlösende. Ich verdankte sie Félix Bertaux, dem Vater meines Freundes, der selber in Saint-Cloud unterrichtete und sein Versprechen gehalten hatte. Endlich Arbeit, endlich etwas Neues lernen!
Den 4. November machte ich mich auf die Reise. Meine Eltern hatten mittlerweile sich eine kleine Fiat-Limousine angeschafft; der alte Peugeot sollte in Paris verkauft werden, und zwar an den Chef der Kommunistischen Partei, namens Paul Vaillant-Couturier. Den sonderbaren Käufer hatte die Freundin von Erika und Klaus, Annemarie Schwarzenbach, vermittelt; nicht mehr das »Schweizer Kind«, wie in der

Münchner Zeit, denn Schweizer bildeten nun unsere selbstverständliche Umgebung. Wie die bildschöne, hochbegabte und ebenso gefährdete junge Frau, Sproß einer reichen Zürcher Familie, zu dieser kommunistischen Beziehung gekommen war, weiß ich nicht; sie pflegte so manche von ihrer Familie mißbilligte Freundschaften – zum Beispiel jene mit meinen Geschwistern. Also sollte ich den Wagen nach Paris bringen. So geschehen. Die Fahrt unterbrach ich in Straßburg, wo ich mich Schlag zwölf Uhr mittags vor dem Münster mit Leonore Lichnowsky verabredet hatte. Sie kam mit ihrem mir vertrauten Wägelchen aus Heidelberg – eine rührende Wiederbegegnung. Wir nahmen Quartier in dem schönen Hotel »Maison Rouge« – es hat mittlerweile einem Gebäude anderen Stils Platz machen müssen – und fuhren dann nach Colmar, um den Isenheimer Altar zu besuchen – für mich das stärkste Gemälde von Menschenhand, stärker als El Greco, stärker als... nun gut, was immer hier genannt werden könnte. Leonore erzählte mir unterwegs: wie es nun in Heidelberg zuging, wie die wenigen zuverlässigen Freunde in der Stille zusammenhielten; dem fügte sie mehrmals den Satz hinzu: »Kein Mensch ist zufrieden.« Ich glaubte das nur zu gern, obschon es damals nicht zutraf; es traf zu für jene, mit denen meine Freundin Umgang hatte.

Auch in Straßburg besuchten wir allerlei Sehenswürdigkeiten, so die St. Thomas-Kirche, worüber im Tagebuch: »Ein balsamierter Graf von Nassau aus dem 17. Jahrhundert in einem Glassarg. Wenn echt, so unheimlich gut erhalten; wenn falsch, dann von einem bedeutenden Meister, weil höchst lebendig, individuell und etwas widerwärtig. Wer hätte aber Interesse daran, einen Grafen von Nassau zu imitieren? In einem anderen Sarg sein Töchterchen mit einem Totenschädel, da sei 1870 Luft hineingekommen. Die Straßburger

sind ein merkwürdiges Völkchen; ihre Zweisprachigkeit hat etwas leicht Schwindelerregendes. Besonders amüsant ein Kirchendiener, der uns im Münster herumführte; mit einem Nikolausbart, den er strich, während er vor jeder Tür noch einmal einen Franc verlangte... Leonore ist jetzt der Mensch, zu dem ich die herzlichsten Beziehungen habe und aus dem ich mir am meisten mache.« Dies Treffen vor dem Münster ging in klassischen Treff-Formen vor sich und ebenso die Abfahrt vor dem Hotel, in zwei Autos, nach verschiedenen Richtungen. Da es früh dunkel wurde, blieb ich über Nacht in einem Gasthof in den Vogesen, am nächsten Tag »schnelle Fahrt« durch die neblige Novemberlandschaft, Wald und Flächen, verglichen mit dem Elsaß sehr dünn besiedeltes Land, das muß ich sagen. »Nancy, hier die Place Stanislas, Toul, die Kathedrale, Vitry. Ab Sezanne so dichter Nebel, daß ich unter gewaltiger Anstrengung der Augen Schritt fahren mußte, in Paris angelangt, mich mühselig und müde zum großen Quai und zum Hôtel Jacob vorarbeitete... Verglichen mit Juni ist das nun freilich eine ernsthafte Ankunft in Paris. Damals war Höhepunkt des Emigrantenluxus und bloßes Stelldichein; jetzt ist es ernst, Erika arbeitet in Zürich, Klaus in Amsterdam, und ich soll morgen meine Stellung antreten. Auch habe ich gerade das Doppelte an Francs in der Tasche.«
Leonore ging von Heidelberg nach Rom, um an ihrer Doktorarbeit über die Trockenlegung der Pontinischen Sümpfe zu arbeiten. Danach machte sie eine Weltreise, gipfelnd im Besuch bei deutschen Freunden in Peking. Dort gedachte sie ein paar Wochen zu bleiben, blieb aber vier Jahre und zwar als Professorin für altgriechische Philosophie an der Universität, ohne daß ihre Vorbildung auf diesem Feld eine sehr gründliche gewesen wäre. Aber sie verstand alles und rasch, worin sie sich vertiefte – docendo discimus, lehrend

lernen wir, so auch Goethe zu Schiller, als der an seiner Jenaer Professur litt. Leonore litt, so glaube ich, keineswegs. Sie besaß die schöne Gabe, weiterzugeben, was sie neuerdings selbst gelernt hatte. Erst der Einmarsch der Japaner machte ihr Bleiben in Peking unmöglich. Nun kehrte sie nach Rom zurück, wo sie noch einmal vier Jahre lang an einem deutschen landwirtschaftlichen Institut tätig war. Anno 42 vertrieb sie wiederum der Krieg; nun endlich suchte sie den unsicheren Schutz ihrer Heimat, Kuchelna zuerst, dann Grätz bei Troppau, um ihrem älteren Bruder in der Wirtschaft zu helfen. Dieser Aufenthalt, nur drei Jahre, nicht vier, endete im Frühsommer 1945 mit einer gefahrenreichen Flucht nach Bayern, der ursprünglichen Heimat ihrer Mutter. In München sah ich sie wieder, Juli 1945. Zwölf Jahre hatten wir nichts voneinander gehört, verstanden uns aber sofort.

Den 7. November abends war ich in Paris eingetroffen. Den 8. verbrachte ich mit meinem Freund Pierre Bertaux, nun Stipendiat der »Fondation Thiers«, einer Stiftung des Politikers, der im 19. Jahrhundert zweimal, in den dreißiger und noch einmal in den siebziger Jahren, eine bedeutende, mitunter sehr ungute Rolle gespielt, nebenher mit seiner Geschichte der Revolution und des Kaiserreichs enormes Geld verdient hatte; sein Haus, seine Bibliothek, das Einkommen aus seinem Vermögen dienten nun jungen Leuten – am besten solchen, die an Ehrgeiz und Talent ihm vergleichbar wären. Den 9. November, gegen Abend – ich hatte es hinausgezögert – trat ich den Weg nach Saint-Cloud an.

Die Schule Saint-Cloud

Seit dem vorigen Jahrhundert zerfiel das französische Unterrichtswesen in zwei Lager: enseignement primaire, enseignement secondaire. Zu letzterem gehörten die Gymnasien, die Universitäten, zusamt den berühmten Spezialschulen und der École Normale Supérieure in der Pariser Rue d'Ulm. Mittel- und Hochschulen hingen so eng zusammen, daß es für einen Universitätsprofessor selbstverständlich war, als Gymnasiallehrer zu beginnen; so taten zum Beispiel meine Freunde Pierre Bertaux und Raymond Aron. Das ganze System zerfiel in »Akademien«, denen ein »Rektor« vorstand: Seine Stellung war, außerhalb von Paris, der des Präfekten nahezu ebenbürtig, in gewissem Sinn überlegen, denn der Präfekt herrschte nur über ein Département, der Recteur d'Académie über mehrere, darunter eines mit einer Universität. Der ganze Bereich blieb wesentlich – nicht in der Theorie, wohl aber in der Wirklichkeit – der Bourgeoisie vorbehalten. Der inskünftig Lehrende betrat ihn durch die »Agrégation«, Examen und »Thèse«. Letztere war ein ernsthaftes wissenschaftliches Werk, so das erste Hölderlinbuch meines Freundes Pierre, also entschieden über der deutschen »Doktorarbeit« jener Zeit stehend, welch letztere denn auch nur einen leeren Titel einbrachte. Der »Agrégé« hatte durch eine Reihe harter Initiationen gehen müssen und war, am Ziele angelangt, eines Amtes sicher.

Auch das »enseignement primaire« besaß seine Hierarchie. Basis und Hauptzweck jedoch waren die Écoles Primaires, ungefähr den Schulen entsprechend, die im Deutschen Reich damals noch »Volksschulen« genannt wurden. Ihre Lehrer bedurften einer besonderen Ausbildung, die sie in den »Écoles Normales« erhielten, in jedem Département zwei, einc für Jungen, eine für Mädchen. Natürlich verlangten diese Bildungsstätten ihrerseits gehobene Lehrkräfte, die aber im Prinzip nicht aus dem »enseignement secondaire« kommen sollten – Erhöhung wohl, aber keine Vermischung. Dafür gab es zwei Spezialschulen würdigen Ranges, wieder eine für junge Damen, eine für junge Männer, letztere die École Normale Supérieure de Saint-Cloud. Beide hatten, als ich dies Milieu kennenlernte, ein halbes Jahrhundert hinter sich: der Stolz aller Republikaner im Kreis der Pädagogik, die es mit der »Égalité« ernst nahmen. Von ihnen aus die »Agrégation« zu bestehen, also in das begehrte obere Reich vorzudringen, war nicht unmöglich, wenn auch keineswegs der Hauptzweck der Sache. Aufsteigen zu beträchtlichen Stellungen konnte man auch im unteren: zum »Inspecteur« der Écoles Normales, sogar zum »Inspecteur Général«. Beide Teile des Systems unterstanden dem Unterrichtsministerium, in dessen tief erfahrenen Laboratorien alljährlich die Unterrichtsstoffe, die Examensfragen und die Zahl derer bestimmt wurden, welche erstens in die Normalschulen aufgenommen und welche zweitens die Austrittsexamen bestehen durften: grundsätzlich nicht mehr, als aller Wahrscheinlichkeit nach Lehrerstellen zu vergeben sein würden. Ein imposantes Gebäude und, wie schon bemerkt, nicht ohne Gänge und Schleichwege zum beneideten Oberen hin. Jedoch haben wir die Worte eines philosophischen Pädagogen, den ich demnächst kennenzulernen das Glück hatte: »Der Sohn eines bescheidenen Bauern wird, dank der Oberschule – Verlängerung der École Primaire um ein Jahr – und der Normalschule Lehrer. Dessen Sohn, dank eines Stipendiums oder einfach dank der Opfer seiner Familie, besucht Gymnasium und Universität, um als Professor an einem dieser Institute zu enden. Und der Sohn dieses Sohnes wird Mitglied des Staatsrates, einer Justizbehörde, oder wählt sich eine selbständige Laufbahn wie die des Ingenieurs... Es braucht drei Generationen, um einen Edelmann zu machen.«

Die Schüler von Saint-Cloud kamen aus allen Gegenden Frankreichs – kein Wunder, weil es eben die einzige Schule für das ganze Land war: aus Norden und Süden, aus Westen und Osten, aus der ländlichsten, einsamsten Mitte, dem Bourbonnais mit seinen riesigen Wäldern, den Cevennen, den Alpen. Sie hatten sich binnen fünf Jahren durch vier Examen fressen müssen, die insgesamt »Concours« waren: Die Zahl der Gewinner stand von Anfang fest, und es half den Verlierern nichts, daß auch sie Braves geleistet hatten, aber andere noch Besseres. Wollte man die französische Nation, oder doch deren, der Zahl nach, größeren Teil, auf einen Punkt konzentriert kennenlernen, so war Saint-Cloud ein solcher, wobei der Geist der Schule auch wieder auf die Schüler zurückwirkte. Es waren ihrer sechzig in zwei Jahrgängen, eingeteilt in »Ordre de Sciences« und »Ordre de Lettres«; letztere wieder nach zwei Hauptfächern assortiert: Französische Sprache und Literatur, Geschichte und Geographie. Die »Littéraires« hatten eine Fremdsprache zu lernen, Englisch oder Deutsch, aber etwas nebenher. Nur mit ihnen würde ich es zu tun haben, soweit sie nämlich Lust dazu hatten.

Die Lage der Schule war schön, das muß man sagen: ein Gebäude im Park gleichen Namens, nahe dem unteren Eingang zwar, aber doch schon hoch über der Stadt mit völlig freiem Blick auf sie; es war ein Blick, wie ihn zu Ende von Balzacs *Père Goriot* der ehrgeizige junge Mann aus der Provinz, Rastignac, am frühen Morgen vom Père Lachaise aus trunkenen Herzens genießt: »A nous deux maintenant!« »Jetzt zu uns beiden!« Als ich unlängst den Ort wieder besuchte, gab es diesen Blick nicht mehr. Nur die Spitze des Eiffelturms ragte noch hinter den Massen der sich an den Fluß drängenden Wohnblöcke hervor. Auch das Sträßchen, das hinauf zum Park geführt hatte, nur auf der rechten Seite bebaut, Bars und Antiquitätenläden, war nicht mehr zu finden; statt dessen ein Knotenpunkt von Schnellstraßen und Tunnels und Brücken. Intakt blieb der Park selber, zusamt jenem Gebäude, nun aber anderen Zwecken dienend. Ehedem war es ein Nebenbau des Schlosses von Saint-Cloud gewesen, Sitz des Hofes beider Bonaparte, welche Versailles aus guten Gründen vermieden. Während der Belagerung von Paris, 1871, brannte das Schloß ab, nur dies eine Monument blieb zurück. In seinem zweiten Stock, wo jetzt die Zimmer des Direktors lagen, hatte der Leibarzt Napoleons I., der Doktor Corvisart, gewohnt.

Dort also langte ich an, am Spätnachmittag des 9. November 1933, im Taxi und mit vielen Koffern, schwer von Büchern, zumal Hegels sämtlichen Werken, denn neben manchem anderen hatte ich mir vorgenommen, meiner Heidelberger Dissertation eine neue, gestrafftere Form zu geben, was auch geschah; wie ich das hinbrachte, bleibt mir ein Rätsel. Es mußte aber sein, um das Diplom zu erhalten.

Freundliche Einführung. Es gab drei gewichtige Dauerbewohner, jeder herrschend auf seine Weise: Monsieur le Directeur, Monsieur le Surveillant Général, Monsieur l'Économe. Die Funktionen des Direktors und des Ökonomen waren klar: der eine verantwortlich für das Ganze, den Geist und den Unterricht, die Eignung der Professoren, die Fortschritte der Schüler; der andere sorgte für das Leibliche, Essen, Wäsche, Hygiene. Weniger deutlich der Bereich des

»General-Aufsehers«; fest steht, daß er jeden Morgen um sieben Uhr durch die Zimmer ging, je zwei Schläfer in einem, um sich von der Pünktlichkeit des allgemeinen Erwachens und Aufstehens zu überzeugen; auch verstand er sich auf Meteorologie und lehrte sie jenen, die daran interessiert waren. Mein Zimmer wie die anderen, groß und kahl, ein Bett mit Strohmatratze, ein Tisch, ein paar harte Stühle, ein Waschtisch mit Schüssel und Krug, ein offener, jedoch unbrauchbarer Kamin mit Sims, auf dem Bücher Platz fanden. Beugte man sich aus dem Fenster, so bot sich eben jene Aussicht Rastignacs.

Es wurde mir mitgeteilt, ich würde die Mahlzeiten nicht mit den Schülern, sondern mit den »Élèves-Inspecteurs« nehmen. Wer waren nun wieder diese? Einige »Cloutiers«, fünf oder sechs, die, nachdem sie Saint-Cloud glücklich absolviert und an einer École Normale unterrichtet hatten, noch einmal in ihre alte Schule zurückkehrten, um sich auf das Amt eines Inspektors der »Normal-Schulen« vorzubereiten, was bedeutete, daß sie als Lehrer mehr als Gewöhnliches hatten leisten müssen. Im Alter stand ich zwischen ihnen, die um dreißig waren, und den Schülern.

Jedoch gab es in beiden Jahrgängen, die ich kennenlernte, einen, der entschieden älter war als seine Kollegen, weil er den Krieg mitgemacht und so vier Jahre verloren hatte. Der erste, von zarter Natur, konnte die Kriegserfahrung nie überwinden; Anfälle von Melancholie und Ängsten, die er uns nicht verbarg: »J'ai fait la guerre.« Der zweite, häßlich von Gestalt, war Krieger geblieben und stritt sich darüber mit seinen jüngeren Kollegen, durchaus Pazifisten und Verächter der Armee. »Meine Herren, vergessen Sie nicht, daß Sie alle Reserveoffiziere sind! Und ob Sie wollen oder nicht, auch Sie werden einmal eine Kompanie führen und das Pfeifen der Bomben hören« – er machte den

Lärm nach, nicht ohne Vergnügen. Mir, als Deutschem, mißtraute er im Grunde, besonders seit er in meinem Zimmer neben den Hegel-Bänden auch Clausewitzens *Vom Kriege* bemerkt hatte. »Sie haben da den berühmten Clausewitz? Warum, wenn ich fragen darf?« Ich versuchte eine Erklärung: Napoleon habe auf die Deutschen im Grund einen *noch* stärkeren, dauerhafteren Eindruck gemacht als auf seine eigene Nation; Hegel und Clausewitz seien, jeder auf seine Art, des Kaisers deutsche Apostel gewesen, und das napoleonische Zeitalter mit allen seinen Folgen interessiere mich nun einmal ganz besonders... Entweder verstand er mich nicht oder er hielt mein Argument für eine Ausrede. Über den Geist der Élèves-Inspecteurs notierte ich mir einmal, doch wohl übertreibend: Der Krieg hat die Franzosen zu Skeptikern, manchmal beinahe zu Nihilisten gemacht, die Deutschen zu Mystikern und kriegerisch Gesinnten.

Wenig Gutes ist über die Hygiene der Schule zu berichten. In einem Annex zu ebener Erde gab es Duschzellen, warmes Wasser jedoch ausschließlich am Samstag. Die Schüler konnten sich also nur einmal die Woche waschen von Kopf zu Fuß; sonst nur tun, was man mit einem Krug kalten Wasser im Zimmer tun kann. Nun begab ich mich gleich nach meinem frühen Aufstehen um sechs im Schlafrock nach unten und seifte mich unter der kalten Dusche ein. Aber nur ein paar Tage lang. Dann trat Monsieur l'Économe mit ernster Miene an mich heran: Die Duschen seien für den Samstag und nur für ihn bestimmt; er werde, wenn ich von meinem unerlaubten Tun nicht ließe, sie alle absperren. So mußte ich zu meinen Heidelberger Gewohnheiten zurückkehren; zu jenem kleinen Paket, das man zu seiner Stehwanne entfalten konnte, zu einem Spirituskocher, ein wenig heißes Wasser zu bereiten; war ich fertig, so goß ich den

Inhalt der Wanne zum Fenster hinaus, was unter den Schülern zu amüsiertem Gemurmel führte.
Durchaus befriedigend war die Ernährung, jedenfalls für die Élèves-Inspecteurs. Zwar, das gemeinsame Frühstück, eine Milchkaffee-Suppe und Weißbrot, gab ich bald auf, um mir in meinem Zimmer Tee zu kochen. Dagegen waren die Hauptmahlzeiten so übel nicht, der Rotwein à discrétion, mir besonders lieb. Das Menu stand für jeden Tag der Woche ein für allemal fest: Donnerstag und Sonntag Beefsteak (bifteck), Montag Kaninchen, Freitag Fisch, den Rest weiß ich nicht mehr, jedenfalls wurde man auf anständige, wenn auch ein wenig monotone Weise satt. Freilich ging das Gerücht, Monsieur l'Économe kaufe alles bei Verwandten auf dem Lande ein, nicht zum Nachteil dieser und nicht zum eigenen... Die gemeinsamen Mahlzeiten waren mir, der Gespräche wegen, wichtig genug.
Und nun der Direktor, Monsieur Félix Pécaut. Bald fing er an, mich nahezu jeden Vormittag zu besuchen, während ich in meinem Zimmer saß, meinen Unterricht vorbereitete, mein Tagebuch schrieb, demnächst auf französisch, der Übung halber, und las und las, französische Werke, klassische oder moderne Romane, philosophische, historische Werke, Lektüren, von denen ich mir Auszüge machte. Er kam allein, im Winter im Mantel, immer mit einem schwarzen Krempelhut auf dem Kopf, mit seinem Hund Tobby, einem ihm zugelaufenen, darum besonders treuen Bastard; ein hoch aufgeschossener Mann mit Adlerprofil und Kinnbart, immer dunkel gekleidet. Entschieden hatte er etwas von einem Seigneur des 17. Jahrhunderts, nur waren seine Augen nicht hart, sondern von braungoldenem Schmelz, Augen, die lächeln konnten. Sein Alter? Mir, dem noch nicht Fünfundzwanzigjährigen, kam er alt vor, kann aber damals kaum mehr als 63 gewesen sein, denn zwei Jahre

später ging er in den Ruhestand, ich nehme an, man tat solches mit 65. Er stammte aus dem Béarn, dem Béarn des Königs Henri Quatre, von Haus aus Protestant wie dieser, glaubte aber, alle Religion aufgegeben zu haben. Inwieweit er das wirklich tat, muß noch zutage kommen. Ein Mann von reicher Erfahrung; von Haus aus Professor der Philosophie, wohlgemerkt enseignement secondaire, aber ein leidenschaftlicher Anhänger der unteren Volksklassen und *ihrer* Schulen, von denen er nun seit neun Jahren die bedeutendste leitete; erfahren auch in der Politik, als Philosophie-Professor war er Kabinettchef zweier Ministerpräsidenten, Paul Painlevés, des Mathematikers, während des Krieges, und Théodore Steegs danach gewesen. Wenn ich eine politische Bemerkung machte, die ihn interessierte, dann reagierte er: »Das muß ich an den Sénateur Steeg weitergeben.« Auch Aristide Briand kannte er gut und verehrte ihn, der zusammen mit Stresemann in den späten zwanziger Jahren unsere Friedenshoffnung inkarniert hatte. Als Briand im Juni 1931 für die Präsidentschaft kandidierte und einem banalen Konservativen namens Paul Doumer unterlag, soll Pécaut Tränen vergossen haben: er fühlte sich um eine große Hoffnung ärmer. Doumer, der in seiner Würde sich ausnahm wie die Karikatur eines Präsidenten der Dritten Republik, wurde bald ermordet; sein Nachfolger, Lebrun, der jetzt und bis 1940 amtierte, war dann auch nicht viel besser.

Tiefer reichten Pécauts Erinnerungen zurück. Ein passionierter »Dreyfusard« war er gewesen, während der Jahre der »affaire«, wie sie abkürzend genannt wurde, war mitmarschiert in den Protestzügen zugunsten des zu Unrecht so grausam leidenden jüdischen Hauptmanns mit dem elsässischen, sollte heißen deutschen Namen, hatte dabei Léon Blum und andere aufsteigende Politiker der Linken kennengelernt. »Frankreich braucht einen solchen Kampf um

das Recht und um die Demokratie ab und an. Täuschen Sie sich nicht: die Generale und die katholische Kirche, welche damals die Verlierer waren, haben uns ihre Niederlage nie verziehen. Sie würden sich wiederholen, käme die Gelegenheit dazu.« (Die kam dann auch, sieben Jahre später.)
Politik wollte er durchaus auch in der Schule haben, wo man sie ehedem nicht gewünscht hatte. Sie gehörte mit zur Vorbereitung auf das praktische Leben freier Staatsbürger. Daß die gewaltige Mehrheit seiner Studenten links bis ultralinks dachte, auch auf eigene Faust linke Politiker oder Professoren zu Vorträgen einlud, machte ihm nichts aus, der selber Sozialist, beinahe Kommunist war, mit dem Unterschied, daß er den Marxismus, neuerdings »dialektischer Materialismus« genannt, für germanisches Spinngewebe hielt. Auf der anderen Seite trug er väterliche Verantwortung für die jungen Brauseköpfe und wünschte nicht, daß sie zu weit gingen, aus rein praktischen Gründen. So, als sie am 1. Mai 1934 ein Telegramm an den in Berlin gefangensitzenden deutschen Kommunistenführer Thälmann sandten: »Die Schüler der École Normale Supérieure de Saint-Cloud grüßen Ernst Thälmann, den Chef der deutschen Antifaschisten. Sie verpflichten sich, seinem Beispiel folgend, gegen den Faschismus zu kämpfen. Sie fordern seine Befreiung.« Darüber Pécaut zu mir: »So etwas sollten sie nicht machen. Sie schaden sich damit.«
Über seinen Herzenstakt eine geringe Anekdote. Er mochte mich; schon nach sechs Wochen, vor Beginn der Weihnachtsferien, sagte er mir, er betrachte mich nun als seinen Freund – in Frankreich eine ernsthafte Sache. Nun ging ich einmal nachmittags zusammen mit den Élèves-Inspecteurs im Park spazieren und begegnete Herrn und Madame Pécaut. Der Direktor: »Tiens, Monsieur Mann lui-même!« Der Älteste der Gruppe, jener mit den kriegsge-

schwächten Nerven, nicht ohne Bitterkeit: »Gewiß, Herr Direktor, Monsieur Mann selbst ...« Ein paar Tage später dieselbe Begegnung. Pécaut diesmal: »Schau an, die hohen – les augustes – Élèves-Inspecteurs!« Er wollte einen Fehler wiedergutmachen.

Das freundliche Interesse, das er an mir nahm, mochte auch mit dem Umstand zusammenhängen, daß ich der erste Nicht-Franzose war, dessen Unterhaltung ihm zur Gewohnheit wurde. Die Franzosen, abgesehen von solchen, deren Beruf zu Auslandsreisen zwang, blieben damals im Lande. Es ist stimmig, daß in Thomas Manns *Zauberberg*-Sanatorium sich Vertreter der verschiedensten Nationalitäten finden, Russen, diese sehr reichlich, Südamerikaner, Italiener, Holländer, Deutsche, aber durchaus kein Franzose. Ein einziges Mal hatte Pécaut die Grenzen seiner Heimat überschritten, geriet aber nicht weiter als bis Basel, wo er an einer Feier zu Ehren Pestalozzis teilnahm. Wenn ich ihm von den nicht gar vielen europäischen Staaten erzählte, die ich durch Reisen ein wenig kannte, Schweden, Finnland, das Baltikum, so unterbrach er mich: »Ja, ja, als ich in Basel war...« Frankreich war groß und vielfältig und immer interessant; wozu in die Ferne schweifen? Was die innere Vielfalt betraf, so hatte er nichts dagegen, wenn sie aus dem Charakter der Landschaft und der von ihm geprägten Menschen kam; aber nur *eine* Sprache sollten sie sprechen. Es sei gut, daß die bretonische, die baskische, die elsässische nun endlich zu verschwinden im Begriff seien. »Warum, Monsieur le Directeur? Vielerlei Sprachen, neben der einen, die natürlich jeder kennen muß, machen ein Land doch reicher!« »Nein, sie müssen verschwinden.« Es war ein Axiom, und zwar ein historisch eher neues, aus der Großen Revolution stammendes. Für ein Axiom gibt es keine Gründe.

Über nur literarische Studien, wie seine »Littéraires« im Gegensatz zu den Historiker-Geographen sie betrieben, dachte er skeptisch. »Arme Teufel. Sie können nichts als Lesen.« Wie sollte die Bildung der Jugend denn sein? Wissenschaftlich und historisch. Literatur fliege dem von selber zu, der sie brauche. Diese These leuchtete mir ein, so sehr, daß ich sie später in einem Gutachten verwendete, welches mein Vater dem »Komitee für intellektuelle Zusammenarbeit« beim Genfer Völkerbund vorzulegen hatte, mir aber zur Ausarbeitung überließ. Ein kleines Plagiat.

Die royalistischen Herausgeber des Blattes *Action Française* hatten das paradoxe Schlagwort geprägt: »Katholisch, aber nicht christlich.« Pécauts Religion hätte man sinnvoll so beschreiben können: »Christlich, aber gegen die Kirchen und ohne Religion.« Denn seine Lebensführung schien mir eine wahrhaft christliche. Dagegen waren die Kirchen ihm so verhaßt, daß er über die antichristlichen Institutionen der Sowjetunion und Ausstellungen, welche die Betrügereien der orthodoxen Kirche entlarven sollten, sich herzlich freute. Am Ende würde der viel mißbrauchte Name »Humanist« noch am besten für ihn passen. Als Professor der Philosophie hatte er ein Buch über den Pessimismus geschrieben, dessen echte Quellen er recht wohl verstand, den er jedoch als Pädagoge auf das schärfste verneinte. Hier las ich: »Wir fühlen es sogar, wenn wir nicht daran denken. Jedes Zögern, die leisesten Zweifel, die wir in die Seelen voll jungen guten Willens pflanzen – wer von uns würde das nicht als eine Sünde gegen unseren Beruf verwerfen?«

In der Nähe dieses Satzes ein Zitat aus den Werken Ernest Renans: »O, dies gute Wesen, genannt der Mensch! Welche Kräfte hat er nicht verbraucht für das Wahre, für das Gute! Wenn man bedenkt, welche Opfer er einem unbekannten Gott brachte, er arm, leidend, auf die Erde geworfen wie eine Waise, kaum des nächsten Tages sicher – nein, ich kann nicht dulden, daß man ihn beleidigt, ihn, der zwischen den Tränen der Geburt und den Leiden des Sterbens noch Mittel und Wege fand, die Kunst, die Wissenschaft, die Tugend zu begründen...« Renan war Theologe von Haus, wenn auch ein entschiedener Aufklärer. Übrigens hätte man ihn fragen können, warum denn der Mensch eine Waise sei, wenn es den Gott, der ihm fehlte, niemals gegeben hat? Eine Frage, welcher Pécaut auswich.

Seine Urteile über Personen konnten scharf und derb-humoristisch sein. Von einem Professor der Germanistik – er wird in diesem Kapitel noch auftreten – meinte er, er sei so dumm, daß er besser Heu fräße. Für den »Inspecteur Général de l'Enseignement Supérieur«, eines der höchsten Ämter, die das Ministerium zu vergeben hatte, ging das ziemlich weit; die Schüler mochten ihn desto lieber. Über Gastprofessoren, die ein einziges Mal kamen, um Vortrag zu halten, etwa über die französischen Geheimdienste während des »Weltkrieges« oder über die Musik im Paris Napoleons I., befragte er mich gern, wenn ich zugehört hatte, und war zufrieden mit meiner Antwort. »Très bien, il sait son métier.«

Kummer machte ihm die Armut im Hause; die Schüler hatten das Geld nicht, um auch nur ein Minimum »Pariser Leben« zu genießen, marschierten zu Fuß den langen Weg zur Porte de Saint-Cloud, um nur die Métro, nicht auch noch die Trambahn zu bezahlen, und konnten in der Stadt an mehr als ein Glas Bier im Bistro nicht denken. »Oui, Monsieur, on est pauvre ici.« Den Verdacht hatte ich, daß er gelegentlich selber mit kleinen Summen aushalf. Einmal erzählte er mir, ihm, oder richtiger Monsieur Goujon, dem »General-Aufseher«, sei etwas Tieftrauriges vorgekommen: Der Besitzer eines Antiquitätenladens unten an der Straße besuchte ihn. Sein Anliegen: seit zwei Jahren hatte kein Kunde mehr seinen Laden betreten, seine Ersparnisse seien nun verbraucht, er stehe vor dem Hungertod: ob er nicht in der Schule Geschirr waschen könne? – Was tun? »Alle Stellen sind besetzt, und die Erlaubnis, sie zu vermehren, erhalten wir nicht. Das könnte einem das Herz brechen (fondre le cœur)...«

Für Pécauts soziales Verpflichtungsgefühl ist Folgendes bezeichnend. Er spielte, so gestand er mir, mit dem Gedanken, auf seine alten Tage sich noch ein Auto anzuschaffen, hatte sich aber dagegen entschieden und beschlossen, statt dessen die Summe, die er alljährlich für Wohltätigkeit ausgab, zu verdoppeln. Bei einem anderen wäre mir hier wohl der Verdacht von Selbstgerechtigkeit gekommen; nie bei ihm. Denn so war er. Er glaubte an keinen Gott, auch nicht an den der freiesten Philosophen, aber ein Protestant war er geblieben. Ich möchte annehmen, daß nicht sein Vater, der auch schon Pädagoge gewesen, wohl aber einige seiner Ahnen dort unten im Süden Pastoren gewesen waren, und immer gefährdete bis hin zur Großen Revolution.

An jedem Wochentagsmorgen, zwischen halb und dreiviertel acht, stand der Direktor, wie immer mit dem schwarzen Hut und dem Hunde Tobby, vor der Haustür, um die eintreffenden Professoren abzufangen und ein wenig mit ihnen über Unterrichtsfragen zu plaudern. Auch besuchte er nachmittags gern die Schüler in ihren Arbeitsräumen und begann mit dem einen oder anderen ein Gespräch. Er wollte wissen, wie jeder vorwärtskam, wie er sich fühlte, was man von diesem und jenem Lehrer dachte, oder ob irgendwelche Klagen wären.

Ein Selbstmord ist, soviel ich weiß, in dieser Schule niemals vorgekommen; die Atmosphäre schloß ihn aus und der Typus, der hier sich Eingang erkämpft hatte. Dagegen gab es im Januar 1934 einen Todesfall, der mir naheging, zumal er sehr leicht hätte verhindert werden können. Der Schüler hieß Letrier, Letrier aus Laon, einziger Sohn seiner Eltern, »wie in Frankreich fast immer« (so Pécaut). Den Eintritts-»Concours« für Saint-Cloud hatte er als Zweitbester bestanden. Sein Deutsch war vorzüglich, denn er hatte neun Jahre lang, also schon seit seinem zwölften Jahr, mit einem Deutschen irgendwo in Thüringen korrespondiert, auf deutsch, der Partner auf französisch, bei wechselseitigen Aufdeckungen der Fehler; zuletzt besuchte er den unbekannten Freund, der ihn in Köln abholte, um ihm seine Heimat zu zeigen. Ein solcher brauchte meine Hilfe nicht. Nur selten kam er in meinen Nachmittags-Unterricht, der für die Teilnehmer ein freiwilliger blieb. Er war schlank, sein Gesichtsausdruck klug und kühl, seine Stimme überraschend hoch. Ein einziges Mal war er nach Weihnachten in meinem Zimmer, um einen von ihm geschriebenen deutschen Text durchlesen zu lassen, und verabschiedete sich auf deutsch: »Ich habe Ihnen nur zu danken.« Die letzten Worte, die ich von ihm hörte. Ein paar Tage später sah ich ihn vor der Tür zur »Infirmerie«, gegenüber meinem Zimmer gelegen, sehr blaß mit einem unglücklichen Lächeln. Eine halbe Stunde später, unten auf der Toilette, hörte ich in der Zelle neben mir einen sich erbrechen in erschreckenden Tönen, wie ich sie noch nie gehört hatte; das konnte nur Letrier sein. Er verschwand dann im Spital des Städtchens. Das nächste, was ich über ihn hörte: es war Blinddarmentzündung, zu spät entdeckt mit den bekannten Folgen, dem Durchbruch der Eiterung in die Bauchhöhle, Verschlingung der Gedärme etc. Der behandelnde Arzt entschuldigte sich: so sportlich durchtrainiert sei der Körper des Patienten gewesen, so gehärtet alle Muskeln, daß die Schwellung in der Blinddarmgegend ihm nicht habe auffallen können. Den Mann hätte man bestrafen müssen. Wenn einer die Symptome einer Blinddarmentzündung zeigt, hohes Fieber, Erbrechen, starke Leibschmerzen, und zwischen Himmel und Erde kein anderer Grund dafür zu finden ist, dann untersucht man auf Blinddarm, wofür es damals noch keine »Tests« gab wie heute; das heißt, man macht den Schnitt und sieht nach. Aber wie viele Menschen sind zu meiner Zeit an der verspäteten Entdeckung gestorben: Der Vater meines Freundes Kai Köster als Gesandter in Belgrad, der Reichspräsident Friedrich Ebert und mein Bruder Klaus, zehn Jahre alt, um ein Haar... Die Eltern kamen und nahmen die Mahlzeiten mit den Élèves-Inspecteurs; der Vater, ein ehrsamer Arbeiter, dem Sohn ähnlich, trotz seines weißen Schnurrbartes, wollte der Mutter Mut machen: »Heute sah er viel besser aus, er hat meine Hand so fest gedrückt, daß sie mir noch weh tut« – aber die Mutter glaubte nicht.

Hier folgen ein paar Fragmente aus meinen täglichen Notizen: »Seine Kameraden scheinen den Fall wenig tragisch zu nehmen, was kein Zufall ist. Hier gibt es wohl Kameraderie, aber wenig Freundschaft... Ein Alter stirbt seinen eigenen Tod; er ist mit ihm eins und dasselbe. Ein junger Mensch wird von einem Gift überfallen, das ihm fremd ist; acht Tage lang wehrt er sich tapfer dagegen; aber das Gift dringt zum Herzen, seine Verteidigung macht den Schmerz nur schlimmer, verdoppelt die Zerstörungswut der Krankheit. Wohl würde ich gern wissen, was er denkt und was er weiß; 40 Grad Fieber können die fürchterlichsten Halbträume hervorbringen...«

Am nächsten Tag: »Der unglückliche junge Mensch starb gestern abend, war vermutlich schon tot, als ich obiges schrieb. Der alte Pécaut stürzte in mein Zimmer, den Tränen nah: ›Vous savez la nouvelle?‹ – ›Il est mort?‹ – ›Oui. Da schweigt alle Philosophie‹ – und war schon wieder draußen. Am nächsten Tag fand das ›lever du corps‹ statt. Wir wanderten zum Spital, die sechzig Schüler, der alte Direktor an der Spitze. Drinnen defilierten wir vor dem offenen, aber mit einem weißen Tuch bedeckten Sarg vorbei, jeder einen kurzen Moment anhaltend. Vom Kopfe des Besiegten sah man nur den unteren Teil, das Kinn mit dem in neun Tagen gewachsenen Bart, das Profil, die Nase, die sehr groß erschien zwischen den eingesunkenen Wangen. Dann gab man den Eltern die Hand, die solches über sich ergehen lassen mußten, so hart es sie ankam. Sie hatten das Spiel verloren, wohl hätten sie sich am liebsten zusammen mit ihm begraben lassen... Macht es die Konkurrenz zwischen den Schülern, daß sie so ungerührt erscheinen? Der alte Pécaut ist der bei weitem Traurigste; dann vielleicht ich. Auf der anderen Seite hat diese Einfachheit, Nüchternheit auch etwas Sympathisches; besser als all das Theater, die Musik, die Reden... Was Pécaut mir sagte: Die Eltern besitzen nicht den leisesten Schatten von religiöser Hoffnung: das Wiedersehen in einer besseren Welt, kein Wort davon, obgleich man, fügte er hinzu, in solchen Situationen für kurze Zeit ja doch in den Glauben der Kindheit zurückzufallen pflegt...«

Es folgte die Beerdigung in Laon, zu der Pécaut mit einigen Schülern, die dem Verstorbenen dem Studium nach am nächsten gestanden hatten, fuhr. Nach der Rückkehr gab er mir seine Grabrede zu lesen, eine schlichte und wahre. Von den Hoffnungen sprach er, die der junge Mensch bedeutet hatte für sich und andere, seinen strahlenden Begabungen, von dem Tüchtigen, Hilfreichen, was er im Leben hätte leisten können, nun alles erstickt durch die blinde, grausame Natur. »Wir haben keinen Trost zu bieten. Wir sind nur gekommen, um mit euch zu weinen...« In meinem Tagebuch folgt noch eine Betrachtung über Pécauts Bemerkung oder

Aufschrei: »Da schweigt alle Philosophie!« Sie tut es wirklich. Wohl reden die Philosophen viel vom Tod, wie sollten sie nicht, aber immer nur im allgemeinen, nicht über den stets einzigartigen Fall, mit dem der Überlebende zu tun hat; das gilt für Schopenhauer, ebenso für dessen Feind Hegel. Allenfalls könnte Platons *Phaidon* den Trauernden trösten, nicht so sehr der Argumente wie der Stimmung halber; so auch einige römische Stoiker, der späte Boethius, der sein Lehrgedicht *Vom Trost der Philosophie* im Gefängnis schrieb, sich auf die Hinrichtung vorbereitend, die ihn erwartete.

Unlängst schickte mir ein Freund aus jener versunkenen Epoche ein Gruppenphoto, welches den Jahrgang von Saint-Cloud 1933–35, Abteilung »Littéraires«, zeigte, vermutlich am Anfang aufgenommen: die jungen Leute so gut angezogen, wie es ihnen möglich war, die Mehrzahl mit Krawatten, zwei Reihen, die Hinteren stehend. Ich erkannte nicht alle, aber viele, den armen Letrier sofort. Ein paar fehlten mir, so Deville. Die Abwesenheit des letzteren erklärte der Brief meines Freundes: Deville wollte nicht, vermutlich weil er stark schielte und diese Ungabe ihn belastete. In den Osterferien ließ er sich operieren. Pécaut zu mir: »Haben Sie bemerkt, wie Deville sich verändert hat, wie viel sicherer er auftritt? Er ist beinahe geistreich, presque spirituel.«

Er war es nicht beinahe, sondern ganz. Das Deutsche interessierte ihn sehr, und so gab ich ihm manche Privatstunde, gemeinsame Lektüre, die ich für ihn auswählte. Seine Reaktion war dann: »Das interessiert mich sehr, Sie können es mir glauben«, oder auch: »Das sagt mir beinahe gar nichts.« Im Sommer 34 machte er eine Reise durch Mitteleuropa, ich weiß nicht mehr, ob auf dem Fahrrad oder als Autostopper. Ich lud ihn in das Haus meiner Eltern in Küsnacht ein, zeigte ihm einige der berühmtesten Schönheiten der Schweiz, so den Vierwaldstättersee; mit meinem Vater, einem berühmten Manne immerhin, unterhielt er sich über Eichendorffs *Taugenichts*. Auch nahm ich ihn, Juli 34, zu dem großen Schriftstellerkongreß mit, von dem noch die Rede sein muß. Als es ein Jahr später zum endgültigen Abschied kam, entglitten seinem Munde nur diese drei Worte: »Adieu et merci.« Nun verhielt ich mich, wie sich, elf Jahre früher, einmal eine bedeutende Persönlichkeit mir gegenüber verhalten hatte: »Nichts zu danken«, und wandte mich ab. Nun, damals war ich 14 gewesen, leidend an meiner Ungeschicklichkeit. Diesmal war der Sünder 22 Jahre alt und durchaus lebensgeschickt. Es muß Bosheit, Vergnügen an der Undankbarkeit im Spiel gewesen sein. Jahre später kam es dennoch zu einer Korrespondenz. Er schrieb mir, ich sei eben ein Fremder für ihn und seine Kameraden gewesen und als solcher kalt angesehen worden; er bedauere es nachträglich, aber zu vermeiden sei da nichts gewesen. Meine Antwort: alles gut und schön; aber wenn ein Fremder, vom Schicksal etwas hart Behandelter sich Mühe gibt, um sich nach seinen Möglichkeiten nützlich zu machen, und wenn er kein schlechter Mensch ist, dann hätte man ruhig etwas netter gegen ihn sein können, wie einige seiner Kameraden es auch gewesen seien. »Übrigens wußte ich, daß Sie wußten, wie Sie sich mir gegenüber verhielten.« Ich hörte dann nichts mehr von ihm, zog aber gelegentlich Erkundigungen ein. Er war im Leben so erfolgreich, wie ein »Cloutier« es sein konnte, im Beruf und mit Kindern und Kindeskindern, von denen keines schielte; wenn er nicht gestorben ist, so lebt er heute noch auf der Insel Belle-Île, mit Schreinerei beschäftigt.

Die Gesichter auf jener Photographie: ernste und durchgearbeitete, bei so viel Jugend; der Kampf, in die Höhe zu kommen, in der ersten Generation. Im einzelnen unterschieden durch die Region der Herkunft, Charakter, Glauben oder Unglauben. Ein praktizierender Katholik, so fromm, daß er das wöchentliche Duschbad in aller Hast hinter sich brachte, man durfte auch sich selber nicht nackt sehen. Ein anderer, Anhänger der Bergsonschen Philosophie. Ein Dritter, aus Nizza, dunkler Choleriker, immer im Streit mit seinen Kameraden. Die große Mehrzahl Sozialisten oder Kommunisten – »Marxisten«. Mit Vorliebe luden sie sich Gelehrte ein, Biologen, Soziologen, die es mit dem »dialektischen Materialismus« hielten. Hier enttäuschte ich sie. Denn nun hatte ich den Marxismus endlich und völlig abgestoßen, Hitlers Triumph war mir ein Beweis gegen, nicht für ihn; aus eben dem Grunde veraltet, eine Irrlehre, ein Krebsschaden. Ich machte es in der Diskussion geltend, wenn solch gelehrter Gast gesprochen hatte. Aber wie konnte ich ein »politischer Flüchtling« aus Deutschland sein und kein Marxist? Kein Antifaschist? Nun, letzteres war ich, obgleich ich das Wort nicht mochte: zu allgemein, zu vage. Faschismus gab es in Italien und nur dort; kein sympathisches System, aber aus vielen Gründen doch mit dem deutschen nicht gleichzusetzen... Im zweiten Jahr kam ich den jungen Leuten näher, jedenfalls meinen Schülern. Mein Zuträger: »Sie halten dich jetzt für einen ›chic type‹ – ja, es ist ungefähr das.« Gegen Ende gab ich ihnen eine kleine Party im Städtchen, mit Champagner und Eßbarem. Noch immer sandte mir die Mutter pünktlich jeden Monat Fr. 120.– aus Küsnacht. Also war ich reich, verglichen mit ihnen. Es sagte mir einer: »Wären Sie von Anfang an so zu uns gewesen, dann hätten wir mehr Zutrauen zu Ihnen gehabt.« Es ist eine Erfahrung in meinem Leben, daß ich meistens erst gegen Ende eines mit Pflichten verbundenen Aufenthaltes nachholte, was ich lange Zeit versäumt hatte, und mir so wenigstens ein Happy-End schuf.

Mein »Zuträger«, Adolphe Dahringer, war ein Elsässer, als solcher sich fühlend: Elsässisch, Dialekt – wie auch reines Deutsch – war seine Muttersprache, Französisch die erlernte, die er auf das eleganteste sprach und schrieb. Was nicht hinderte, daß er gewissen französischen Traditionen spöttisch gegenüberstand: dem Jakobinertum mit seiner Selbstgerechtigkeit und Zentralisiererei, der »République une et indivisible«, dem klingenden Freiheits- und Gerechtigkeitspathos Victor Hugos, seiner Vorgänger und Nachahmer, der Poesie, die zwischen Villon und Baudelaire, wohlgesetzt in Rhythmen reden, aber nicht singen konnte. War ich ein Fremder, der in die französische Literatur nur mit Fleiß und brennendem Interesse einzudringen suchte, ein ungeheuer reiches Neuland, so er ein Viertelsfremder mit Sympathie und Neugier für das Deutsche. Das brachte uns einander näher; übrigens gefiel mir seine Gestalt. Dabei hielten wir es streng: in Saint-Cloud blieb es beim »Sie«, »du« sagten wir auf Wanderungen und in den Ferien. Im Sommer 1934 marschierten wir vom Vorarlberg bis nach Ehrwald in Tirol, am Fuß der österreichischen Seite der Zugspitze gelegen. Ähnliche Wander-Reisen noch zweimal, Sommer 35 und 36, dann kamen wir, ohne ersichtlichen Grund, auseinander.

In den sechziger Jahren meldete er sich und hatte mir allerlei zu erzählen. Nach der Absolvierung seines Militärdienstes konnte er während ein paar Jahren sich seinem Beruf widmen, nun Ehemann und Vater von vier Kindern. Dann nahm der Krieg sich seiner an. Als Leutnant geriet er Anfang Juni in der Normandie in deutsche Gefangenschaft; einige Monate in einem Lager nahe Weinsberg. Im Spätherbst wurden die elsässischen Gefangenen von den anderen getrennt und nach Straßburg gebracht. In Kehl, hart an der Brücke, empfing sie ein deutscher Pastor in Uniform und fragte jeden der an ihm Vorüberziehenden, ob er sich für »deutschstämmig« halte. Die Frage konnte, mußte mein Freund bejahen, zumal sein Vater von Geburt ein Badener gewesen war. Hätte er sie mit Nein beantwortet, so wäre er ein Gefangener geblieben; jedoch hatte auch das Ja ärgerliche Folgen. Denn nun mußte er, nicht sofort, jedoch im Juni 41, als es neue Aushebungen gab, deutscher Offizier werden, und zwar, ob er wollte oder nicht, bei der Waffen-SS. Zu seinem Glück im Unglück geriet er in eine Truppe, die vornehmlich zu Garnisonszwecken gebraucht wurde, längere Zeit in der Tschechoslowakei. Mai 1945 kehrte er nach Straßburg zurück, mitsamt seiner Familie, die er in Reutte, Tirol, gefunden hatte, wurde aber von seinen, nun wieder französischen Landsleuten unfreundlich aufgenommen und tat sich einige Jahre lang schwer; glücklicherweise pflegen solche wenig gerechten »Entehrungen« nicht allzu lange zu dauern.

Als er mir schrieb, war er Professor für deutsche Sprache und Literatur an der Universität Nantes. Dort besuchte ich ihn zweimal, ehe er in den Ruhestand ging, nun Großvater und Hausbesitzer, jedoch überwiegend mit einer Freundin lebend, Professorin auch sie, aber der Physik, nicht der Sprachen. Mit ihr machte er großartigere Gebirgstouren in der Schweiz als in versunkenen Tagen mit mir. Die Gelegenheit meines ersten Besuches: Es war ihm gelungen, ich weiß nicht wie, mir den Rang eines Ehrendoktors seiner Universität zu verschaffen; in dem Diplom wurden meine pädagogischen Leistungen in Saint-Cloud ausdrücklich erwähnt, eine fröhliche Beigabe. In meiner Dankesansprache verfehlte ich nicht, von Monsieur Pécaut, meinem guten Freund, zu erzählen und von den Élèves-Inspecteurs und von alledem, was ich in Frankreich gelernt hatte, von den Historikern besonders, die ich für besser hielt als die deutschen, mindestens was ihren schriftstellerischen Stil betrifft. Herzlich und großartig war die Gastlichkeit, die wir erfuhren; eine kleine Gruppe neuernannter Doktoren honoris causa, ein deutscher Arzt, ein Jugoslawe, ich weiß es nicht mehr genau.

Die zweite Gelegenheit: mein Freund Raymond Aron, Mitglied des »Institut de France« und dieses Jahr dessen Präsident, hatte mich zu einem geschichtsphilosophischen Vortrag eingeladen. Ich schrieb ihn auf deutsch, mein Französisch war nun arg eingerostet, Freund Dahringer übersetzte ihn mir. Dann fuhr ich nach Nantes, um mit ihm die Aussprache zu üben, an der in Frankreich bekanntlich alles und jedes gelegen ist. Freund Dahringer entließ mich erst, als er mir versichern durfte: »Jetzt sprichst du wie ein Académicien.«

Etwas wunderlich waren dann meine Erfahrungen in Paris. Der Sekretär des »Institut« hatte mir geschrieben: ich hätte so und so viele Kopien meines Vortrags rechtzeitig einzusenden, ferner ein Konzentrat meiner Thesen in 100 Kopien, und hätte mich an dem und dem Junitag um drei Uhr nachmittags pünktlich einzufinden. Die Räume des »Institut de France« befinden sich unter der berühmten »Coupole« am linken Seine-Ufer, dem Bau Richelieus, in dem auch die »Académie Française« ihren Sitz hat. Schwer war es, in dem Labyrinth des imponierenden Gebäudes den Sitzungsraum des »Institut« zu finden, denn niemand gab Rat. Endlich und noch gerade eben pünktlich eingetroffen, fand ich eine stattliche Zahl graumelierter Herren, alle dunkel gekleidet, alle die Rosette im Knopfloch, zusamt einer einzigen Dame. Hilfesuchend wandte ich mich an einen der Würdenträger: »Mein Name ist soundso, ich glaube, ich soll hier einen Vortrag halten.« »Ah, richtig, Sie können hier Platz nehmen.« Der Präsident, mein Freund Aron, trat ein, bestieg sein Podium und eröffnete die Sitzung, die Routine war: sie begann mit der langwierigen Verlesung eines Protokolls der vorigen. Dann wurde ich aufgerufen und verlas mein Manuskript, etwas gestört dadurch, daß mein Nachbar, ein »Ambassadeur de France«, mir häufig in das Manuskript sah, vermutlich, um zu wissen, ob es noch lange dauerte. Es folgte eine unergiebige Diskussion, dann eine Pause. Mit dem Botschafter, meinem Nachbarn, führte ich ein Gespräch von einigen Minuten, jedoch nicht über die Thesen meines Vortrags; er war ein passionierter Anhänger des verblichenen Präsidenten der Tschechoslowakei, Eduard Beneš; was ich von diesem Manne hielt, verbot mir die Höflichkeit, geradeheraus zu sagen. Dann trat der Sekretär auf mich zu: »Monsieur Mann, die Sitzung geht weiter, und da Sie nicht Mitglied sind, muß ich Sie bitten, den Saal zu verlassen.« Keinerlei Verabschiedung. Der Rückweg durch das Labyrinth des Kardinals Richelieu war weniger schwierig als der Herweg, und bald sah ich mich wieder draußen im Hof unter einer brennenden Junisonne. Der Sommer begann früh dieses Jahr, und schon hatte die große Stadt Schwierigkeiten mit der Wasserversorgung. Es blieb mir nichts, als im Hotel meine Koffer zu packen, meine Rechnung zu bezahlen und der Gare de l'Est zuzustreben... Nie habe ich ein schriftliches Wort des Dankes, nie das leiseste Echo auf meine gesprochene Mühsal erfahren. Welch ein Unterschied in Nantes! Dort tat man alles, um den neuen Doktoren ehrenhalber diese Tage reich und schön und erinnernswert zu machen. In der Hauptstadt machte es die Ehre, unter der »Coupole« sprechen zu dürfen, und sie ganz allein.

Wieder anders, mag hier hinzugefügt werden, ging es im Cambridge zu, wo ich auch einmal vor den Professoren und Studenten eines der berühmten »Colleges« einen Vortrag halten durfte. Auch hier wäre es überaus taktlos gewesen, etwa von Reisespesen zu sprechen. Jedoch war die Aufnahme sogleich zeremoniell und liebenswürdig. Nach der Veranstaltung ein Dinner mit dem Master und den Fellows; ein wunderbarer Bordeaux, wenn auch nur ein Glas davon, nach dem Dessert der Portwein, wieder nur ein Glas, welches der Master zuerst an die Lippen hob, indem er die sakralen Worte »The Church and the Queen« sprach, die wir, unser Glas erhebend, wiederholten. Da war nun mein erfreuliches Gefühl: England hat im Ernst nie eine Revolution durchgestanden. Wobei zu sagen ist, daß auch die Gründung Richelieus sich den Folgen der Großen Revolution wesentlich zu entziehen vermochte; wofür die Einführung eines neuen Mitgliedes der »Vierzig Unsterblichen«, die Garden, die Uniformen und Degen der Akademiker das eindrucksvollste Beispiel sind.

Aber zurück nach Saint-Cloud, durchaus ein Spätprodukt jener Revolution, zugunsten junger Menschen aus dem »Volk«, die ihrerseits von einer zweiten Revolution träumten. Dank meines Freunds Dahringer weiß ich immerhin ein wenig von den späteren Schicksalen jener fünfzehn »Littéraires« des Jahrgangs 1933. Zwei von ihnen fielen im Krieg 1940, jenem »Blitzkrieg«, der kaum sechs Wochen gedauert hat. Einige starben früh, natürlichen Todes. Die Mehrheit scheint erreicht zu haben, wofür sie in Saint-Cloud hart gearbeitet hatten. Nur eine einzige Nachricht von den Élèves-Inspecteurs, zehn oder elf, wenn ich die beiden Jahrgänge zusammenzähle. Einer des zweiten Jahrganges, namens Rivière, schrieb mir im August 1955, um mir zum Tod meines Vaters zu kondolieren; er mag die Adresse Kilchberg in seiner Zeitung gelesen haben. Ich antwortete prompt und mit Erinnerungen. Rivière verstand gut Deutsch, liebte die Sprache. Auf Spaziergängen im Park von Saint-Cloud sagte ich ihm gelegentlich Gedichte auf, so Iphigeniens Schicksalslied: »Es fürchte die Götter das Menschengeschlecht...« (Die Reaktion des Zuhörers: »C'est puissant«) oder *Die Braut von Korinth.* Daran erinnerte ich ihn und an seinen kleinen Bruder, der im Städtchen Saint-Cloud zur Schule ging, seine Mahlzeiten mit uns teilte, aber nur Wasser trank. Häufig erklang seine Bitte »passez-moi la flotte« – »flotte« ein Argot-Wort für Wasser. Davon also schrieb ich meinem Korrespondenten und fragte, was wohl aus dem vergnügten gierigen Leser Rougeaud geworden sei, der uns eines Tages mit dem von ihm entdeckten Sigmund Freud überraschte, was aus dem dicken, schlauen Alibert und wer sonst mir noch einfiel, wobei ich die Namen der Mitglieder des ersten und zweiten Jahrganges vermutlich durcheinanderbrachte. Leider kam keine Antwort mehr.

Der Drang des Lebens, Menschen, die einmal, nicht ohne Intensität, zusammen gelebt, ein paar hundert Mahlzeiten geteilt, diskutiert, gewitzelt und geklagt hatten, wieder und für immer auseinanderzutreiben, ist stark; ihm sollte man Widerstand leisten. Freilich gehören jeweils mindestens zwei dazu. So weiß ich nichts von den Schicksalen der Élèves-Inspecteurs, ob auch von ihnen der eine oder andere Opfer des Krieges wurde oder ob sie alle die Aufgaben, die sie sich gestellt hatten, bis zum Ende erfolgreich erfüllten. Ihre Gesichter sehe ich noch vor mir und erinnere mich noch an so manche interessante Bemerkung, die sie in meiner Gegenwart machten.

Paris

Eines war die Schule, ein anderes Paris. So viel ich in Saint-Cloud zu tun hatte, Vorbereitung und Abhaltung meines Unterrichts, französische Lektüren und wieder Lektüren, dergestalt, daß mein Aufenthalt zu einem wahren, obgleich mir unbewußten geistigen Treibhaus wurde, unvergleichlich intensiver als Heidelberg gewesen war – ich mußte Zeit finden, auch für das, was die Hauptstadt bot: das Schöne, Oper, Theater, Filme, das Lehrreiche, historisch oder aktuell Interessante.

Letzteres hatte zwei Seiten: eine innerfranzösische, eine deutsch-emigrantische. Die beiden berührten einander im Zeichen des »Antifaschismus«. Man hatte mir als Privileg einen großen Schlüssel für das Parktor anvertraut, welches bei Einbruch der Dunkelheit geschlossen wurde, derart, daß ich beliebig spät nach Haus kommen mochte. Eines Hausschlüssels bedurfte es nicht; auch in Saint-Cloud herrschte die harte, in allen besseren Mietshäusern herrschende Sitte, wonach die Gattin des Concierge in einem erhöhten Verschlag zur Seite der Haustür schlief, um, wenn ein später Wanderer des Nachts eintraf und läutete, durch einen Zug die Türe zu öffnen und sich den Eintretenden genau zu betrachten. Jahrzehnte später meinte mein Freund Joseph Breitbach, diese an sich barbarische Einrichtung sei für die Polizei unentbehrlich, die Deutschen täten gut, sie nachzuahmen; zum Beispiel wäre das Versteckthalten eines von Terroristen Entführten in einer Wohnung hoch in einem Appartementhaus in Paris durch die stets wachsam kontrollierenden Augen der Conciergefrau unmöglich gemacht worden. Etwas hart war der Weg nach Hause, wenn ich bis Mitternacht in Paris geblieben war und keine Métro, keine Trambahn mehr ging. Es blieb dann nichts anderes als ein eiliger Fußmarsch von etwa zweieinhalb Stunden, durch die erst noch lebendige, dann schweigsamere, zuletzt völlig tote Riesenstadt. Solches tat ich mitunter ganz allein; mit zwölf fürchtet man sich, mit fünfundzwanzig nicht, vielleicht mit fünfundsiebzig wieder. An ein Taxi war nicht zu denken, an ein Übernachten im Hotel erst recht nicht.

Zählte ich mich zur politisierenden deutschen Emigration in Paris? Kaum. Ich wohnte außerhalb, ich hatte, wo ich lebte, wie noch zwei Jahre später in Rennes, ein wenn auch äußerst bescheidenes französisches Amt zu verwalten. Politisch ein unbeschriebenes Blatt, verließ ich Deutschland vierundzwanzigjährig, mit dem Gefühl, selber an »unserer« Niederlage keinerlei Schuld zu tragen, vielmehr durch andere in sie gerissen worden zu sein. Traf ich einmal einen gestürzten deutschen Politiker in Paris, etwa den gewesenen Reichskanzler Wirth, so wurden meine Befürchtungen bestätigt; aller Macht entkleidet, zeigte er sich als ein in hohem Grade ungeschickter und unbedeutender Mensch. Und wäre er es auch nicht gewesen – besiegt, und zwar endgültig, war er allemal. Für die deutschen Sozialdemokraten galt nicht dasselbe, aber doch Vergleichbares. Einmal, in den späteren dreißiger Jahren, besuchte ich Rudolf Breitscheid in seiner Pariser Wohnung, einen bitter enttäuschten, traurigen Herrn. Mit der äußersten Linken stand es etwas anders; sie hatte in Deutschland niemals ihre Chance gehabt. Aber ihre Partei, die kommunistische, tat der Weimarer Republik jeden nur erdenklichen Schaden, und zwar ganz bewußt: sollte ich nun vor ihren rührigen Generalagenten in Frankreich Achtung haben?

Es kam hinzu, daß ich in Saint-Cloud anfing, was ich später noch fortsetzte, die Geschichte der Französischen Revolution zu studieren, und dabei ein besonderes Interesse den Emigranten zuwandte; nicht den leichtsinnigen Aristokraten, sondern sehr ernsthaften Publizisten. Ihre Warnungen blieben, zumal in England, worauf alles ankam, ungehört, genau wie in den letzten Jahren vor 1939 nicht nur die Warnungen der deutschen Emigranten vom Schlage Leopold Schwarzschilds, auch jene von Deutschen, die unter Lebensgefahr aus der Heimat nach London reisten, wie Ewald von Kleist-Schmenzin und andere. Aus meinen Studien schloß ich, daß Emigranten in ihren oft wechselnden Gastländern niemals gehört werden; man hält sie für ressentimentgeladen, für begierig, das Verlorene wieder zu gewinnen und, dies ohne jeden Zweifel, für ohnmächtig; während man im Lande ihres Ursprungs es mit den Mächtigen und nur mit ihnen zu tun hatte. Kurzum, ich hielt die politischen Anstrengungen der Emigranten im wesentlichen für illusionär, so damals, so später, als Ende 1937 in Paris der »Bund freiheitlicher Sozialisten«, Präsident war Heinrich Mann, gegründet wurde. Er nannte den Bund abkürzend »Die Volksfront«. Aber Volk war keines dabei. Es haben auch diese Gründungen auf den Gang der Nachkriegsgeschichte keinerlei Einfluß ausüben können. Einzelne nach Deutschland zurückgekehrte Emigranten, ja; ihre Gruppierungen, Kongresse, Manifeste während jener zwölf Jahre gerieten ins Vergangene, Vergessene.

Immerhin verspürte auch ich den Drang, ein wenig für die Öffentlichkeit zu politisieren; bloße Besuche von Versammlungen in Paris, Gespräche mit meinem Freund Pécaut, Tagebuch-Aufzeichnungen, genügten mir auf die Dauer nicht. Darum schrieb ich für die in Amsterdam erscheinende Zeitschrift meines Bruders, *Die Sammlung*, in deren

zweitem und letzten Jahr eine monatliche »Politische Chronik«, mit einem »G« gezeichnet. Nach mehr als einem halben Jahrhundert lese ich diese Dinge mit gemischten Gefühlen; ich bin es und bin es auch nicht. Die Sätze sind häufig zu lang, die Gedankengänge zu kompliziert; mit treffenden Ansichten verbinden sich völlig irrige. So überschätzte ich die Realität des Beistandspaktes, den der Ministerpräsident Laval im Frühling 1935 mit dem russischen Außenminister Litwinow schloß. Er schien mir in der Natur der Dinge zu liegen: eine Wiederholung der Militärkonvention zwischen Rußland und der Dritten Republik vom Jahre 1892. Diese war gegen die verbündeten Mittelmächte gerichtet gewesen. Jetzt gab es nur noch eine große Mittelmacht; unvergleichlich aktiver, gefährlicher, als Deutschland plus Österreich plus Italien ehedem gewesen waren. Nichts logischer als eine Erneuerung des Bündnisses der beiden Flügelmächte. Aber das Frankreich der dreißiger Jahre war nicht mehr das der neunziger; die Sowjetunion war nicht das Zarenreich. Die grauenhaften »Schauprozesse« der Jahre 35–36, der Justizmord an Tausenden von Offizieren, darunter den verdientesten Armeeführern, mußten die Sowjetunion als einen höchst unsicheren Bundesgenossen erscheinen lassen.
Vor allem: noch immer irrte ich mich über die Deutschen, noch immer glaubte ich, daß sich bei einer wirklich freien Abstimmung eine Mehrheit gegen Hitler ergeben würde. Solches war meine Hoffnung gelegentlich des Plebiszits, das im Januar 1935 im Saargebiet stattfand. Bekanntlich war dies Ländchen im Vertrag von Versailles vom Deutschen Reich getrennt und dem Völkerbund unterstellt worden, der in Saarbrücken eine ihm verantwortliche Kommission einsetzte; die Kohlebergwerke sollten während fünfzehn Jahren von Frankreich ausgebeutet werden. Danach aber

würde eine Abstimmung stattfinden: wollten die Saarländer bei dem »Status quo« bis auf weiteres verbleiben oder wollten sie »Heim ins Reich«? Die Sozialdemokraten waren für den »Status quo«, aber nicht endgültig, sondern nur solange Hitler im Reich regierte – an sich eine etwas überquere Position. Trotzdem gelang es, eine beträchtliche Front zugunsten des »Status quo« aufzubauen. Die nach alter Gewohnheit ungeheure, vom Reiche her organisierte Propaganda war für sich selbst schon ein Beweis dafür. Seinerseits wünschte der französische Außenminister Barthou, wenn schon keine Mehrheit erreicht werden konnte, eine möglichst starke Minderheit für den »Status quo«, im Interesse von Frankreichs Prestige. Nach der Ermordung des alten Barthou, zusammen mit dem König von Jugoslawien in Marseille, Oktober 34, ging sein Nachfolger Pierre Laval von dieser Politik ab. Nicht mit einem Schlag, dramatisch, sondern diskret, allmählich, und um so folgenschwerer. Im Januar 1935 lag der französischen Politik ganz offenbar am Ausgang des Plebiszits gar nichts mehr; ein Umstand, der die Anti-Hitler-Front tödlich traf. Das Ergebnis war dann für »uns« niederschmetternd: 9% für den »Status quo«, 91% für die »Heimkehr ins Reich«. Das erforderte ein Umdenken, wie ich es in meiner *Chronik* vom Februar vollzog. Vielleicht lohnt es sich, aus ihr zu zitieren: »Ein Datum, das nicht hielt, was es versprach, lädt zur Prüfung der Sache und der Stellung zur Sache ein... Das Gefühl der deutschen Einheit ist augenblicklich stark. Mit ihm, nicht mit der Größe Hitlers, der erst nach dem Sieg plötzlich auftauchte, hat man in der Saar Staat gemacht... Gegen Hitler haben wir 1933 unsere Hoffnung auf Bayern gesetzt, vergebens; jetzt auf die Saar, wieder vergebens. Werden wir sie noch auf Österreich setzen?... Das Kampfmittel des neuen Alldeutschtums ist das Radio und das Plebiszit. Mit Plebisziten kann man Länder gewinnen, wie früher mit Schlachten. Die Nazis sind Meister darin... Mit Recht spricht man von Terror. Und doch ist es ein Terror eigener Art, um so unwiderstehlicher, weil es ein Terror zur Freude ist. Er kommt von fremden Leuten, von einer üblen Oberschicht, und doch auch zugleich von unten. Das Volk organisiert, terrorisiert sich selbst. Wäre dieser Terror volksfremd, so könnte er nicht so erfolgreich arbeiten; auch hätte man nach dem Sieg nicht so viele vergnügte Gesichter gesehen. All das, die Freudenausbrüche, Fahnen, Fackeln, Glühbirnchen, Gesänge, Tänze, Stoffpuppen, Verschen, vorher in Saarbrükken oder Berlin ausgedacht, kommandiert, wehe dem, der nicht mitmachte; und trotzdem – natürlich. Andererseits, hatten wir ein Recht zu hoffen, daß eine alte Bergarbeitersfrau uns mit ihrer Stimme von Hitler befreie? Nachträglich ist es leicht zu sagen, und muß doch gesagt werden: nein. Sie kannte ihn nicht, sie wird ihn nie kennen, selbst wenn sie ihn kennte, würde er ihr nicht so widerwärtig sein wie uns. Es ist ihr nie gutgegangen, es wird ihr jetzt nicht schlechter, vielleicht sogar im Augenblick besser gehen als bisher, im Gemüt und materiell. Die Hitler-Regierung ist nicht so unbedingt und hauptsächlich arbeiterfeindlich, wie unsere Marxisten deduzieren... Deutschland wird sich nicht verändern, oder aber von innen her... Auf die deutschen Gebiete außerhalb des Reiches dürfen wir nicht mehr hoffen. Und auch nicht auf die Aktion fremder Staaten. Sicher werden Deutschland und die Welt sich weiter große Verlegenheiten machen; darin ändert der Ausgang des Saar-Plebiszits so wenig etwas, wie Fieber dadurch sinkt, daß gerade kein Thermometer zur Hand ist. Es wird sehr bald wieder eines zur Hand sein.« Was auch geschah.

In meinen Briefen an den Bruder in Amsterdam finden sich

Zweifel an meinem Unternehmen. Übrigens auch häufige Klagen über Kürzungen: der mir wichtigste Gedanke sei wieder einmal weggefallen, die Rhythmen der Prosa würden völlig zerstört, mit der Folge, daß zum Beispiel zwei einander folgende Sätze mit dem gleichen Wort begännen, und ähnliches mehr. Qualen, die jeder Publizist, besonders ein Anfänger, kennt, wie ich sie aber erst noch kennenlernen mußte. Übrigens ging es meinem Bruder Klaus gut damals; es mag unter allen Epochen seines kurzen Lebens die produktivste, und das hieß die glücklichste gewesen sein. Auf den Roman *Flucht in den Norden* – in einem Brief an ihn, damals lobte ich ihn, heute muß ich anders darüber denken – folgte der schöne Roman *Symphonie Pathétique*, dann *Mephisto.* Während der Entstehung des »Tschaikowski« konnte ich ihm ein wenig helfen, indem ich etwa das Hotel aufsuchte, in welchem der Komponist in Paris gewohnt hatte und das es noch gab, obgleich stark modernisiert, oder ihm die Stadt Montbéliard – Mömpelgard – beschreiben, den Wohnort von Tschaikowskis greiser Erzieherin, die er dort besuchte – die alte Festungsstadt hatte ehedem zum Herzogtum Württemberg gehört, daher der Ausdruck »Württemberg-Franzosen«, die im Tübinger Stift eine so bedeutende Rolle spielten. Zu den Romanen kamen die Redaktion der Zeitschrift und die Beiträge für sie. Auch an Kongressen nahm er fleißig teil, in Paris wie in Moskau. Sogar an Erholungsreisen fehlte es nicht, zur Côte d'Azur oder ins Gebirge; und immer brachte er es hin, elegant zu reisen, wie ehedem in Deutschland, während ich der dritten Klasse und dem »Christlichen Hospiz« die Treue hielt. Eigentlich war er immer guter Laune, wenn ich ihn sah, und voll Humor. Wie tief das ging, ist schwer zu sagen. Auch war mir, keinem Kenner, nicht deutlich, wann er unter dem Einfluß von Morphium stand, wann nicht. Instinkte, welche das

Leben bejahten und es produktiv machten, kreuzten in seiner Seele sich mit verneinenden, selbstzerstörerischen: damals hatten die bejahenden entschieden die Oberhand, und ich war gern mit ihm zusammen.
Zu meiner Überraschung schienen meine »Chroniken« in Paris hausenden deutschen Kommunisten zu gefallen, denn eines Tages rief mich Alfred Kantorowicz, ein Mitglied dieser Gilde, an und sagte mir eben dieses, hinzufügend, er würde mich gerne einmal treffen. Warum nicht? Ich besuchte ihn also in seiner engen Pariser Wohnung. Das Gespräch blieb unergiebig, da man radikalen Meinungsverschiedenheiten auswich. Währenddessen kam ein junger Mensch herein, erregt, als käme er vom Schlachtfeld. Er hatte mit einem gleichfalls jungen Genossen gesprochen, der viel zu flau und pessimistisch sei, und habe versucht, ihn auf die richtige Bahn zu bringen, habe ihn erinnert an das goldene Stalinwort: »Dann reift auch in ihnen die Idee des Sturms.« Das Illusive, die Irrealität emigrantisch-kommunistischer Bestrebungen kam mir nie so deutlich, nie so melancholisch ins Bewußtsein wie während dieser Stunde; ich verabschiedete mich und ließ nicht wieder von mir hören.
Mit deutschen Emigranten, mehr oder weniger politischen, brachte mich mein Bruder zusammen, wenn er sich in Paris aufhielt. Schon vier Tage nach meiner Ankunft in Saint-Cloud zum ersten Mal: da waren es Siegfried Kracauer, Bertolt Brecht, Walter Benjamin und – André Germain. Eine sonderbare Zusammenstellung: André Germain, kurze Zeit ein leidlicher Freund oder Bekannter meiner Geschwister, erscheint im *Mephisto*-Roman als Pierre Larue, der Erbe des Crédit Lyonnais und Liebhaber strammer Burschen in SS-Uniform, wie er denn bald nach unserem Treffen ein Buch *Hitler ou Moscou* veröffentlichte; er wählte Hitler. Sein Por-

trait im Roman, so treffend es war, konnte dem Getroffenen nicht gefallen, weswegen er denn auch nach meines Bruders Tod einen abscheulichen Nachruf auf ihn veröffentlichte. Bald danach traf meine Schwester den Autor an der Bar des Zürcher Hotels Baur au Lac. Sie erteilte ihm ein paar kräftige Ohrfeigen rechts und links, indem sie dabei rief: »C'est pour Klaus!« »Mais Madame!« Vergebens hielt er sich seine Spinnenfinger vors Gesicht. Erika verließ den Raum, kehrte nach ein paar Minuten zurück, Germain war verschwunden. Statt dessen saßen zwei Zürcher Herren an der Bar und unterhielten sich über den unglaublichen Vorfall, den sie beobachtet hatten. »Nein, nein, der ist gleich ins Bett gegangen.« Was Erika herzlich amüsierte. Diese Anekdote ist bezeichnend für ihre resolute Art. Sie gab dem Tücke-Zwerg, was er verdient hatte.

Die hohe Bedeutung des Essayisten Walter Benjamin war mir damals noch unbekannt. Ihn und andere Emigranten traf ich auch im gastlichen Haus von Félix Bertaux *La Source* in Sèvres. Dort erhielten sie reichliche Mahlzeiten, mir willkommen und ihnen wohl auch. Aber so recht zugehörig konnte ich mich ihnen doch nicht fühlen. Was ich kennenlernen wollte, war Frankreich: die gewaltige Vergangenheit nach allen Dimensionen, die beängstigende Gegenwart. Es ging dem Land schlecht, so viel war nur zu bald deutlich. Die im Durchschnitt alle Jahre, wenn nicht in viel kürzeren Abständen einander folgenden Regierungen kamen aus der gemäßigten Rechten und der Mitte. Ihre Wirtschaftspolitik war jener des Reichskanzlers Brüning nur zu ähnlich: Sparsamkeit, Deflation, um so der Krise Herr zu werden. Die Folgen waren die Brüningschen, wenn auch weniger kraß, dies zu einer Zeit, in der es in Deutschland Jahr für Jahr aufwärts ging, dank einer Wirtschaftsführung, an welcher, in den ersten Jahren, der Professor Keynes nichts zu tadeln hatte; in den USA tat der Präsident Roosevelt ein Gleiches, wurde aber dabei auf das schwerste belästigt und gehindert durch den Obersten Gerichtshof und die konservativen Gruppierungen im Kongreß, während Hitler tun konnte, war er wollte – im Moment ein großer Vorteil. In Frankreich gab es im Jahre 35 zwei Millionen Arbeitslose, immerhin ein Sechstel der arbeitenden Bevölkerung. Die Folgen waren jenen im Deutschland der frühen dreißiger Jahre so ganz unähnlich nicht, obgleich weniger radikal; und einen Hitler gab es auch nicht. Wohl aber ein Wirrsal von Rettern und rettenden Programmen auf der Rechten wie auf der Linken. Dazu brach auch der uralte Konflikt zwischen Anhängern und Feinden der Großen Revolution wieder aus. Ein Colonel de la Rocque mit seiner »Ligue de Croix-de-Feu«, der »Feuerkreuzler«, brachte es auf einhundertfünfzigtausend uniformierte Mitglieder. Auch die uralte royalistische Zeitung *Action Française*, Herausgeber Charles Maurras, Jacques Bainville und Léon Daudet, erblühte zu neuem Leben. Was hier gedruckt werden durfte, erreichte an Schamlosigkeit den *Angriff* des Doktor Goebbels wenige Jahre früher. Etwa: den sozialistischen – und jüdischen – Politiker Léon Blum werde die verdiente Kugel erreichen – »aber in den Rücken«. Dagegen wurde der altverdiente Politiker Édouard Herriot mit dem Küchenmesser bedroht: »Le pipard goûtera du couteau de cuisine« (Herriot war Pfeifenraucher)... Unvermeidlich bildeten sich antifaschistische Gruppen gegen jene der äußersten Rechten. In der Mitte zwischen beiden schwankten die unschöpferischen, schwachen Regierungen. Es waren diese Verhältnisse, die im Rückblick erklären, warum Frankreich für eine energische Außenpolitik keineswegs in Form war.

Ich besuchte Versammlungen. Einmal wollte ich Léon Daudet hören, Sohn des höchst liebenswerten Provinz-Schriftstellers Alphonse Daudet, dessen Erzählungen *Lettres de mon moulin* ich gerade mit Vergnügen gelesen hatte. Der Sohn mag etwas von den Talenten des Vaters geerbt haben, Romancier auch er, aber ein entschieden böser Mensch. Während seine freie Rede – französische Rhetoren müssen frei reden, so wie ehemals die römischen – voller Hohn und Verachtung eine Zeitlang noch leidlich ruhig dahinglitt, explodierte er plötzlich, und zwar dank eines Zwischenrufers, auf den er sich mit einem Katarakt unflätiger Schimpfworte stürzte. Mein Eindruck: genau dies hatte sein jugendliches Publikum von ihm erwartet, genau deswegen war es hergekommen...

Gesitteter ging es zu bei einem Rededuell zwischen meinem höchsten Chef, dem Unterrichtsminister de Monzie, und einem alten, vollbärtigen und royalistischen Advokaten. Dieser tat sich leichter, weil er nur von einer großen Vergangenheit zu sprechen brauchte, von der Gründung Frankreichs durch die Monarchie, von ihren Leistungen im 16., 17., 18. Jahrhundert, während sie, weil nicht vorhanden, an den Leiden der Gegenwart völlig unschuldig war, wohl aber alles besser machen würde, wenn sie nur wiederkäme. Hatte, um nur ein Beispiel zu nennen, die Monarchie nicht recht gehabt, als sie im Jahre 1756 erkannte, daß der Feind nicht mehr wie ehedem in Wien stand, »mais à Berlin«, welch letztere Worte er so recht genüßlich aussprach. Dagegen mußte de Monzie eine kranke Republik verteidigen, konnte aber doch auch auf ihre großen Leistungen, die noch nicht so lange her waren, verweisen; auf Clemenceau, den Retter im Weltkrieg, den alten Jakobiner, der nach dem Scheitern der letzten deutschen Offensive den gar nicht jakobinisch gesinnten Marschall Foch umarmt hatte. Sein letztes Argument war das stärkste: Keine andere Republik sei vom ersten Tag im Jahre 1870 bis zum heutigen so von inneren Feinden heimgesucht worden wie die Dritte französische; aber sie lebe noch immer und leiste noch immer das Notwendige und werde weiterleben... Auch hier waren die jugendlichen Zuhörer auf der Seite des Advokaten. Dieser, als ein feindlicher Zwischenruf gegen de Monzie erscholl: »Niemand unterbricht, oder ich werde nicht antworten.« Hier also ging es gesittet zu, was mir gefiel, aber für die Gesamtsituation nichts aussagte. De Monzie war wie Édouard Herriot oder Léon Blum zugleich Politiker und Literat, eine französische Tradition, die sich durch das 19. Jahrhundert zieht – Jean Jaurès, Tocqueville, Thiers – und mit dem Kardinal Richelieu begann. Unlängst hatte de Monzie ein Buch unter dem Titel *Les Veuves Abusives* veröffentlicht – die Mißbrauch treibenden Witwen. Da ging es um die Witwen berühmter Männer, es konnten auch Maitressen gewesen sein oder Nichten, wie jene Flauberts, die gegen den lebenden Oheim sich mit abscheulicher Undankbarkeit verhalten hatte – er opferte sein Vermögen, um ihren bankrotten Mann zu retten –, nach seinem Tod aber, als Flauberts Stern erst recht aufging, seine Vikarin auf Erden spielte. Eine ideale »veuve abusive« wäre auch Elisabeth Förster-Nietzsche gewesen; sie, die von ihrem Bruder gehaßt wurde und den Kranken, ihrer Pflege Anvertrauten mit Hohn und Spott peinigte – er wollte wohl gar noch berühmt werden? –, später aber der Welt ihre schwesterliche großherzige Liebe zu erkennen gab, in Weimar wie eine Herrscherin residierte und Werke herausgab, die Nietzsche nie geplant hatte. Zuletzt schenkte sie dem »Führer und Reichskanzler« Nietzsches Spazierstock. Leider starb sie erst im Jahre 35, so daß de Monzie sie in seine Ruhmeshalle nicht aufnehmen konnte. Auch meiner Mutter machte das Werk Eindruck, als ich es ihr zu lesen gab. Nach dem Tod TMs bemerkte sie, sie wolle nie eine »veuve abusive« sein – und wurde es wirklich nicht, binnen des Vierteljahrhunderts, um welches sie ihn überlebte.

Von André Malraux hatte ich noch im Herbst des Vorjahres, 1933, seinen neuesten Roman gelesen, *La Condition Humaine.* Von ihm erzählte mir Mr. Seabrook, er gelte als einer der größten Romane des Jahrhunderts. Und ein starker Leseeindruck war es in der Tat, ein gemütlicher freilich nicht. Malraux, ganze acht Jahre älter als ich, war mehrfach in Ostasien gewesen und hatte, sei es direkt, sei es nach Erzählungen, den Beginn der Kämpfe zwischen dem falschen Revolutionär Tschiang Kai-schek und dem echten Revolutionär Mao beobachtet. Entschlossener Kommunist, stand der Autor auf der Seite Maos. Da ging es nun sehr grausam zu. Ich erinnere mich an das Ende, oder beinahe Ende, das in einem Gefängnis Tschiangs oder seines Oberpolizisten, eines abscheulichen Deutschen namens Bauer, spielt. Die Gefangenen, die an einem mißglückten Attentat gegen Tschiang beteiligt waren, sollen in einer Lokomotive lebendig verbrannt werden. Zwei von ihnen haben Zyankali bei sich und werden es verschlucken, ehe man sie zu jener Lokomotive führt. Der dritte hat keines, fürchtet sich begreiflicherweise sehr und klagt beiden anderen: auch seine Augen werde man verbrennen, auch seinen Bauch! Sein Genosse, einer der Helden der Erzählung, schenkt ihm sein eigenes Zyankali, und bei der Übergabe fällt es auf den Boden und wird verzweifelt gesucht und dann doch noch gefunden, und der Beschenkte verschluckt es, und wie die Wachen kommen, um ihn abzuholen, ist er tot, sein Retter aber hat kein Zyankali mehr; stolz sagt er dem Polizeibeamten, er habe es dem nun Toten geschenkt, und geht ab mit seinen Foltermeistern: »Denken wir, es sei ein Unglücksfall.« Dann hört man das Pfeifen der Lokomotive... Dergleichen vergißt man nicht, wie ich es nach vierundfünfzig

Jahren nicht vergaß; freilich ist des Menschen Schicksal nicht immer so, es ist ein heroischer Extremfall, sogar in China. Der Roman endet mit einem Hymnus auf die Sowjetunion; denn einer entkommt eben dorthin und findet Arbeit, Sinn des Lebens und Freiheit.

Nun hatte ich Gelegenheit, Malraux in Paris reden zu hören. Es ging um das Schicksal Leo Trotzkis, der im Jahre zuvor die Erlaubnis erhalten hatte, sich in Frankreich niederzulassen, nun aber wieder ausgewiesen werden sollte, was auch geschah, obgleich erst im nächsten Jahr, er ging dann nach Norwegen. Gegen diesen Befehl fand eine Protestversammlung statt, die ich mir nicht entgehen ließ. Zunächst der unmittelbare Eindruck, im Tagebuch notiert: »Die Versammlung war dürftig, verglichen mit dem, was ich von Deutschland her gewöhnt war; vermutlich weil die eigentlichen (Stalintreuen) Kommunisten fehlten. Oberhalb des Publikums eine Miliz von acht jungen Leuten, von denen einer sprach, brav, aber wenig geschickt: Eigentlicher Faschismus regiere in Frankreich noch nicht, aber die Gefahr bestehe etc. Dann sprach der große Schriftsteller Malraux, ein echter Rhetor, eine starke, mutige und leidenschaftliche Intelligenz. Da erfährt man, was die französische Sprache sein kann und wie eine Intelligenz, fundiert auf Charakter und begabt mit Kraft des Ausdrucks, die Widersprüche, die doktrinären oder diplomatischen Nebel durchdringen und zur Tagesordnung aufzurufen, das heißt, zu führen vermag.« Soweit die Notiz, Frühling 1934. Damals war die Trennung führender französischer Intellektueller von Stalins Regime noch nicht erfolgt; das kam zwei Jahre später mit André Gides Reisebericht, *Retour de l'U.R.S.S.*, dann angesichts jener monströsen Prozesse. Aber Malraux war zu überlegen, um an Trotzkis »Verrat an der Revolution« zu glauben. Diesen Schwindel wischte er hinweg mit der Bemerkung, daß Trotzki nach wie vor allen guten Kommunisten gehöre: »que Trotzki est le leur«. Von seinen Vorrednern hielt er nichts und machte es ihnen deutlich. Dann kam er auf China zu sprechen. Dort, im Krieg zwischen Kuomin-tang und Maos Anhängern falle die Entscheidung, auch für Europa. Ganz Eurasien werde früher oder später in diesen Konflikt gerissen werden. Und hier, nicht ohne Lust, sprach oder rief er diese Worte: »Kameraden meines Alters! Nur wenige von uns werden eines natürlichen Todes sterben!« Darauf ertönte ein lautes »Nein, nein« aus der Zuhörerschaft. Ein sicherer Heldentod – das lieber doch nicht. Im übrigen aber verehrten sie den Redner, waren stolz auf ihn, der so ganz anders war als sie, durchweg »kleine Leute«, arm und mager und ohne Bildung. Dagegen er, hochgewachsen, der schöne Kopf, der elfenbeinerne Teint, die herrliche Sprache. Ein nervöser Tick machte das Gesicht interessanter, nicht schwächer. Und was hatte Malraux nicht alles schon geleistet, als Schriftsteller, Forscher, Abenteurer. Was würde er demnächst in Spanien leisten, wo er nun wirklich leicht eines gewaltsamen Todes hätte sterben können, danach in der französischen Résistance und während des letzten Kriegsjahres, endlich als treuer Gefolgsmann und Freund des Generals de Gaulle. Ein Leben im Sinn der Philosophie Sartres – wobei ich nicht weiß, ob die beiden einander verstanden.

Schon ein paar Tage später wieder China, diesmal im Hause der vornehmen Schwester von Saint-Cloud, der École Normale Supérieure in der Rue d'Ulm. Viele Pariser Straßen und Brücken heißen nach deutschen Städten, so wie viele Straßen und Plätze in Berlin oder München nach französischen, angefangen mit dem Pariser Platz in Berlin; nicht den Städten, sondern erfolgreichen Schlachten in deren Nähe zu Ehren. Eine heute total veraltete Gegebenheit, an der sich aber nichts zu ändern braucht, zumal die wenigsten noch von dem ursprünglichen Sinn jener Namensgebung wissen. Der Redner war jener kommunistische Paul Vaillant-Couturier, dem ich vor wenigen Monaten den alten »Peugeot« meiner Eltern verkauft hatte, übrigens ohne ihn zu sehen; ein geringer Genosse hatte das Ding vor dem Hotel abgeholt. Auch Vaillant-Couturier war unlängst in China gewesen. Darüber meine Notiz: »Er schildert das Land wie eine Hölle, eine Mischung aus Deutschland während des Dreißigjährigen Krieges und England zu Beginn des 19. Jahrhunderts. Er mag übertreiben, aber im wesentlichen dürfte sein Bild stimmen. Dagegen dann der Teil des nördlichen China, der von den Kommunisten beherrscht wird und wo alles glücklich ist in dieser besten der möglichen Welten.«

Auch da mochte etwas daran sein. Daß Maos Anhänger, solange sie keine großen Städte, nur flaches Land beherrschten, die Bauern für sich gewinnen mußten, indem sie die Besitzungen der Feudalherren unter sie verteilten und sie lehrten, wie man die Erde möglichst produktiv machte, so viel lag auf der Hand. Daher der lange festgehaltene Irrtum jener amerikanischen Professoren, wonach die chinesischen Kommunisten keine russischen Stiles, vielmehr nur wohlmeinende »Agrarreformer« waren; ein Irrtum, der sie in den Augen der amerikanischen Rechten zu Verrätern stempelte, welche am »Verlust Chinas« – dies an sich eine sonderbare Redensart – die Hauptschuld trügen.

Was mir nachträglich auffällt: die beiden Chinakenner, die ich hintereinander hörte, ließen die Japaner völlig außer acht, obgleich letztere die Mandschurei schon besetzt hatten – ein Jahr später würden sie mit der Eroberung des eigentlichen China beginnen. Nur von dem Bürgerkrieg war die Rede und von der Sowjetunion als dem großen

Freund der chinesischen Kommunisten. Wie anders alles dies ausging! Japan war das Schicksal Chinas und ganz Südostasiens während der folgenden zehn Jahre; und wer dem ein Ende machte, war nicht die Sowjetunion, waren weder Tschiang Kai-schek noch Mao, es waren die Nordamerikaner. Dann deren Fehler, auf Tschiang Kai-schek anstatt auf Mao zu setzen, ein Fehler, den Stalin ganz ebenso beging, denn der schloß sein flüchtig-trügerisches Bündnis mit Mao erst, als Mao eindeutiger Herr über China geworden war. Aber so wie, im Gegensatz zu den Ansichten von Malraux im Jahre 34, die Dinge in Europa vor Hitlers Krieg und während Hitlers Krieg und danach sich abspielten, als ob es China nicht gäbe, so haben in dem Jahr, in dem ich dies niederschreibe, die Anzeichen für einen gewaltigen Einfluß Chinas auf innere Entwicklungen Europas geringes Gewicht. Indessen soll man nie »nie« sagen. In unserer Menschenwelt, so viel habe ich im Lauf von sechzig Jahren immerhin gelernt, ist rein gar nichts unmöglich und ist die auch nur etwas fernere Zukunft immer anders, als man sie sich vorgestellt hat, wenn man sich überhaupt etwas unter ihr vorstellte. Darum auch hat die Wissenschaft der »Zukunftsforschung« nur ein kurzes Leben gehabt.

Regelmäßige Vorträge mit nachfolgender Diskussion bot die »Union pour la vérité«, die ich schon wenige Tage nach meinem Einzug in Saint-Cloud besuchte, danach häufig. »Gesellschaft für die Wahrheit« – ein so klingender Name wäre im deutschen Sprachraum kaum möglich. Der Leiter war ein in seinem Amt erfahrener, überaus gewandter Herr, der auch die peinlichsten Situationen elegant zu meistern verstand; so, als der bestellte Redner im letzten Moment hatte absagen müssen und statt seiner ein greiser, stocktauber Herr mit Nikolausbart sich unaufgefordert ans Rednerpult begab, um einen Vortrag zu beginnen, der sich als haarsträubender metaphysischer Unsinn entpuppte. Mehrfach gab es Vorträge über das »Dritte Reich«, die mich wenig befriedigten. Nie nahm ich an der Diskussion teil. Das tat ich ein einziges Mal in einem anderen Rahmen, und zwar weil auch mein Freund Pécaut gegenwärtig war. Hier erzählten junge Franzosen von ihren Eindrücken während einer Deutschlandreise: wie gut sie sich mit ihren deutschen Altersgenossen verstanden hatten. Pécaut: »Es ist ein junger Deutscher unter uns, vielleicht will er etwas sagen.« Nun mußte ich sprechen. Junge Leute, sagte ich, verständen sich leicht, wenn sie zusammen beim Bier oder Wein säßen, hernach einander Ansichtskarten schickten. Aber viel bedeute das leider nicht. Politik werde von Staaten, von Regierungen gemacht, nicht von einander freundlich gesinnten Studenten verschiedener Nationalitäten. Das deutsche Propagandaministerium wisse aber auch deren Gesinnung geschickt einzusetzen, um die wahren Projekte der Machthaber zu verbergen, wie Hitler mit seinen Friedensreden ein gleiches tue... Der Soziologe Professor Bouglé zollte dem Beifall; Pécaut bewies mir seine Zufriedenheit. Aber das war eine Ausnahme.

So schwieg ich nach dem Vortrag eines Germanisten, Professor Edmond Vermeil, der in der »Union pour la vérité« über die Vorgeschichte des Nationalsozialismus sprach; sie war, durfte man ihm glauben, weit älter als hundert Jahre. Er gab dann auch eine moderne Geschichte Deutschlands in zwei Bänden heraus, in der er, ich glaube, jedem Kapitel eine Kolumne über die Fortschritte hin zum Nationalsozialismus beifügte. Der Gang der Dinge führte zu Hitler, anfangs langsam, aber immer und unerbittlich, also genau das, was ich haßte. Übrigens konnte ich den Mann auf den Tod nicht leiden: der strenge, tadelfreie, selbstgerechte Professor – selbstgerecht für sich und sein Land –, der, eine

Photographie zeigte es, auch zu Hause am Schreibtisch perfekt gekleidet saß. So, in steifer Würde, sah ich ihn, zusammen mit seiner Gemahlin, einen Salon betreten, zu dem ich dank der Vermittlung Franz Wilhelm Beidlers in Zürich Zutritt hatte. Ich habe den Namen der generösen Inhaberin dieses Salons vergessen. Sie war eine Schwester des französischen Diplomaten Georges Maurice Paléologue, der 1914–1917 Botschafter in Petersburg gewesen war und über dessen Memoiren, zumal sein Portrait der Zarin, Trotzki in seiner *Geschichte der Russischen Revolution* den grausamsten Spott ausgoß; es sei so recht etwas für Pariser Concierge-Frauen. Selber nannte meine Gastgeberin sich nicht Paléologue, muß also Witwe gewesen sein. Sie besaß Geld in Deutschland, das nicht transferiert werden durfte, und reiste deshalb jedes Jahr durch Süddeutschland, wobei sie nie verfehlte, eine Schiffahrt auf dem Bodensee, von Lindau bis Konstanz, zu machen. Das gefiel mir, der ich selber die Bodenseelandschaft so sehr liebte. In ihren Salon also kam Monsieur Vermeil samt Madame würdevoll hereingestelzt, nahm die Glückwünsche zu seiner unlängst erfolgten Berufung an die Sorbonne würdig entgegen. »Après tout, c'est le bâton de Maréchal.« Er widersprach nicht. Mich kannte er schon flüchtig und versprach jedesmal, mich einzuladen, was er aber zu meiner Erleichterung nie tat... Einmal fiel mir ein anderer neuer Gast auf, der nicht steif-würdig, sondern mit bequemer, obgleich gewaltiger Selbstsicherheit hereinkam, direkt auf die Dame des Hauses zuschritt und ihr die Hand küßte. Es flüsterte mir jemand zu: »Das ist der Colonel de Gaulle.« Der Name war mir unbekannt. Vorgestellt wurde im allgemeinen nicht. Es blieb das einzige Mal, daß ich de Gaulle in Person sah, den ich später aus der Ferne so sehr bewunderte.

Die letzte und, quantitativ gesehen, bedeutendste literarisch-politische Vortragsveranstaltung, die ich während meines Aufenthaltes in Saint-Cloud erlebte, war der Internationale Schriftstellerkongreß von Ende Juni 1935, der im riesigen Saal der »Mutualité« abgehalten wurde und fünf Tage dauerte; nicht weniger als 250 Autoren aus 37 Ländern nahmen daran teil. Organisiert wurde er durch die französische KP, was verborgen bleiben sollte, es aber nicht konnte, besonders da die Kommunisten auf den so gewonnenen Ruhm nicht im Ernst zu verzichten gedachten. Fünf Abende lang saß ich brav auf meinem Platz, meist in Begleitung eines Saint-Cloud-Schülers, schwieg und hörte. Ein Brief an meinen Bruder Klaus, der zu den 250 gehörte, auch eine eindrucksvolle Rede hielt, danach aber nach Amsterdam zurückkehren mußte, gibt meine ersten Eindrücke wieder. »Saint-Cloud, 1. Juli. Meister, über das Ende des Festes willst Du was wissen? Nun, man braucht nicht der Prophet Jeremias zu sein, um zu mutmaßen: jocis coepit, jocis crevit, jocis finis erat; zu deutsch: mit mittelmäßigen Reden fing es an, ging es weiter, hörte es auf. Auf der (sowjetischen) Botschaft, wo, wie man mir sagte, der Sekt in Strömen floß und die Schriftsteller sich einmal richtig herausfuttern konnten, war ich nicht, hatte von einem Empfang genug, den vorher ein Sohn des (Senators) Jouvenel in seines Vaters Appartement der deutschen Delegation gab; auch mein Freund Karl Obermann war da neben Feuchtwanger und Ernst Toller... Was Besseres als die Rede von Gide wurde zweifellos auf dem Kongreß nicht geboten, sie war der Höhepunkt. Heinrich erntete noch zwei Ovationen, zu Anfang und zu Ende seines schön gelesenen Vortrags. Die besten Einfälle, die glänzendsten Wendungen ließ man kühl vorübergehen, und als er vollends als Beispiele großer intellektueller Führer Clemenceau, Lenin, Masaryk nannte, herrschte eisiges Schweigen. Als er aber die Formel hinmeißelte: ›Pourtant le marxisme ne sera pas vaincu par des imbéciles‹, löste sich orkanartiger Beifall. So war eben mal das Publikum. Über die paradiesischen Zustände in Rußland wurde noch allerlei vorgebracht. Aragon, im Feldwebelton, rechnete mit dem Surrealismus ab und forderte die Rückkehr zu den Massen und zur Realität – ›Ich fordere die Rückkehr zur Realität!‹ rief er siebenmal. Weinert war prahlerisch und grob, Regler pathetisch, aber nett und sehr geschickt, der Beifall war danach... Am letzten Abend zog Vaillant-Couturier ein Resümee; wieder ganz ungeschickt, denn wenigstens der Schein des Nichtkommunistischen hätte doch gewahrt bleiben sollen. Sie können es sich aber nicht verbeißen. Sehr stolz waren sie darauf, daß der *Temps* über *sie* berichtete, während er doch auf den Schein hereingefallen war oder fallen zu sollen glaubte; da man ihn aber deswegen verhöhnte, so gab er das Berichten auf. So kann ich Dir über Deine Rede keine Ausschnitte schicken. Die Namen des Büropräsidiums sind Dir wohl bekannt. Gefragt hat man gewiß keinen, nicht einmal den anwesenden Heinrich; und bei unserem Vater – wenn es da nur nicht wieder ein Dementi setzt. (Nötig wäre es nicht, angesichts von Lagerkvist, Huxley etc., aber der Mißbrauch ihrer Namen ist unerträglich.) Die eigentlichen, nationalen Unterbüros sind dann wieder ganz marxistisch-leninistisch-stalinistisch zusammengesetzt. Anna Seghers, ein sehr nettes, braves Mädchen, erwähnte Dich lobend in ihrem Diskurs. – Als eine achtbare Monstre-Demonstration mag das Ganze seine Wirkung gehabt haben. Das Publikum muß man loben – das ist aber nur für die besonderen französischen Möglichkeiten wichtig... Agréez, cher maître, l'expression de mes sentiments parfaitement antifascistes!«

Soweit der brüderliche Bericht. Hinzuzufügen ist, daß Heinrich Mann nicht nur Ovationen erhielt, sondern wäh-

rend eines Abends sogar als Präsident wirken durfte und sein Amt mit würdigen Gesten und Worten zelebrierte: André Gide schien tief von ihm beeindruckt. Zu Klaus: »Votre oncle est épatant, admirable!« Aber am späten Abend mit ihm einmal persönlich zusammen zu sein, etwa gar ihn zum dîner einzuladen, darauf kam er durchaus nicht. Meistens waren es der treue Félix Bertaux und ich, die mit Heinrich zusammen ein Bistro aufsuchten, um noch bei Wein oder Bier etwas zu entspannen. Der Oheim: »Wenn ich dergleichen öfter täte, so müßte ich Unterricht dafür nehmen« – er hätte es aber kaum nötig gehabt.
Was nun aber auch Originelles oder Banales, was Freies oder Doktrinäres während jener fünf Abende geredet worden war, welchen zugleich kämpferischen und versöhnlichen Eindruck der Kongreß auf ein interessiertes Publikum unmittelbar oder in der Ferne gemacht hatte – der eigentliche Zweck war ja doch ein anderer. Es war die Zeit, in der Stalin, noch mehr sein Außenminister Litwinow, gegen Deutschland das französische und, über Frankreich, auch das englische Bündnis suchte. Im Frühling hatte Pierre Laval in Moskau jenen Vertrag geschlossen, der noch keine eigentliche militärische Allianz war, aber werden konnte; eine Konzession, die man ihm machte, war, der französischen Schwesterpartei jede Polemik gegen Rüstungsausgaben oder zweijährigen Heeresdienst zu untersagen. Der Zauber wirkte augenblicklich; die französische KP hißte nun die Tricolore neben der roten Fahne, sang die Marseillaise neben der Internationale; während jenes Kongresses war nicht mehr von Klassenkampf, nur noch vom Kampf aller frei, fortschrittlich und humanistisch Gesinnten gegen die Barbarei des Faschismus die Rede. So spiegelte sich ein Moment moskowitischer Politik darin. Noch wenige Wochen vor Lavals Moskaureise hatten Vaillant-Cou-

turier und seine Freunde Hitlers Wiedereinführung der Allgemeinen Wehrpflicht, die Aufkündigung der Entwaffnungsbestimmungen des Vertrages von Versailles, als eine berechtigte Reaktion auf Frankreichs imperialistische Politik bezeichnet. Nun kein Wort mehr davon. An ihrem blinden Gehorsam dem Kreml gegenüber hielt die Parteiführung allemal fest. So 1939; so, in umgekehrter Richtung, 1941. Anders freilich erging es den Schriftstellern. Das Idyll zerriß schon ein Jahr später unter dem Eindruck der »Stalin-Prozesse«. So hatte man sich Humanismus und Kampf für die Freiheit nicht vorgestellt. Als André Gide sich zum Kommunismus entschloß, spottete unser Freund René Schickele, er habe »den roten Schleier genommen«. Gide, Protestant und nichts als Protestant von Haus, konnte in diesem Kloster nicht lange verbleiben. Heinrich Mann dagegen – nun, das ist ein anderes Kapitel.

Während dieser Epoche eröffnete sich mir eine wunderliche und undauerhafte Geldquelle auf die folgende Weise. In München hatte zu unserer Zeit der Besitzer eines führenden Geschäftes für Damenmoden gehaust, der Kommerzienrat Suntheimer. Junggeselle, machte er meiner Schwester Erika den Hof, welches diese sich gefallen ließ, wenngleich unter Bedingungen und Einschränkungen. Die ungeschriebene Bedingung: sie kaufte reichlich bei ihm und zahlte nie. Die Einschränkung: wenn er sie wieder einmal zum Diner im Hotel »Vier Jahreszeiten« gebeten hatte und während der Rückfahrt im Taxi zudringlich wurde, ließ sie halten und nötigte ihn auszusteigen. Prompt erhielt sie zwei Tage später eine regelmäßig wachsende Kleiderrechnung, die, wie die vorhergehenden, im Papierkorb landete. Dies Lustspiel dauerte ein paar Jahre, ich denke bis zum Anbruch des »Dritten Reiches«. Suntheimer hatte beizeiten vorgesorgt; sein Vermögen befand sich zur Gänze auf den ersten Banken des Auslandes, nun folgte er selber ihm nach. Unwillig, sich zu binden, durch das Zahlen von Einkommensteuer so wenig wie durch Heirat, blieb er ohne festen Wohnsitz: Winter in Paris, Frühling am Vierwaldstätter See, Sommer im Engadin, Herbst in Venedig oder Rom – ein elegantes Dasein, dessen perfekten Egoismus er in vollen Zügen genoß. »Zwischen etwas haben und nichts haben ist ein großer Unterschied«, hörte ich ihn sagen. Wie und wo ich ihn in Paris traf, weiß ich nicht mehr. Man kam auf die Politik, auf die deutsche Diktatur zu sprechen. »Sie sind Historiker«, bemerkte er. »Hat es in der Vergangenheit schon etwas Ähnliches gegeben, und wenn ja, wie lange hat es gedauert?« – »Dasselbe gewiß nicht. Von ferne Vergleichbares wohl.« – »Das würde mich interessieren. Vielleicht könnte man Schlüsse daraus ziehen. Hätten Sie Lust, mir etwas historischen Unterricht zu geben?« – »Ja, doch, soweit meine Zeit reicht.« – »Wie viele Stunden würden Sie brauchen?« – »Herr Kommerzienrat, das kann man in einer Stunde besorgen oder in zwanzig oder in drei, ganz nach Ihrem Wunsch.« Er überlegte einen kurzen Moment. »Sagen wir drei« – wonach noch der Preis festgelegt wurde.

Fortan besuchte ich ihn, wenn meine Zeit es erlaubte, während eines späten Vormittags in seinem Hotel, dozierte eine Stunde, worauf man zu Mittag aß. Wohl oder übel fing ich an zu erzählen, nicht ohne die Hilfe des *Ploetz*; beginnend mit den Tyrannen im alten Hellas, wobei »Tyrann« nicht den gleichen Sinn hatte wie heute, denn es gab damals gute Tyrannen und schlechte auch; zuerst habe es in Athen auch Könige gegeben, aber von ihnen wisse man nichts Genaues. »Warum nicht? Haben Sie sich nicht vorbereitet?« – »Da konnte ich mich nicht vorbereiten, weil es an Quellen fehlt.« Von dort zur altrömischen Diktatur, die kurzfristig und streng legal war, und dann zur Diktatur Caesars, die nicht mehr legal war, aber ohne die Iden des März recht lange hätte dauern können, und zu seinem schlauen Großneffen, der seine Allmacht in altrömische Formen zu kleiden wußte. Sein Nachfolger, Tiberius, sei nicht so arg gewesen, wie Tacitus ihn machte. Ein Sprung zur italienischen Renaissance, den Medicis, Sforzas und Borgias, zu den klugen, grausam realistischen Ratschlägen Machiavellis; und dann Cromwell, und dann die kurzfristige, blutige Diktatur Robespierres und dann die beiden Bonaparte; ich glaube, mehr war es nicht. Nach etwa acht Stunden hatten wir beide genug, wobei mein Zuhörer seine Enttäuschung nicht verbarg: aus allem, was ich ihn gelehrt hatte, konnte man im Blick auf die Dauer der Diktatur Hitlers durchaus keine sicheren Schlüsse ziehen. »Leider nicht; jeder Fall liegt nun einmal anders.« Zuletzt gestand er, daß er mir trotzdem gern zugehört habe, und zwar wegen meiner Stimme. Sie erinnerte ihn an die sehr schöne Stimme meiner Schwester Erika und einer anderen Dame, die im Münchner Herzogpark gewohnt und bei ihm gekauft hatte. Schwer zu sagen, was ihm nun wichtiger gewesen war, die Stimme oder was sie ihn lehrte. Letzteres konnte ihm allemal nicht viel helfen, denn seine luxuriösen und sinnleeren Tage waren schon gezählt. Als ich ihn ein oder zwei Jahre später im Zürcher Spital »Hirslanden« besuchte, lag er in seiner letzten Krankheit und hat so nie erfahren, wie lange die Diktatur Hitlers dauerte.

An Kulturellem bot das Paris der dreißiger Jahre so viel wie eh und je, und ich nahm daran teil, soweit Zeit und Geld es erlaubten. Für die Große Oper gab es zwei Gratiszugänge. Den einen verdankte ich dem alten Freund unserer Familie Bruno Walter, der als Gastdirigent fungierte und mir ein paarmal seine Loge zur Verfügung stellte. Danach, tief erschöpft, wie er nach solchen Leistungen immer war, lud er mich noch zu einem reichen Abendessen ein, während dessen mehr von der guten alten Zeit als von der bedrückenden Gegenwart die Rede war. Im Tagebuch: »Er ist so liebenswürdig wie gescheit; letzteres nicht weil, sondern obgleich er meine Veröffentlichungen lobte.« Viele andere Opernabende schenkte mir Martial Singher. Er war Student in Saint-Cloud gewesen und während jener zwei Jahre durch Musikalität und schöne Stimme aufgefallen. Der unverheiratete Inspecteur Général, Monsieur Goujon, beschloß, ihn als Sänger ausbilden zu lassen – das Beste, was er je tat, wie viel Gutes er sonst getan haben mag. Denn Singher stand eine große und glückliche Karriere bevor, zuerst in Paris, später in den USA. Damals lebte er noch in Saint-Cloud, zusammen mit seiner Mutter und Goujon, eine zweite Familie neben der stattlicheren direktorialen. Er also überließ mir gelegentlich den ihm zustehenden Platz oder zwei Plätze in der Grand Opéra. Sie befand sich damals in einem Übergangsstadium. Es gab Aufführungen, die nur noch mit Lichteffekten, nicht mehr mit Kulissen arbeiteten; andere, und das galt besonders für Wagner, angesichts derer ich mich des Gefühls nicht erwehren konnte, es habe sich seit der Uraufführung im vorigen Jahrhundert nichts geändert; die schweren goldenen Zöpfe der Frauen, die Riesenbärte der Männer, die ihnen den Gesang nicht erleichterten. Den stärksten Eindruck machte mir eine Aufführung von Maeterlincks *Pelléas et Mélisande* in der Vertonung von Debussy. Darüber mein Freund Pécaut zu mir: »Ja, das ist nordisch, sehr, sehr nordisch, düster« – worin er wohl recht hatte. Von Singher meinte er, er habe eigentlich an jedem Abend, an dem er auftrete, ein schweres Examen zu bestehen. Er bestand es gut. Am stolzesten war Goujon auf ihn, wenn er »bisser«, bedrängt vom Beifall des Publikums, eine Arie wiederholen mußte, wie solches in der italienischen Oper häufig geschah.

Der französische Film – während der deutsche in den dreißiger Jahren an der Politik verdarb – war in den dreißiger Jahren auf nie übertroffener Höhe. Dies sowohl was die Regisseure, an ihrer Spitze Jean Renoir, wie was die Schauspieler betraf. Von Renoir haben mir zwei Filme einen unauslöschlichen Eindruck gemacht. Ich sah sie, als sie neu waren, und etwa zwanzig Jahre später zum zweiten Mal; da wirkten sie noch immer, als ob sie neu wären. Der eine: *Die Spielregel.* Die Hauptfigur ein Marquis und Jagdschloß-Besitzer, dessen Ehrenschild dadurch verdunkelt blieb, daß seine Mutter eine »née Rosenthal de Francfort« war, was die Vermögensverhältnisse des Vaters, nicht aber seine Position unter den Standesgenossen verbessert hatte. Darüber unterhält sich das Dienstpersonal, welches in der Schloßküche seinerseits bedient wird; der Majordomus tritt seinen Untergebenen mit weit mehr Stolz und Strenge entgegen als sein Herr. Der Film zerfällt in zwei Teile: der Abend, die Ankunft der Gäste bei starkem Regen, das Diner und die Nacht, während derer es zwischen den Zimmern in eroticis überaus bunt zugeht; eine Treibjagd am Morgen, endend mit einem Mord, den der Marquis, nun wieder ganz Aristokrat, als einen bedauerlichen Unfall definiert. An der Inszenierung der Jagd soll Renoir gelitten haben, denn er mußte echte Hasen durch echte Treiber jagen und mit echten Flinten umbringen lassen; Hollywoodtricks genügten ihm nicht. Großartig, künstlerisch wie moralisch, ist dann der Film *La grande illusion,* der in den Jahren des »Weltkrieges« spielt. Illusionen sind alle Feindschaften, alle Trennungen, Unterschiede der Klassen und Rassen. Die deutschen Frauen leiden unter dem Krieg, dem Schicksal ihrer Söhne ganz so wie die französischen; zwei französische Deserteure werden auf deutschem Gebiet von einer Bäuerin nicht etwa denunziert, sondern freundlich aufgenommen und versteckt; kurz vorher war der eine, ein Jude, von seinem »arischen« Kameraden noch töricht verhöhnt worden. Illusion auch der Gegensatz zwischen den Ständen der Gesellschaft: ein adeliger Offizier, er, der Glacés trägt und seine Gemahlin mit »vous« anredet, erweist sich in der Not als so sehr menschlich, so sehr kameradschaftlich, daß seine Herkunft ins Nichts versinkt. Jammervoll an diesem großen Kunstwerk ist, daß es geschaffen wurde ein paar Jahre, bevor die allerinfamsten Illusionen Wirklichkeit wurden. Aber das konnte ich damals nicht wissen, genauer: nicht mit aller Bestimmtheit wissen; befürchten wohl...

Ein Zauberer im Sich-Verkleiden, in allen Rollen ein anderer sein und doch immer er selber bleiben, war Sacha Guitry. Unvergeßlich in seiner Komik der Film *Le Roman d'un tricheur*; wie er da durch die Drehtüre eines Grandhotels eintritt, als ein ganz anderer wieder herauskommt, ein Vorgang, der sich binnen kurzen Minuten, ich weiß nicht mehr, wie oft, wiederholt; jede Figur gleich charakteristisch mit dem gleichen Zug zum Grotesken, unbeschreiblich Komischen. In dem Film *Les perles de la couronne* dann stellte Guitry, indem er das Schicksal jener Perlen durch die Jahrhunderte verfolgte, die unterschiedlichsten Herrscher Frankreichs, Bourbonen wie Bonapartes, mit so viel Würde wie Portraitähnlichkeit dar. Ein Zauberkünstler höchster Ordnung.

Romanverfilmungen bleiben immer problematisch. Am besten, man denkt an den Roman gar nicht, erlebt den Film als etwas durchaus Selbständiges. Für die großen russischen Romane gilt das noch mehr als etwa für einen kleineren Dickens-Roman oder einen Fontane-Roman wie *Effi Briest*, die sich einigermaßen werktreu auf die Leinwand bringen lassen. Bei den großen Russen gibt es der Figuren, der Episoden, der verschlungenen Zusammenhänge, der Höhepunkte gar zu viele. Hier muß man zufrieden sein, wenn nur ein paar Hauptakteure und ihr Verhältnis zueinander den

Vorstellungen des Autors entsprechen. In diesem Sinn war ein Pariser Raskolnikow-Film der dreißiger Jahre ein Meisterwerk. Denn was sonst noch in dem Roman auftritt und geschieht, das zentrale Verhältnis bleibt doch jenes zwischen dem Mörder und seinem Richter. Beide wurden von Pierre Blanchard und Harry Baur so inkarniert, daß Dostojewski seine staunende Freude daran gehabt hätte. Baur und Guitry setzten ihre Arbeit auch während des Krieges in Paris fort, was ihnen nachmals verübelt wurde, ich ihnen aber nicht verübeln kann, so wenig ich Gustaf Gründgens verübeln konnte, daß er den Deutschen im Dritten Reich gutes Theater bot. Auch Sartre ließ ja seine ersten Dramen, *Les Mouches, Huis-Clos,* im von den Deutschen besetzten Paris aufführen, was, soviel ich weiß, niemand ihm nachtrug.

Es versteht sich, daß ich mir auch die klassische Tragödie und Komödie, wie eh und je im »Odéon« geboten, nicht ganz entgehen ließ. Hier nun machten mir den stärksten Eindruck weder Molière noch Racine, sondern Shakespeares *Coriolan.* Dies nicht nur, weil die Aufführung großartig war, sondern weil unter den Zuschauern ein politischer Gegensatz lärmig hervortrat. In meinem Tagebuch: »Vorgestern im *Coriolan.* Schöne Inszenierung, hervorragende Schauspieler, gewaltiges Thema. Das Publikum nahm Partei: verhöhnte das ›Volk‹, von Shakespeare realistisch dargestellt, applaudierte jeder Beleidigung, mit welcher der Aristokrat es bedachte. ›Weg von mir, Euer Atem stinkt!‹ – ›Bravo!‹ im Parterre. Die Luft im Saal war schlecht genug. Auch da also war Shakespeares ›Volk‹ zugegen, nämlich oben auf der Galerie, für welche der Eintritt nur drei Francs kostet. Dort war man für das ›Volk‹ der Römer, nicht für den stolzen Verräter.« Mit welcher Beobachtung ich noch einmal zur Politik zurückkehre, der inneren und, mit ihr unvermeidlich verbunden, der äußeren.

Innenpolitisches, Außenpolitisches

Zwischen 1930 und 1936 erlebte die Republik nicht weniger als achtzehn Regierungen oder »Kabinette«. Das mag ärger klingen, als es in Wirklichkeit war. Denn häufig tauchten dieselben Namen, dieselben Gruppierungen in der folgenden oder nächstfolgenden Regierung wieder auf. Die politischen Parteien waren entschieden lockerer konstruiert als die deutschen der Kaiser- und Weimarerzeit; häufig gab es Trennungen, neue Zusammenschlüsse, neue Namen. Ein eigentliches »Zentrum« bildete die Radikalsozialistische Partei, ohne die kaum regiert werden konnte; längst war sie weder radikal noch sozialistisch, eine bürgerliche Fortschrittspartei. Ihre bedeutendste Gestalt blieb Edouard Herriot, der 1925 mit seinem Außenminister Aristide Briand den »Pakt von Locarno« hatte schaffen helfen, welcher Deutschlands Eintritt in den Völkerbund ermöglichte und dem die scheinbar hoffnungsvolle Epoche Briand–Stresemann, die »deutsch-französische Annäherung«, folgte. Im Jahre 30 gab es die vorzeitige Räumung der besetzten Rheinlandgebiete, worauf Briand eine europäische Union vorzuschlagen gedachte; der Ausgang der deutschen Wahlen vom September 1930 machte dies Projekt praktisch zunichte und mag auch schuld daran gewesen sein, daß Briand 1931 den Kampf um die Präsidentschaft verlor. Als ich nach Saint-Cloud kam, lebte er nicht mehr. Überhaupt war die Generation von Politikern, welche die ersten Jahrzehnte des Jahrhunderts beherrscht hatten, vor dem Krieg, während des Krieges und danach, nun verschwunden oder im

Begriff zu verschwinden: George Clemenceau, Paul Painlevé, Raymond Poincaré, Albert Thomas und andere mehr. Das prunktvolle Leichenbegräbnis Poincarés, des Präsidenten während der Kriegsjahre und mehrfachen Ministerpräsidenten, sah ich auf den Champs-Elysées, Herbst 34. Unbestreitbar ein in hohem Grade fähiger und integrer Politiker, der das Elysée so arm verließ, wie er es betreten hatte, und ein grimmiger Patriot. Er war verantwortlich für die Ruhrbesetzung von 1923, weswegen die Kommunisten ihn »Poincaré la Ruhr« nannten. Höchst unsympathisch war mir seine Starrheit und Selbstgerechtigkeit, zwei typisch jakobinische Laster. Auf der anderen Seite gelang es ihm in den zwanziger Jahren, durch Sparsamkeit, Steuererhöhungen und Rückkehr zum Goldstandard den Franc auf 25% seines ursprünglichen Wertes zu stabilisieren. In jenen Jahren gab es einen Roman aus der Feder des Bühnenautors und Romanciers Jean Giraudoux, *Bella*, der überwiegend von einem giftigen Dauerstreit zwischen zwei bedeutenden Familien handelt: den Poincaré – der Bruder oder Halbbruder des Präsidenten, Henri, war einer der bedeutendsten Mathematiker Frankreichs gewesen – und den Berthelot, Vater und Sohn, jener ein berühmter Chemiker, dieser ein Diplomat von Weltkenntnissen und als Freund Briands ein Vorkämpfer für die deutsch-französische Verständigung. Zwischen diesen beiden Familien also herrschte, wenn man Giraudoux glauben durfte, ein Krieg wie zwischen zwei großen Familien im alten Rom. Poincaré erscheint unter dem Namen Rebendard und macht eine entschieden widrige Figur. Der Autor beschreibt ihn, wie er jeden Sonntag irgendwo ein Kriegerdenkmal einweiht, die Totenopfer feiert und die Deutschen schmäht. Veteranen müssen zugegen sein, einmal auch der Autor, der Frontsoldat gewesen war. Der Präsident gibt jedem Veteran die Hand, der Erzähler verweigert die seine, worauf Poincaré ihn für einen Blessierten hält und grüßt. Dann seine Rede. »Und er log.« Gegen seine Schönfärbereien hält der Autor den Krieg, wie er wirklich war, zumal die unnützen Quälereien, die sein Kommandant den ihm Untergebenen aufzwang. Der Roman, den ich als Student in Berlin las, brachte dem Autor großen Erfolg; Poincaré-Rebendard war geschickt genug, ihm Glück zu wünschen.

In Paris sah ich auch ein politisches Schauspiel aus der Feder von Jean Giraudoux – ursprünglich ein Roman – *Siegfried*. Es handelt von einem französischen Kriegsgefangenen, der durch eine Wunde im Kopf sein Gedächtnis völlig verloren hat, nicht aber seine Intelligenz; derart, daß er in Deutschland eine große Karriere macht, »Minister Siegfried« – wie er zu dem Namen kam, weiß ich nicht mehr –, und Persönlichkeiten wie den General Ludendorff oder den Außenminister Rathenau als seinesgleichen empfängt. Mit ebensoviel Sympathie wie Ironie wird eine deutsche Residenzstadt gezeichnet. Lustig ist auch der Kontrast zwischen zwei Zollstationen: auf der deutschen Seite alles neu und blitzblank, Glas und Stahl, auf der französischen eine alte Hütte mit rauchendem Ofen. Ein anderes hochpolitisches Schauspiel Giraudoux' war skeptischen Charakters: *La guerre de Troie n'aura pas lieu*. Ich las es in Rennes, habe es jedoch nie aufgeführt gesehen. Der Witz ist dieser: die Trojaner wären durchaus bereit, die geraubte Helena herauszugeben, es liegt ihnen gar nichts an ihr. Und trotzdem kommt es zum Krieg, und zwar aus dem so schlichten wie einleuchtenden Grunde, daß beide Seiten ihn *wollen*... Dazu meine Notiz: »Der Widerspruch in der Fabel liegt darin, daß die Akteure genau wissen, was kommen wird, und darüber philosophieren. Aber das wäre die Situation des allwissenden Gottes gegenüber den Diplomaten, nicht jene der Diplomaten selber. Ihr Tun pflegt blind zu sein, durchaus ohne philosophisches Bewußtsein.«

Ein französischer Historiker, der ein Meisterwerk über Frankreich während der ersten vierzig Jahre des Jahrhunderts geschrieben hat, glaubt, die vergleichsweise Mittelmäßigkeit der Politiker in den dreißiger Jahren durch den furchtbaren Blutverlust erklären zu können, den das Land durch den »Weltkrieg« erlitten hatte: eine Million dreihundertundfünfundachtzigtausend junge Männer. Die Zahl der deutschen Gefallenen war, absolut, noch höher, aber, relativ gesehen, geringer, denn gegen vierzig Millionen Franzosen standen mehr als sechzig Millionen Deutsche. Daß unter den Opfern neben den uns bekannten Künstlern oder Schriftstellern von Rang sich auch politische Begabungen befanden, liegt auf der Hand.

Als den tüchtigsten Politiker der dreißiger Jahre mag man Herriot ansehen; Literat auch er, weit fruchtbarer als de Monzie, Autor zahlreicher historischer Werke, Kenner Beethovens, über den er zwei Bücher publizierte, im Prinzip sehr deutschfreundlich, sogar wenn die Deutschen ihm eine geringe Chance dafür gaben. Auch über die »Vereinigten Staaten von Europa« hatte er ein Buch publiziert, das, ebenso wie das Projekt Briands, in dem dafür ungeeigneten Jahr 1930 erschien. Seine politische Karriere ist von einer wohl nur in Frankreich möglichen Stetigkeit. 1905 wurde er zum Bürgermeister von Lyon gewählt und blieb es, mit der Unterbrechung 1940–45, bis zu seinem Tod 1957. Ebenso lange, wieder mit jener Unterbrechung, saß er im Parlament, volle fünfundvierzig Jahre. In Lyon hatte er als Gymnasiallehrer begonnen und da zwei interessante Schüler gehabt: Pierre Laval und Édouard Daladier. Lehrer Herriot und Schüler Laval haßten einander und blieben Feinde, auch als sie führende Politiker geworden waren. Lehrer Herriot und Schüler Daladier schätzten einander; es war Herriot, der seinen Musterschüler in die Pariser Politik einführte. Daladier war bei meinen Élèves-Inspecteurs entschieden beliebt; er galt als klarsichtig, arbeitsam und überaus redlich. Über Laval waren die Ansichten geteilt. Pécaut schätzte ihn, weil er aus beinahe nichts ein stattliches Vermögen gemacht hatte; er pachtete vom Staat das Mineralwasser von Vichy und setzte durch, daß es in allen Eisenbahnen verkauft wurde; das, so argumentierte mein Freund, spreche zugunsten eines Politikers, so wie es zugunsten eines Nationalökonomen wie John Maynard Keynes spräche. Daladier war Sohn eines Bäckers, Laval eines Metzgers; beide Väter besaßen Geld genug, um die Söhne studieren zu lassen. Niemand bezweifelte Lavals Schlauheit, seine Erdnähe, das Können, welches er sich in den verschiedensten Ministerien erworben hatte, seine Kunst im Manipulieren geringerer Kollegen, wenn nicht selbst korrupt, so doch korrumpierend. Einen Patrioten mag man auch ihn nennen. Die Politik, die er seit Sommer 1940 betrieb und die ihn später das Leben kosten sollte, war zum Nutzen der kriegsmüden, zum Krieg unfähigen Nation gemeint, war überwiegend in ihrem Sinn und hätte gelingen können, wenn die deutsche Führung ihr entgegengekommen wäre. Aber sie forderte gar zu viele französische Zwangsarbeiter für ihren Krieg und ließ die Frage, ob beide Staaten nun eigentlich Bundesgenossen oder Feinde seien, in dauernder Schwebe. »Ich habe einen harten Hintern«, bemerkte Laval einmal in dieser zwielichtigen Epoche, »aber er beginnt zu brennen.« Er rechnete auf einen deutschen Sieg, mußte ihn nun auch wünschen und sprach es in aller Öffentlichkeit aus; das war es, was de Gaulle ihm nicht verzieh. Während seines Prozesses trat er nur einmal selber auf und sprach so brillant zugleich und so stürmisch, daß er seine angelsächsischen Zuhörer prompt auf seine Seite brachte. Zu dem Richter, der ihm vorwarf, die und die Gesetze veranlaßt zu haben: »Und Sie haben sie ausgeführt!« Danach weigerte er sich, noch einmal zu erscheinen, und wurde in Abwesenheit zum Tod verurteilt. Bekanntlich schluckte er in seiner Zelle Arsenik, das leider zu alt war, um seinen Tod herbeizuführen. Wenigstens nach seinem Selbstmordversuch hätte de Gaulle ihn begnadigen müssen. Aber diesem letzten großen Staatsmann Europas fehlte eine Eigenschaft, die auch Bismarck gefehlt hatte: der Edelmut.

Das Kommen und Gehen der Regierungen war in der Realität nicht so tragisch gewesen, denn es blieb die festgezimmerte Verwaltung des Landes mit ihren Präfekturen und Sub-Präfekturen, mit ihrer Polizei, an der Spitze die gefürchtete »Garde Mobile«, immer dieselbe. Ein sehr mächtiger Herr war der Polizeipräsident von Paris, Chiappe, ein Korse von Geburt, der sich auch mit einem korsischen Clan umgab. Pécaut zu mir: »Sie müssen nur den Chiappe beobachten, dann werden Sie Napoleon besser verstehen.« Chiappe war der erste, der in Paris Fußgänger-Überwege einführte, eine Erfindung, die sich wohl erst nach 1945 in ganz Europa durchzusetzen begann. Schwer belastend wirkte die Sparsamkeit aller dieser »bürgerlichen« Regierungen; sie ließ die Zahl der Arbeitslosen immer noch ansteigen, während sie nun im großen östlichen Nachbarland mit erstaunlicher Schnelligkeit zurückging. Dagegen hatte die Sozialistische Partei vorläufig kein überzeugendes Programm vorzuweisen. Ihr Chef, Léon Blum, war ein hochgebildeter, gütiger und feiner Herr; aber von der Naturkraft seines großen Vorgängers Jean Jaurès besaß er doch allzuwenig. Übrigens war er Jude; man darf nicht glauben, daß der französische Antisemitismus, der zur Zeit der Dreyfus-Affaire

Orgien gefeiert hatte – darüber gab es ein Erinnerungsbuch Blums – über Nacht ins Nichts versunken wäre.

Von Blum trennten sich einige Genossen, die von den wirtschaftlichen Erfolgen Hitlers und Mussolinis beeindruckt waren und die Lehren des Karl Marx für veraltet hielten. Sie forderten Wirtschaftspläne, bei begrenzter Freiheit des einzelnen Unternehmens, und die Überwindung des in ihren Augen anachronistischen Klassenkampfes. Der wohl bedeutendste dieser kleinen Gruppe, Marcel Déat, besuchte Saint-Cloud einmal; ich will gestehen, daß sein Vortrag mich beeindruckte, zumal ich, was den Marxismus betraf, längst seine Ansichten teilte. Aber Persönlichkeiten, die frei, gut und intelligent reden können, haben mich noch immer beeindruckt; die Zweifel kamen hinterdrein. Déat ist derselbe, der im Mai 1939 den berühmt gewordenen Artikel veröffentlichte *Mourir pour Danzig, non!* Während des Krieges wurde er zu einem »collaborateur«, dem noch Laval nicht deutschfreundlich genug war. Diese Gruppe fand zwei interessante Bundesgenossen: den Romancier Jules Romains und den belgischen Politiker Hendrik de Man. Romains verstand sein Handwerk: seinen Roman *Mort de quelqu'un* (*Der Tod von irgendeinem*) las ich mit Spannung. Nun arbeitete er seit Jahren an einer Kette von Romanen, nach dem Vorbild der Balzac und Zola, mit dem Sammeltitel *Die Menschen guten Willens*, die es auf achtundzwanzig Bände brachte; die sind mir nun leider unbekannt. Nebenher hatte Romains politischen Ehrgeiz – auch er einer von denen, die gesicherten Frieden zwischen Deutschland und Frankreich wünschten. Nach einer Reise durch das Dritte Reich wußte er nur Gutes zu berichten. Auch hatte er einen Wirtschaftsplan ausgearbeitet, den ich ebensowenig kannte, zumal ihm keinerlei Erfolg beschieden war.

Hendrik de Man war ein zweisprachiger Belgier und Professor an einer deutschen Universität. Ich kannte ihn schon von einem der »Davoser Hochschulkurse«, Frühling 1930, veranstaltet für französische und deutsche Studenten von einem anderen deutschen Professor. Da war ich zusammen mit meinem Freund Pierre Bertaux Zuhörer gewesen. Als Diskutant zugegen war auch Norbert Elias, schon damals über das Studentenalter entschieden hinaus, und als Gesellschaftshistoriker und Philosoph, noch während ich dies niederschreibe, von bewundernswerter Produktivität. De Man war ein entschieden sportlicher Typ; es gab Photos, die ihn als Walfischjäger auf stürmischen Wellen zeigten. Was er über die Überalterung der Marxschen Lehre ausführte, kam sehr nahe an Déats Ansichten heran.

Nun, anno 34, erschien de Man in Paris und hielt einen Vortrag, den ich mir anhörte: wieder antimarxistisch, wieder zugunsten eines großen wirtschaftlichen »Planes«. Romains saß in der ersten Reihe. In der folgenden Diskussion fragte jemand, ob de Mans Plan wohl mit dem von Romains vergleichbar sei? De Man: er müsse gestehen, daß er bisher keine Zeit gefunden habe, jenen zu studieren – worüber Romains' Gesicht rot anlief.

Kaum war ich sechs Wochen in Saint-Cloud, als ein finanzieller und politischer Skandal ausbrach, wie es ihn wohl seit dem Panama-Skandal nicht gegeben hatte: die »affaire Stavisky«. Dieser, ein Ukrainer der Herkunft nach, hatte in Bayonne, mit Unterstützung des dortigen Bürgermeisters, Kassenbons ausgegeben im Wert von annähernd 250 Millionen Francs, die durch gefälschte oder gestohlene Juwelen gedeckt sein sollten. Als es zur Rückzahlung kam, war kein Geld da: Verhaftung hoher Beamter der Stadt, schleuniger Rücktritt eines Ministers, welcher die Bons empfohlen hatte, Flucht Staviskys ins Gebirge, wo er nahe Chamonix von der Polizei gestellt wurde und – angeblich – Selbstmord

beging. Natürlich entstand alsbald der Verdacht, man habe ihn beseitigt, damit er nicht noch höher gestellte Personen kompromittierte. War nicht der Generalstaatsanwalt Pressart, Schwager eines führenden Politikers, ein Begünstigter Staviskys gewesen? Und wie konnte der Conseiller Prince, Finanz-Spezialist der Pariser Gerichte, am 3. Februar tot auf einem Eisenbahndamm gefunden werden? Selbstmord? Möglich – es hieß, er habe längst ein Doppelleben geführt. Oder war es eine Beseitigung durch Mächtigere, da auch er zu jenen gehörte, welche ehedem Stavisky beschützt hatten? Der Fall wurde nie geklärt. Die Aufregung war groß; eine echt französische Aufregung, zugleich moralisch und auch politisch und bis zum Extrem ausgenützt.
Unter solchen Umständen sahen die Chefs der zahlreichen Vereinigungen oder »Ligen« der äußersten Rechten die Zeit für eine gewaltige und gewalttätige Demonstration gekommen. Was sie damit bezweckten, ist nicht recht deutlich, und am Ende wußten sie es selber nicht. Die Anhänger der »Action Française« glaubten im Ernst, nicht bloß der Regierung, sondern der Republik den Garaus machen zu können. Der Anführer der bei weitem stärksten Organisation, der »Croix-de-Feu«, ursprünglich eine Vereinigung alter Frontkämpfer, Colonel de la Rocque, ging so weit nicht; es sollte nur die Linke, die beiden großen Gewerkschaften, die Kommunisten, die Sozialisten, der linke Flügel der Radikalsozialisten in ihre Grenzen verwiesen und die Regierung Daladier gestürzt werden. Der nachmals berühmte »6 février« 1934 begann nicht auf der Straße, sondern in der Kammer selbst, in der die Abgeordneten der äußersten Rechten mit jenen der Linken handgemein wurden. Mittlerweile erfuhr man, daß die Massen draußen den Ring der Polizisten durchbrochen hatten, daß es dort schon Tote gegeben hatte und daß die Lebenden im Begriff waren, in das

Palais Bourbon einzudringen. Nun ergriffen die Parlamentarier die Flucht, die ihrerseits sich als gefährlich erwies; Herriot wäre in den Fluß geworfen worden, hätten ihn nicht im letzten Moment Offiziere der Garde Mobile seinen Verfolgern entrissen. Zu einer Art von Schlacht kam es gegen sieben Uhr abends: die Garde Mobile, von den Massen mit allerlei improvisierten Waffen angegriffen, gab Feuer – elf Tote blieben auf dem Platz, und die Angreifer fingen an sich zurückzuziehen. Gegen neun Uhr abends gab der Colonel de la Rocque, der einzige, der seine Leute in der Hand hatte, den Befehl zur Auflösung.

Es versteht sich, daß ich diesen Tag aus der Ferne von Saint-Cloud nur vom Hörensagen erlebte. Aber mein Schüler Deville eilte nach Paris, sobald er hörte, daß dort sich Interessantes vorbereitete: »Ich werde Ihnen erzählen, was los war, falls ich nicht krepiere«, versprach er mir auf deutsch. Er gab mir dann wirklich einen sehr lebendigen Bericht, wobei er als einzelner das Ganze natürlich nicht übersehen konnte.

Die Ergebnisse dieses Tages waren teils flüchtig, teils von einiger Dauer. Der Ministerpräsident Daladier trat zurück, sein Nachfolger, der ehemalige Präsident der Republik, Doumergue, nun siebzig Jahre alt, eine allgemein geachtete Figur, bildete ein Kabinett der Mitte und Rechten, dem so ungleiche Politiker oder Nicht-Politiker angehörten wie Herriot und der Marschall Pétain. Das auf die Dauer folgenschwerste Ereignis: ein Zueinanderrücken der beiden großen Gewerkschaften, die demnächst zu einer einzigen verschmolzen, sowie der Sozialisten und Kommunisten – die Geburt des später so genannten »front commun«, der 1936 zur Macht kommen und wesentliche Reformen durchführen sollte. Was ich damals noch nicht recht begriff, wohl nicht begreifen wollte: Die Französische Republik hatte so schwer mit sich selber zu tun, daß sie keineswegs imstande war, eine kraftvolle Außenpolitik zu führen, jetzt nicht und nicht bis zum bitteren Ende.

Ein trauriges Anzeichen dafür gab es im Februar. Darüber einige Notizen aus meinem Tagebuch 1934: »13. 2. Aus Wien die Nachricht, daß dort der Bürgerkrieg ausgebrochen ist, daß der Bundeskanzler Dollfuß unter dem Druck Mussolinis und der ›Heimwehren‹ die Sozialistische Partei und ihren ›Schutzbund‹ aufgelöst hat, daß die Sozialisten, obgleich ebenso falsch geführt wie die deutschen Genossen, aber doch couragierter, sich mit einem Generalstreik und mit der Waffe verteidigen. Ihr Mangel an Ideen, an Phantasie, an Beweglichkeit, war mir während des ›Friedens‹ nur allzu bekannt; so ist es so gut wie unmöglich, daß sie diesen Krieg der Verzweiflung gewinnen werden. Dazu bräuchte es eine Konzentration auf Wien, eine zugleich rücksichtslose und geschickte Taktik, für die ein großer Militär und Anführer notwendig wäre. (Anmerkung 1987: Ihr General Körner war das nicht. Wenigstens hat er von jedem bewaffneten Widerstand, weil hoffnungslos, abgeraten.) Hier in Paris manifestiert die Linke brav zu ihren Gunsten…«

»14. Februar. Das österreichische Massaker (nach dem leichten Sieg der ›Heimwehren‹): eine Katastrophe, die uns das bißchen Unklarheit raubt, die ein politisch denkender, ehrlicher Mensch bisher noch haben konnte. Die Infamie, mit der man, sei es nach Plan und mit Vergnügen (Mussolini), sei es aus Schwäche und Unfähigkeit (Frankreich), diese brave, bescheidene, verzweifelte, glücklos geführte Bevölkerung geopfert hat – das geht über jede Idee hinaus. Von jetzt ab ist es unmöglich, von einer gemeinsamen Front, von Zivilisation, Humanität etc. gegen die Hitler-Barbarei zu sprechen; da ist kein moralischer Sinn mehr. Und die schmähliche Naivität, mit der man die Worte ›Unabhängigkeit Österreichs‹ ausspricht, nachdem der Sinn solcher Unabhängigkeit in Blut ertränkt ist... Wenn man etwas verhindern will, meine Herren Franzosen, dann muß man die rechten Mittel dafür anwenden. Wäre ich heute französischer Minister, dann würde ich zu den in Österreich nun Herrschenden so sprechen: wir haben nicht die österreichische Unabhängigkeit verteidigt, sondern eine gute Sache in Österreich. Die gibt es nun nicht mehr. Sühnt euer Verbrechen, macht es wieder gut, soweit das möglich ist, erlaubt den Sozialdemokraten wieder ihre politische Arbeit mit allen Rechten! Wenn nicht, dann interessiert ihr uns nicht mehr. Setzt Italien sich für eure Unabhängigkeit zu ihm eigenen Zwecken ein, so mag es das immerhin tun...«

»23. Februar. Die Frage, deutsches oder italienisches Österreich, ist nicht von Dauer; Österreich wird ganz sicher deutsch sein, nach Wochen oder Monaten; das liegt in der Natur der Dinge, muß also kommen, auch wenn die deutsche Außenpolitik momentan große Vorsicht zeigt... Ein sozialisierendes, demokratisches, katholisches Österreich, in einem positiven Verhältnis zur ›kleinen Entente‹, das wäre möglich gewesen, aber man hat es nicht gewollt...«

Nun, bis zum »Anschluß« sollte es nicht Monate, sondern noch vier Jahre dauern.

Das schlimmste an einem Bürgerkrieg, an Zeit und Zahlen so gering wie jener österreichische, oder bei dem so gewaltigen spanischen der folgenden Jahre, ist nicht einmal der Krieg selber, es sind die als »Recht« getarnten Racheakte danach. Im Bürgerkrieg ist der Gegner kein legitimer Feind, sondern Rebell und Verbrecher; schon während des Krieges, erst recht danach, wenn er sich nicht mehr wehren, nicht mehr replizieren kann. Die einzige, strahlende Ausnahme macht hier der amerikanische Bürgerkrieg oder

»Krieg zwischen den Staaten«, ausschließlich dank des Präsidenten Lincoln. Seine Siegesproklamation, ein paar Tage vor seiner Ermordung geschrieben, ist die edelmütigste, die es je gab; und wie auch seine Nachfolger sonst von seiner Politik der Versöhnung abgingen, es wurde kein einziger Führer des Südens, Militär oder Zivilist, vor Gericht gestellt. Anders in Wien, 1934. Den Bericht über die Hinrichtung eines der geringeren Anführers des »Republikanischen Schutzbundes« schrieb ich mir aus einer österreichischen Zeitung ab. Der vom Kriegsgericht Verurteilte hieß Münichreiter. »Auf dem Hinrichtungsplatz befinden sich Oberlandes-Gerichtsrat Kreuzhuber mit seinem Senat, Staatsanwalt Hofrat Dr. Wachsmann, ein Priester und ein Arzt. Während das Urteil noch einmal verlesen wird, zuckt es um den Mund des Delinquenten. Während der Scharfrichter ihm den Strick um den Hals legt, stößt Münichreiter noch einige lächerliche marxistische Phrasen aus, dann beschimpft er das Kriegsgericht auf das gröbste und schmutzigste. Der Verbrecher hat seine Strafe erhalten.« Vae victis; aber so gemein hätte kein Römer berichtet. Der traurigste Fall war der des allgemein beliebten Bürgermeisters von Steyer, Koloman Wallisch; der traurigste, weil es ihm gelungen war, sich eine Zeitlang im Gebirge zu verstecken. Aber Spürhunde fanden ihn, wie sie Andreas Hofer gefunden hatten, und auch er mußte den Weg Münichreiters gehen. Darüber hatte ich ein Gespräch mit Pierre Bertaux. Nach meiner Notiz: Pierre: »Angesichts der Wiener Katastrophe hat unsere Regierung getan, was sie konnte.« Ich: »Im Sinn ihrer Unfähigkeit?« Er: »Natürlich.« Er erzählte dann, daß sein Freund am Quai d'Orsay, Pierre Viénot, versucht hatte, den Kanzler Dollfuß oder einen seiner Mitarbeiter telefonisch zu sprechen, um die Begnadigung für Koloman Wallisch zu erhalten; leider habe die Verbindung nicht funktioniert.

Dagegen ich: »Wenn Mussolini anruft, dann kommt er gewiß schnellstens durch.«

Damals gab ich dem Bundeskanzler Dollfuß die Hauptschuld an der Katastrophe, wenn ich auch ahnte oder wußte, daß die Politik der Sozialisten seit Jahren eine sture und verblendete gewesen war. Für meinen Freund Félix Pécaut wurde er zur hassenswertesten Figur. »Gleich nach diesem Blutbad die Kruzifixe wieder an die Wände der Schulzimmer hängen zu lassen – die Wiener sozialistische Stadtverwaltung hatte sie entfernt –, ist das nicht zum Erbrechen?« Jahrzehnte später wurde mir der Hergang bis hin zur Katastrophe völlig deutlich; nicht zuletzt dank der Erinnerungen eines ausgezeichneten österreichischen Diplomaten, Baron Löwenthal. Dollfuß, wie schon sein bedeutenderer Vorgänger, Seipel, hatte versucht, die Sozialisten an einer Regierung der nationalen Konzentration teilnehmen zu lassen angesichts eines raschen Aufstieges der nationalsozialistischen Partei nun auch in Österreich; eben, um eine Tragödie wie jene des Februar 34 unmöglich zu machen. Die Führung der Sozialisten verweigerte sich regelmäßig; sie spekulierte darauf, daß die Nazis den »bürgerlichen« Parteien, den »Christlichsozialen«, den »Großdeutschen«, so viele Stimmen abnehmen würden, daß sie selber, die Sozialisten, die absolute Mehrheit im Parlament gewinnen und die Regierung übernehmen könnten. Im Gegensatz zur »Tolerierungspolitik« der deutschen Schwesterpartei in den Jahren 30–32 vergnügten sie sich im Parlament mit einer Politik der Obstruktion, welche Dollfuß zwang, mit einem Ermächtigungsgesetz zu regieren, das aus der Weltkriegszeit stammte und, obgleich es formal nie abgeschafft worden war, sechzehn Jahre später, im Frieden, nicht hätte gelten dürfen. Ein Verbot des »Republikanischen Schutzbundes« wie auch der faschistischen »Heimwehren« des

Fürsten Starhemberg erwies sich als irreal; es fehlte der Regierung an der schieren Macht, ihre Befehle durchzusetzen. Auf diese Weise geriet Dollfuß zu seinem Kummer völlig unter den Einfluß der »Heimwehren« im Inneren, im Äußeren aber Italiens. Denn Mussolini war im Moment als einziger willens, die Unabhängigkeit Österreichs zu verteidigen, wenn nötig mit Waffengewalt. Sein Ziel, irgendein großes Ziel mußte er ja immer verfolgen, war, Österreich und Ungarn an Italien anzuschließen, um so die eigene Machtsphäre zu erweitern. Seine Bedingung war die Ausschaltung der Linken, die völlige Abschaffung dessen, was an »Demokratie« noch übriggeblieben war. Es kam denn auch ein paar Wochen nach dem Massaker von Wien zu den »Römischen Protokollen«, welche den engsten politischen und wirtschaftlichen Zusammenschluß Italiens, Österreichs und Ungarns proklamierten. So gesehen mag man die Weigerung der »Schutzbündler«, sich abschaffen zu lassen, vielmehr mit ihrem Widerstand sich zu wehren, als einen Akt der Verzweiflung ansehen; untergehen mußte die sozialistische Partei nun allemal, wenn nicht kämpfend, dann auf die kläglichere Art, wie ihre deutsche Schwesterpartei untergegangen war.

Bekanntlich kam es im folgenden Juli in Österreich, in Wien, auch in Kärnten und in der Steiermark, zu einem nationalsozialistischen Putsch. Dabei starb Dollfuß einen grausamen Tod: er verblutete in seinem Amtssitz, die Putschisten im Gebäude erlaubten keinem Arzt, ihn zu retten. Es war damals, daß Mussolini einige Divisionen an die Brennergrenze schickte; Hitler sollte wissen, daß Italien eine Besetzung Österreichs durch die Deutschen nicht hinnehmen würde. Während jener Wochen schrieben die italienischen Zeitungen über das »Dritte Reich«, wie kein deutscher Emigrant es schärfer hätte tun können. In Paris war man mit der

Politik des Duce herzlich einverstanden; seither bestand dort die törichte Hoffnung, und sie hielt einige Jahre, man werde Italien zu einem Bundesgenossen gegen Deutschland gewinnen können. Ich persönlich traute der italienischen Politik nicht. Auf die Dauer würde das Deutsche Reich sich als mächtiger wie auch als anziehender für Österreich erweisen. Man darf nicht vergessen, daß gerade die österreichischen Sozialisten im Prinzip immer »Großdeutsche« gewesen waren. Nur Hitler konnte sie zu Gegnern Deutschlands machen.

Eine abscheuliche Rolle, nach der Februar-Tragödie, spielte Karl Kraus, der, vereinsamt und seines Lust-Feindes, des Hauses Habsburg, beraubt, noch immer seine *Fackel* herausgab. Nun hatte ein deutscher Emigrant, Willi – später William S. – Schlamm in seiner *Weltbühne* am Tag, an dem der Wiener Bürgerkrieg begann, einen Artikel geschrieben, in dem refrainartig die Worte »Helft ihnen doch!« erklangen, die Hilfe sollte den »Schutzbündlern« gelten. Woher sie kommen, wie sie für einen Kampf, der ganze zwei Tage dauerte, wirksam werden sollte, verriet der Autor allerdings nicht. Kraus persiflierte Schlamms »Helft ihnen doch!« mit »Helft ihm doch!« Nur allzu richtig schreibt Baron Löwenthal über Kraus: »Dieser geniale Mann... war ein Hasser. Er haßte Heinrich Heine, er haßte Franz Joseph I., er haßte die Welt und die Traditionen der Monarchie, er haßte Hofmannsthal, und er haßte Franz Werfel. Und was er haßte, das vergiftete er mit spitzer Feder. Auch seine Liebe zur Sprache kam den meisten nur in polemischen Schriften entgegen. Wer las seine Gedichte?« Wie man Hofmannsthal, wie man einen so grundgütigen Menschen wie Franz Werfel, diesen bedeutenden Lyriker und – mindestens – im höchsten Grade geschickten Erzähler, hassen konnte, bleibt mir ein Rätsel.

Ein paar Wochen nach den Wiener Ereignissen traf ich, zum ersten und zum letzten Mal, meinen Mentor aus deutschen Zeiten, Leopold Schwarzschild. Er gab, schon seit dem Frühherbst 1933, in Paris allwöchentlich sein *Neues Tage-Buch* heraus – große weiße Hefte anstatt der kleinen grünen von ehedem. Die neue Wochenschrift hatte nicht die Bedeutung, welche die alte gehabt hatte; Warnungen vor Deutschland, den deutschen Rüstungen, den Projekten Hitlers in jeder Nummer; monoton, wenn auch nur allzu richtig. Nun hatte ich ihm einen Artikel, ein paar Gedanken über Österreich geschickt. Ein paar Tage später traf ich ihn zusammen mit meinem Bruder Klaus, der wieder einmal zu kurzem Besuch in Paris weilte, in einem Café. Er könne, so sagte Schwarzschild mir, meinen Artikel nicht drucken, täte er es, so würde seine Zeitschrift in Österreich verboten. Ich wiederholte mündlich meine Argumente: Wir Emigranten könnten keinesfalls Politik machen, am wenigsten »Machtpolitik«. Unsere Aufgabe sei nachzudenken, über Vergangenheit, Gegenwart, Zukunft. Ein faschistisches Österreich dürfe vielleicht die französische Regierung etwas angehen, was aber kaum geschah, nicht aber uns. Er bestand darauf, daß die Westmächte Österreich brauchten, ebenso wie sie jetzt Mussolini brauchen konnten, daß man eben realistisch denken müsse. Auf mein Argument, deutsche sogenannte »Realpolitik« habe sich noch nie bewährt und könnte es unter überwiegend aus moralischen Gründen emigrierten Deutschen erst recht nicht, reagierte er mit Ironie. Schließlich wurde ich zornig, verabschiedete mich herzlich von meinem Bruder, kühl von meinem Gegner, und verschwand. Schwarzschild nachher zu Klaus: »Ihr Bruder scheint ein etwas leidenschaftlicher Mensch zu sein.« War ich das? Ich glaube kaum. Übrigens wäre es kein Vorwurf... Leopold Schwarzschild gehörte zu den jüdisch-deutschen, sehr deutschen Publizisten, die im Grunde nur in ihrer Heimat zum Nutzen ihrer Mitbürger wirken konnten. Schon in Frankreich wurde er schwächer. Was er dann, seit 1940, in New York publizierte, war unter aller Kritik, besonders sein Buch über Karl Marx, *Der rote Preusse*. Als einen so erbärmlichen, im Wissenschaftlichen radikal unschöpferischen Hochstapler durfte auch ein Gegner Marxens diesen nicht darstellen; damit brachte er sich bei informierten Lesern um jede Wirkung.

Dies erste blutige Halbjahr 1934 erfuhr seinen Höhepunkt durch die Massenmorde in Deutschland am 20. Juni und während der folgenden Tage. Meine erste Reaktion meinem Freunde Pécaut gegenüber: An der Behauptung einer Verschwörung des SA-Chefs Röhm sei kein wahres Wort, an dem gefährlichen Zusammenspiel des Generals von Schleicher mit einer »auswärtigen Macht« erst recht keines. Aber Pécaut, dieser wetterfeste Demokrat und Sozialist, bewunderte den Obermörder für einen Moment oder etwas länger. »Ce fils du peuple« habe sich als stärker erwiesen als die verworrenen Revolutionäre auf der einen, die hochmütigen Aristokraten auf der anderen Seite. Vergeblich machte ich dagegen geltend, daß Hitler durchaus kein »Sohn des Volkes« sei, welches er vielmehr verachte; daß er überhaupt keiner »Klasse« zuzurechnen sei, aber verstehe, potentielle Feinde gegeneinander auszuspielen und alle schachmatt zu setzen. Heimlich gab ich mich damals wieder einmal illusiven Hoffnungen hin: Die Armee, die »Generalität«, und der »Führer« brauchten einander für eine Zeit, auf die Dauer aber würde die Armee mächtiger bleiben. Irrtum, immer wieder Irrtum. In meinem Tagebuch, Anfang Juli: »Die weite Welt ist noch immer unfähig, das, was in Deutschland vorgeht, zu verstehen; ihre Empörung entspricht dem Ungeheuerlichen noch bei weitem nicht; da liegt die Schuld des Auslandes... Goebbels: ›Der General von Schleicher unterhielt Beziehungen zu einer fremden Macht.‹ Reaktion der internationalen Presse: ›Mit welcher? Etwa mit England? Mit Frankreich? Oder könnte es Rußland gewesen sein? Nur ganz allmählich wagt man eine kühne Hypothese: der General hat überhaupt mit niemandem konspiriert...‹ Das Ganze war ein Akt politischer Voraussicht und dann der Rache. Rache an Schleicher, Rache an Gregor Strasser, Rache an dem alten Kahr (Hinzufügung 1987: Rache an dem bayerischen Regierungschef, der 1923 Hitler seinen Putsch verdarb). Unter den Ermordeten befindet sich auch der Dr. Edgar Jung, der für Papen eine philosophische Rede verfaßt hatte... Prinzip der Tyrannei: man muß alle die töten, die zwar momentan nicht im mindestens gefährlich sind, dies aber doch einmal werden *könnten*.« Nun, das traf zu. Aber eben darum hätte ich voraussehen müssen, daß Hitler immer der Schnellere, Ruchlosere sein würde, wenn es irgendeinen widerspenstigen Militär oder sonst jemanden zu eliminieren galt, wie solches ja auch wieder und wieder geschah.

Heute, nach mehr als einem halben Jahrhundert, sehe ich die Mördereien des 30. Juni 1934 anders. Es gab, und das wußte ich damals schon, etwas wie eine Revolution; war sie auch völlig anders geartet als das Modell aller Revolutionen, die große Französische. Eine dicht zusammenlebende, zivilisatorisch hoch entwickelte Gesellschaft konnte ohne Recht, ohne das, was man in Deutschland »den Rechtsstaat« nannte, nicht existieren. Das wußte Hitler sehr gut, so sehr er die Juristerei verachtete, so wenig der Staat ihn interessierte. Aber der Staat mußte eben sein; weswegen Hitler denn auch jenen Massenmord durch die für solche Beschlüsse dienende Ja-Sage-Maschine, den Reichstag, und alles um den 30. Juni 1934 Geschehene nachträglich als

»Rechtens« erklären ließ. Die Revolution, er nannte es »die Bewegung«, ging nebenher oder fand sich obenauf – ein dem Staat fremdes, aber in jeder Krise ihm überlegenes Element. So verstand es der gescheiteste Staatsrechtler des Dritten Reiches, der Professor Carl Schmitt. Es gab den Staat als das »politisch-statische«, die »Bewegung« als das »politisch-dynamische« und das Volk als das »politisch nicht aktivierte Element« – das hieß, daß das letztere politisch nichts anderes zu tun hatte, als bei Volksbefragungen den Ja-Zettel in die Urne zu werfen. Nun befand sich das Regime nach fünfviertel Jahren in einer Krise. Seine SA-Truppen, seine private Armee, hatten entscheidend geholfen, vor der Machtergreifung und danach, durch ihre außerhalb des Rechts agierende Schreckensherrschaft, durch die Konzentrationslager, Folterungen und Morde darin. Und wenn ihre Anführer auch durchaus keinen Putsch planten, so wollten sie doch weit mehr, als sie jetzt schon hatten, nämlich eine »zweite Revolution«, eine antibürgerliche, die Vereinigung der alten aus der Republik, letztlich aus dem Heer der Hohenzollern stammenden Reichswehr mit den »braunen Bataillonen«, welche Revolution dann die bei weitem größere Stoßkraft haben würde. Also neue, gewaltige Unruhen, nachdem ein gewisses Maß von Beruhigung eingetreten war. Hitler brauchte einige Jahre Ordnung für seine Pläne. Und er brauchte das Können der »Generalität«. Also mußte er wählen. Das bedeutete praktisch die Ermordung der SA-Führung; denn freiwillig würde sie sich nicht in den Ruhestand zurückziehen, sie konnte es gar nicht. Nehmen wir also an, was ich längst glaubte, daß in Deutschland eine, obwohl unvergleichliche Revolution vor sich ging und daß Revolution und Recht zwei sich einander ausschließende Dinge sind, so handelte Hitler so richtig wie Robespierre, als er die Girondisten, die Hébertisten, den Kreis um Dan-

ton umbringen ließ. Die Mordschläge nach der *anderen* Seite, der konservativen, dazu die privaten Racheakte, gingen nebenher; eine Mischung aus Politik – die Generale, die »Barone« sollten nicht glauben, daß sie nun wieder die Oberhand haben würden – und aus Wollust später Rache.
Neben der Aktion des Reichstages, der alles Geschehene sanktionieren durfte, gab es den Artikel des »großen« Staatsrechts-Lehrers Carl Schmitt *Der Führer schützt das Recht.* Ein schlichter, aber vielsagender Titel. Der Führer war die Quelle allen Rechtes, was immer er tat.
Es mag hier der Ort sein, ein wenig mehr über Carl Schmitt zu sagen, zumal ich unlängst lesen mußte, er komme wieder in Mode. Übrigens war er nie ganz außer Mode gekommen, als er, nahezu hundert Jahre alt, das Zeitliche segnete. So mancher Beamter des Bonner Auswärtigen Amtes, so hörte ich sagen, habe den greisen Pensionär heimlich besucht, um sich von ihm belehren zu lassen.
Schmitt hatte schon in der Weimarer Republik eine ungute Rolle gespielt; ein gescheiter und gebildeter Schriftsteller gewiß, dabei ein Verächter des Liberalismus, der Demokratie, der Menschenrechte, kurz der gesamten während des 18. Jahrhunderts zur Reife gekommenen, in ihren Anfängen auf das christliche Mittelalter zurückgehenden Gedankenarbeit. Das war ihm alles nichts anderes als verwesender Rest, als Hindernis und Schwindel. Was war der »Begriff des Politischen«? Das Verhältnis zwischen Freund und Feind. Staaten, Nachbarn oder Nicht-Nachbarn, mußten Freunde oder Feinde sein. Alles andere, was man fälschlich wohl auch Politik nannte, Beziehungen zwischen Klassen oder Ständen, Wirtschaft, Sozialgesetzgebung, wurde nur fälschlich »Politik« genannt. Feind-Sein hieß nicht notwendigerweise, daß alsbald Krieg sei, obwohl es früher oder später darauf hinauslaufen mußte. Freundschaft oder Feindschaft, näm-

lich zwischen Staaten, das war die einzige echt politische Frage. Unvermeidlich mußte dem die innere Anordnung entsprechend: Ein Staat, der nicht Krieg zu führen jederzeit bereit war, der *spielte* nur Staat. Natürlich war Hobbes, dieser verängstigte Stubenhocker, den das Erlebnis des englischen Bürgerkrieges – *Behemoth* – in die Arme des allmächtigen Herrschers, Staates, Beschützers und Verknechters trieb, der Lieblingsphilosoph unseres eisernen Gelehrten. Über Hegel dachte er zwiespältig, aus gutem Grund. Kant war ihm nicht der Rede wert. Ein so »schrecklicher Vereinfacher«, dem es an gelehrtem Wissen nicht fehlt, der obendrein gut schreiben kann, wird gierige Leser finden, zumal, wenn der aufgewühlte Geist seines Landes ihm entgegenkommt, wie dies in den zwanziger Jahren nur zu sehr der Fall war. Lohnt es sich, Schmitt zu widerlegen? Wirklich mag es vorkommen, daß Nachbarn von Natur – »par position« nannte es Raymond Aron – Feinde sind; so Frankreich und England während des ersten Hundertjährigen Krieges, 14. und 15. Jahrhundert, und wieder während des zweiten, 18. Jahrhundert bis 1815. Hier spielten dann auch schon innere Gegensätze ihre Rolle: Parlamentarismus gegen absolute Monarchie, Protestantismus gegen römische Kirche, Merkantilismus gegen Freihandel. Aber ein solches sich durch ein Jahrhundert oder länger schleppendes Freund-Feind-Verhältnis ist selten, konnte auch in diesem Fall Friedensschlüsse nicht verhindern, wenn in England eine friedlich gesinnte Regierung am Ruder war. Im 19. Jahrhundert gibt es ein Freund-Feind-Verhältnis als Lebensnerv oder Zweck der einzelnen europäischen Staaten ganz und gar nicht. Nach dem langen Frieden, bis 1854, blieben die Kriege lokalisiert; im Krimkrieg finden wir Frankreich und England gegen Rußland im Bunde. Der Krieg blieb begrenzt im buchstäblichen Sinn des Wortes, weil die Neutralität des

Deutschen Bundes, Österreichs und Preußens, den kriegführenden Mächten keinen europäischen Schauplatz erlaubte. Im Jahr 1859 führt Frankreich Krieg gegen Österreich, zugunsten der Freiheit Italiens; zehn Jahre später bemühte sich Napoleon III. um ein Bündnis mit demselben Österreich. Im Jahr 1866 mußte Bismarck seinen Krieg gegen Österreich schleunigst und glimpflich beenden, weil er die Intervention Rußlands und Frankreichs zu fürchten Grund hatte. In den neunziger Jahren kommt es zu einem durchaus unnatürlichen Bündnis zwischen Frankreich und Rußland, zu dem es nie gekommen wäre ohne das unselige, von Bismarck gegründete Allianz-System; dies wieder beruht nicht auf Kriegswillen, will durchaus die russische Feindschaft nicht, sondern auf schierer Furcht, für die es einen realen Grund gar nicht gibt. Kurzum, wer die politische Geschichte Europas unter dem Blickpunkt des Freund-Feind-Verhältnisses schreiben wollte, der würde nicht weit damit kommen. Ein Gleiches gilt für die Geschichte der beiden amerikanischen Kontinente. Heute neigt man dazu, die äußere Politik eines Staates als eine schiere Funktion der inneren zu sehen; das mag einleuchtend sein, oder wenigstens haltbar, oder schwer zu verteidigen, je nach dem Fall. Aber eben – um das »je nach dem« pflegen die scharfsichtigen Alleswisser, die klugen Gaukler sich nicht zu kümmern.

Während sich Hitlers Reich Stück für Stück erweiterte, ersann Schmitt, hinter den Ereignissen hereilend, einen neuen völkerrechtlichen Begriff: den des »geschlossenen Großraums mit Einmischungsverbot«. Politisch auch er, jedoch nicht mehr auf dem Freund-Feind-Verhältnis beruhend. Vorausgesetzt wird, daß der Nachbar, auch er im Zentrum eines solchen Großraumes sitzend, sich weislich an das Verbot hält. Und warum sollte er nicht? Bekanntlich dachte Stalin nicht im Traum daran, den Großnachbarn im Westen anzugreifen. Noch wenige Wochen vor dem 21. Juni 1941 vollführte er wahre Tänze ängstlich werbender Beschwichtigungspolitik. Es war Hitler, der das Einmischungsverbot ignorierte und so Schmitts liebedienerisches Gespinst zerriß.

Aber solche Leute geben nicht auf. In den Nachkriegsjahren kam Schmitt mit einem neuen dickleibigen Werk heraus, *Der Nomos der Erde im Völkerrecht des Jus Publicum Europaeum.* Hier stellte er die Frage, warum die beiden großen Kriege des 20. Jahrhunderts in einer Weise entarteten, wie frühere Zeiten sie nicht gekannt hatten. War es doch der europäischen Zivilisation seit dem 18. Jahrhundert gelungen, sogar den Krieg zu »umhegen«, das hieß, ihn unter teils geschriebene, teils ungeschriebene Gesetze zu bringen und so das Freund-Feind-Prinzip zu mildern. Man blieb im Kontakt mit dem Feind, auch während man einander bekämpfte, und hielt sich, mehr oder weniger, an den Grundsatz des Hugo Grotius, wonach man den Nachbarn im Frieden möglichst viel Gutes, im Krieg aber nur das Allernotwendigste an Bösem antun dürfe. Warum galt das im 20. Jahrhundert nicht mehr? Laut Carl Schmitt trugen die Vereinigten Staaten von Amerika, nur sie, die Schuld daran: indem ihre ahnungslos-idealistischen, närrischen Führer, Wilson, Roosevelt, den Krieg selber zum Verbrechen erklärten, machten sie ihn erst verbrecherisch, derart, daß während des Krieges von beiden Seiten die zugleich schlimmsten und unnützesten Barbareien verübt, danach die Anführer der besiegten Mächte mit dem Tode bestraft wurden. Die These schien in ihrer Blankheit etwas für sich zu haben, erwies sich jedoch als etwas geschickt und nichtig Ausgedachtes, wenn man es der Mühe für wert hielt, über sie nachzudenken. Was ließ den Krieg von 1914 sich ins ungeahnt Mörderische steigern, alle die schönen Kriegspläne binnen wenigen Monaten zerreißen, die Zahl der Opfer sich verdoppeln oder verdreifachen, Jahr für Jahr, während er doch schon zu Weihnachten 1914 hätte enden sollen? Es war die ungeheure Vermehrung an schierer Truppenstärke – im 18. Jahrhundert 100 000 Mann, unter Napoleon zehnmal, jetzt hundertmal mehr – und die ebenso gesteigerten Explosivkräfte, welche den Führern dieser Massen zur Verfügung standen. Dazu kam im Westen eine vorübergehende, aber, solange sie dauerte, entscheidend wichtige Bedingung: die Verteidigung erwies sich als stärker als der Angriff, daher dieser, die Offensive jedes Frühjahres und jeden Herbstes, mit verdoppelten Kräften, verdoppelten Opfern wiederholt wurde, und dabei nur ein winziges Stück Gelände gewann. Der physischen Entartung entsprach die moralische: je mehr Blut der Krieg kostete, desto teuflischer mußte der Feind sein. Und mit alledem hatte amerikanische Philosophie rein gar nichts zu tun. Im Gegenteil war es die britische Propaganda in Amerika, welche im Ersten Weltkrieg den deutschen Gegner als weltgefährdenden Barbaren, als »Hunnen« erscheinen ließ; Propaganda, die ihrerseits wieder ein Produkt der Entartung des durch schiere Wissenschaft oder Technik entarteten Krieges war.

Auch dieses Buch war gut, man möchte sagen, einschmeichelnd geschrieben, weswegen ich mir seinerzeit die Mühe nahm, es in einer Besprechung ausführlich zu widerlegen. Schmitt, kurz gesagt, war einer von denen, die ihre Intelligenz und Bildung gebrauchten, nicht um Nutzen, sondern um Schaden zu stiften, ein im ernstesten Sinn des Wortes schadenfroher Mensch; immer bereit, das Gutwillige, was vorhanden, wenn auch zur Zeit schwach war, die soziale Demokratie, zu verhöhnen, dem Schlechten, wenn es mächtig war oder zu werden versprach, geschwollene juridische Theorie nachzuliefern und den persönlichen Vorteil davon

zu haben, Titel und Würden. Kann es denn wahr sein, daß er heute wieder in Mode kommt?
Als Student in Deutschland habe ich Juristen gekannt, die, indem sie ihre Wissenschaft beherrschten, der Nation nützlich sein wollten. So einer war Gustav Radbruch in Heidelberg, ein guter Liberaler, ein guter Sozialdemokrat alten Stiles. Auch in München hatte ich einen solchen gehört, Baierlein mit Namen; seine Vorträge waren abwägend und verantwortungsvoll, auch und besonders, wenn er auf Politisches zu sprechen kam. Ein schon etwas schwierigerer Fall war der des Professors Smend, den ich in Berlin hörte. Eine liebenswürdige Persönlichkeit; privatim suchte ich ihn ein paarmal auf, zumal sein Neffe mein Mitschüler in Salem gewesen war. Aber auch er ließ fremde und sonderbare Gedanken in seine Vorträge eindringen. »Staat, eine Totalität«, mußte ich etwa in mein Kollegheft eintragen. Das Beispiel dafür, das er immer wieder anführte, das ihm sozusagen in die falsche Kehle gekommen war: Mussolinis – sogenannter – »Marsch auf Rom«. Dieser integrierte den Staat, machte ein All-Eines aus ihm – was man ja nun von unserer armen deutschen Republik nicht sagen konnte. Wie Smend durch das Dritte Reich kam, weiß ich nicht, könnte mir aber denken, daß er sich nach Möglichkeit in ferne Rechtsvergangenheiten zurückzog.
Da hier von Juristen deutscher Sprache und jener Jahre die Rede ist, vom Nutzen oder vom Schaden, den sie anrichteten, so sei hier noch ein wesentlich anderer Typ erwähnt, mit dem ich im Winter 1937 in Prag Bekanntschaft machte: Hans Kelsen, Österreicher seiner Herkunft nach, aber in Österreich wie auch in Deutschland seiner jüdischen Herkunft halber nicht mehr brauchbar. Nun lehrte er in Genf, zeitweise auch in Prag, deren Karls-Universität noch immer wie unter Kaiser Franz Joseph ihre deutsche und ihre tsche-

chische Abteilung besaß. Ein paarmal hörte ich sein Kolleg, einmal nahm ich an einer Art von privatem Seminar teil, einem Club, den einige mir leidlich befreundete deutsche Studenten gegründet hatten. Hier setzte er uns binnen einer Stunde das Kernstück seines Lebenswerkes auseinander, seine *Reine Rechtslehre.* Dafür und davon lebte er zu einem guten Teil. Nichts hätte einfacher sein können. Recht hat nichts zu tun mit Moral, nichts mit Billigkeit, nichts mit irgendwelchen sozialen Notwendigkeiten. Solche fremde Nebensachen können die Arbeit der Juristen nur korrumpieren. Recht kann sich nicht an »Naturrecht« ausrichten, schon allein darum, weil es Naturrecht gar nicht gibt und nie gegeben hat. Wie sollte denn die Natur etwas von Recht wissen? Gäbe es ein Naturrecht, so brauchte man die ganze positive Gesetzgebung gar nicht, so könnte der Richter im Stil Harun al-Raschids Recht sprechen. Was da dabei herauskäme! Es war dieser an Unverschämtheit grenzende Sophismus, der mich besonders wütend machte. Hat je einer, der im Prinzip an Naturrecht glaubt, behauptet, ein moderner Staat könnte mit Thomas von Aquino und ihm allein auskommen? Hat je ein Rechtsgelehrter, gleichgültig welcher Schule, bestritten, daß Gerechtigkeit ihrem Inhalt nach eine höchst wandelbare Sache ist, daß Rechte, Interessen, soziale Notwendigkeiten jeweils gegeneinander abgewogen werden müssen, derart, daß oft ein Kompromiß zustande kommt, der niemanden völlig befriedigt? Bedeutet all das, daß es Gerechtigkeit nicht gibt und nie gab, nur eben Gesetze, alle gleich gültig und darum gleich gut? Das vollends Lächerliche war, daß Kelsen seinen Vortrag mit einem Hymnus auf die Demokratie schloß, wie der Zauberkünstler das Kaninchen aus dem Ärmel zieht: warum denn sollten, seiner *Reinen Rechtslehre* nach, durch ein demokratisches Parlament beschlossene Gesetze um einen Deut besser sein als von Diktaturen erlassene, zumal wenn es eine vom Parlament »ermächtigte« Diktatur war, wie die Hitlersche? In der nachfolgenden Diskussion fragte ich ihn: »Nehmen wir an, es wird ein Gesetz verkündet, welches alle Radfahrer mit der Todesstrafe bedroht, sobald sie einmal ihr Rad bestiegen haben. Würden Sie ein solches Gesetz für Rechtens halten?« Die Antwort des Meisters der Reinen Lehre: »Wenn es gemäß der Verfassung des betreffenden Landes zustande gekommen und wenn es praktisch durchführbar ist, dann ist es ebenso gültig wie jedes andere.« Dies zwei Jahre nach der Verkündung der »Nürnberger Gesetze« gegen Deutschlands Juden! Ich glaube, daß ich danach noch ziemlich grob wurde und seine Reaktion mit der Frage: »Warum regen Sie sich so auf?« beendete. Ein paar Tage später war ich bei einem mir befreundeten Ehepaar eingeladen, Kelsen auch. Er kam aber nicht, und im Gegensatz zur Hausfrau wußte ich, warum.

Das letzte, was ich von ihm hörte, war ein windiger Vortrag über die »Parteidiktatur«, die er zwar niemals vorausgesagt hatte, nun aber, da sie existierte, als etwas Zeitgemäßes, daher Unvermeidliches verstand. Später erhielt er einen Ruf an die Universität Berkeley in Palo Alto, Kalifornien. An gläubigen Bewunderern fehlt es Leuten seines Schlages nie. Seinen wohlverdienten Ruhestand verbrachte er im Tessin, auch da fehlte es nicht an Schweizer Studenten, die sich von ihm in die *Reine Rechtslehre* einweihen ließen. Wenigstens einen von ihnen konnte ich von solchen Pilgerfahrten abbringen.

So grundverschieden die Gedankenkünste Schmitts und Kelsens waren, so sind sie doch vergleichbar und historisch zusammengehörig: der eine zog an durch seine dem Moment liebedienerisch angepaßten Sophismen; der andere stieß ab durch die an Nihilismus grenzende Leere seiner

Lehre. Beide wirkten zum Schlechten, insoweit sie überhaupt wirken konnten.
Der Abschied von Saint-Cloud fiel mir nicht leicht. Es waren doch intensive, lehrreiche Jahre gewesen. Hinzu kam, daß ein Schüler des neuen, im Herbst 1934 hinzugekommenen Jahrganges, Choulet mit Namen, mich dringend bat, noch ein Jahr zu bleiben, von mir könne er etwas lernen; auch sei er gern bereit, mir den Freund Dahringer zu ersetzen, mit gemeinsamen Wanderungen oder Theaterbesuchen oder dergleichen; was mich rührte. Ich mußte ihm erklären, warum ich ihm den Wunsch nicht erfüllen konnte. Erstens ging nun auch der Direktor Félix Pécaut in den Ruhestand; kein Nachfolger könnte ihn mir ersetzen. Zweitens hatte eben Pécaut mir mit viel List und Mühe eine Stelle als Lektor für Deutsch an der Universität Rennes für das nächste Jahr verschafft. Eine solche Gunst konnte ich nicht ausschlagen.

Ferien im Elternhaus

Mittlerweile hatte ich die Schulferien, Weihnachten, Ostern, Sommer, regelmäßig im Haus meiner Eltern oberhalb des Zürichsees verbracht, mit einer einzigen Ausnahme: Zu Ostern 1935 reiste ich in die Bretagne, um von einem kleinen Hotel aus hoch auf den Klippen über dem stürmischen Meer meine Spaziergänge zu machen. Sonst also Küsnacht und Wanderungen von dort aus. Mein Vater, trotz seines *Leidens an Deutschland*, wie er später einen Essay-Band benannte, fühlte sich wohl dort. Das Haus, auf einem abschüssigen Grundstück erbaut, mit vielen Treppen und Treppchen, mit wenigen großen und vielen winzigen Zimmern, mit einem Salon, zweigeteilt in unteren Raum und Estrade, war unpraktisch, aber reizvoll. Die Umgebung lud zu Spaziergängen aller Art ein; das Sträßchen weiter hinauf, vorbei an einem Teich zu dem kleinen Bauerndorf Itschnach, oder hinunter in einen Bachtobel, langsam absteigend, bis er in eine Landstraße mündete, von wo aus man den gleichfalls sich lang hinziehenden, zum bescheidenen Gipfel führenden, bewaldeten Pfannenstil besteigen mochte; was ich unzählige Male tat. Dort oben gab es ein Gasthaus mit weitem Blick über das Unterland, die Alpen, das Zürcher Oberland.

Es kamen Gäste aus Deutschland, das war noch möglich, der Geheimrat Alfred Weber zum Beispiel. Einmal, erinnere ich mich, war es ein sonderbar assortiertes Paar. Ein Historiker, außerhalb der Zunft, der über die Salier- und Staufer-Kaiser schrieb, ein kommunistischer Schriftsteller,

Willy Bredel mit Namen, vor kurzem aus einem Konzentrationslager entlassen. Der feine Historiker: »Sie wollen doch nicht andeuten, daß Sie geschlagen worden sind?« Bredel, mit kräftigem Lachen: »Das kann man wohl sagen!« Der Vornehme schüttelte sein Haupt, halb entsetzt, halb ungläubig... Gelegentlich erschienen emigrierte deutsche Politiker; Rudolf Breitscheid zum Beispiel, seinerzeit der führende sozialdemokratische Redner im Reichstag, und ein gewesener preußischer Staatssekretär des Innern, Abegg, der das Glück hatte, von Haus aus Schweizer zu sein und so in Zürich eine Anwaltskanzlei eröffnen konnte. Breitscheid zeigte sich tief verbittert und hoffnungslos, was ich verstehen konnte, ohne es doch von Herzen ganz zu billigen. Später besuchte ich ihn in seiner Pariser Wohnung. Da war nun von dem bedeutenden Werk Hermann Rauschnings die Rede, *Die Revolution des Nihilismus,* das vor kurzem erschienen war und beträchtlichen Erfolg hatte. Breitscheid zeigte sich verärgert darüber. »Dieser Musiklehrer, der selber einmal Nazi gewesen war, was hat er uns marxistisch Gebildeten denn Neues zu bieten?«
Von ausländischen Besuchern will ich nur einen nennen: keinen Geringeren als Paul Valéry. Ein schöner, zartfeiner Kopf, lange wohlgeformte Hände, perfekte Manieren – so viel ist sicher. Aber auch nicht mehr. Die Unterhaltung blieb oberflächlich und nicht ohne Snobismus von seiner Seite, wenn er so nebenbei bemerkte: »Als ich den und den dem Präsidenten der Republik vorstellte...« Das Französisch meiner Mutter lobte er, fand es aber etwas lothringisch gefärbt: »Madame Mann de Nancy«, was er witzig fand, ich weniger. Höchst peinlich war das folgende: Valéry hatte von dem Propagandaminister Goebbels eine Einladung zu ein paar Vorträgen in Berlin erhalten: das gebotene Honorar sei so und so hoch. Ob er das wohl annehmen sollte? Mein

Vater, mit würdiger Verlegenheit: darüber könne er, so wie seine eigene Lage und Haltung sei, keinen Rat geben; dergleichen müsse sein distinguierter Gast alleine entscheiden. Leider hatte er die Frage nicht verstanden: Valéry wollte nichts anderes gebilligt haben als die Höhe des Honorars... So stand Frankreichs altverehrter Dichter und Denker zu dem Komplex deutsche Emigration und Drittes Reich! Immerhin, als ich, nach Saint-Cloud zurückgekehrt, Monsieur Goujon von jenem Besuch erzählte, war er baß erstaunt: »Tiens!« Ein deutsches Haus, das Paul Valéry besucht hatte, war damit in den Adelsstand erhoben.
Überwiegend war das Verhalten von Westeuropas berühmtesten Dichtern und Denkern zum »Dritten Reich« kein sehr ruhmvolles. Ein anderes Beispiel dafür bot Ortega y Gasset, neben Unamuno damals Spaniens einflußreichster Philosoph. Von einer Reise durch Deutschland zurückgekehrt, erklärte er in einem Interview: Das gegenwärtige Regime könne als solches ihn nur wenig beeindrucken. Die Deutschen hätten um 1850 sich zu einem stärkstens organisierten Kollektivismus entschlossen, von welchem das System Hitlers nur eine weitere, in sich stimmige Steigerung bedeute. Daß Nationen sich »entwarfen« und ihren Entwurf allmählich realisierten, gehörte zu seiner Geschichtsphilosophie. Hier gebrauchte er sie für etwas Ordinär-Praktisches: um seine Bücher weiterhin in Deutschland verkaufen zu können... Es trifft zu, daß wir uns in den zwanziger Jahren über die Diktatur des Generals Primo de Rivera in Spanien auch nicht sehr aufgeregt hatten. Aber wie liberal, wie ungefährlich für Europa war sie gewesen, verglichen mit dem, was Ortega sich entschlossen zeigte, in Deutschland zu ignorieren!
TM also fühlte sich wohl in Küsnacht. Völlig ungebrochen blieb seine Produktivität. Kaum hatte er den dritten Band

der Tetralogie *Joseph in Ägypten* beendet, so ging er an seinen Goethe-Roman *Lotte in Weimar.* Übrigens besaß er das glückliche Talent, nichts zu bemerken, was ihn hätte enttäuschen können. Die Sache war die, daß die Mehrzahl seiner alten Schweizer Freunde sich ein wenig kühl ihm gegenüber verhielt. Auch der vornehme Lesezirkel Hottingen, der in den zwanziger Jahren ihn des öfteren zu Vorlesungen eingeladen hatte, blieb nun stumm, abgesehen von der Feier zu TMs 60. Geburtstag. Wohl traf man sich gelegentlich im Theater oder bei Konzerten. Es fehlten aber die Einladungen hin und her. Der Grund? Jene unfreundschaftlichen Freunde waren keine Anhänger Hitlers, durchaus nicht. Aber ein rechter Bürger hatte doch einigermaßen positiv zu seinem Staat, zu seiner Regierung zu stehen, auch wenn letztere ihm nicht gefiel: er sollte zu Hause bleiben. Als Gast war er jederzeit willkommen; als Tourist ohnehin, erst recht, wenn er als Künstler etwas zu bieten hatte. Jedoch sein Land verlassen und wohnen gehen, dort, wo er ein Bürger nicht ist? Da stimmte etwas nicht, dem haftete etwas Zigeunerhaftes an. So wenigstens erklärte ich es mir. Hinzuzufügen ist, daß man in Zürich vor hundert, vor achtzig Jahren sich gegenüber politischen Flüchtlingen ganz anders verhalten hatte, auch später sich wieder anders verhalten würde. In diesem historischen Moment war es so. Der Freundschaftskreis, in den meine Eltern eintraten, sehr allmählich auch ich selber, war ein kleiner, aber liebenswerter und interessanter, sein Zentrum das Ehepaar Emil und Emmi Oprecht, Besitzer des Europa-Verlages und einer dazugehörigen Buchhandlung in der Rämistraße. Emil Oprecht ist lange tot; aber meine geliebte Freundin Emmi, an Jahren mir nach wie vor deren zehn voraus, waltet, während ich dies niederschreibe, noch immer in ihrem Verlag, ihrem Geschäft, ersteigt noch immer die drei Treppen, die zu ihrer schönen Wohnung im alten Hause am Hirschengraben führen. Nur leider, von jenen, die damals ihren Kreis bildeten, bin ich so ziemlich der letzte.

Wer gehörte ehedem dazu? Zum Beispiel der italienische Romancier Ignazio Silone, Autor zweier im hohen Grade heimattreuer, wenngleich dem Regime Mussolinis feindlicher Romane, *Fontamara* und *Brot und Wein*, welche die Oprechts herausgaben. Silone war von schwacher Gesundheit und lebte im Hause eines jüdischen Geschäftsmannes, zugleich Hauptmann in der Schweizer Milizarmee, der ihn liebevoll pflegte. Dann gab es einige deutsche Schauspieler, Emigranten auch sie, die am Zürcher Schauspielhaus Arbeit gefunden hatten, was diesem Institut und den fremden Gästen in gleicher Weise zugute kam. Mitunter kamen neue politische Flüchtlinge aus Deutschland hinzu, so der kommunistisch gesinnte Wolfgang Langhoff, dem man im Konzentrationslager alle Zähne ausgeschlagen hatte, so daß sein erster Gang zum Zahnarzt sein mußte, um sich eine doppelte Prothese setzen zu lassen. Unvergeßlich bleibt mir sein Auftritt in Schillers *Wilhelm Tell*, in dem er den Stauffacher spielte:

> »Da läßt der Vogt die Folterknechte kommen
> ...
> Ist mir der Sohn entgangen,
> So hab' ich *dich*!« – läßt ihn zu Boden werfen,
> Den spitz'gen Stahl ihm in die Augen bohren...«

Da brauchte Langhoff nicht eigentlich Theater zu spielen, nur seinem innersten, aus furchtbaren Erlebnissen stammenden Zorn freien Lauf zu lassen. Über seine Erlebnisse im KZ schrieb er ein Buch *Die Moorsoldaten*, welches gleichfalls im Europa-Verlag erschien und starken Eindruck machte.

Natürlich gab es auch Schweizer in dem Kreis: den Stadtpräsidenten von Schaffhausen, Walther Bringolf, den Züricher Politiker Kurt Düby, seit 1946 Bundesrichter, und andere. In ihrer Jugend hatten Bringolf und die Oprechts zu den *Roten Falken* gehört, einer Vereinigung junger und radikaler Sozialisten; sie hatten mitgemacht bei dem Generalstreik vom November 1918, gegen den die Regierung Truppen, unter dem Befehl des Generals in der Weltkriegszeit, Wille, glaubte einsetzen zu müssen. Die Schweiz war im ersten Drittel des Jahrhunderts noch bei weitem nicht, was sie heute ist, noch keine »Consensus-Demokratie«, noch gerüttelt von Klassenkämpfen. Als, dies schon zu meiner Zeit, 1936, ein Redakteur der liberalen *Neuen Zürcher Zeitung* Marx und Nietzsche als »die beiden mächtigsten Geister des 19. Jahrhunderts« bezeichnete, kam prompt das Echo des sozialdemokratischen *Volksrecht*, über fünf Spalten seiner ersten Seite: »Die Heloten der bürgerlichen Presse müssen Marxens Genialität anerkennen!« Dergleichen törichte Anachronismen dauerten noch eine Weile an. Es war, glaube ich, im Jahr 38, daß die Schweizer sozialdemokratische Partei ein Festspiel in Auftrag gab, der Autor war ein deutscher Emigrant, dessen Namen ich nicht nennen will. Er war sehr jung damals. Die Moral des Stückes: die Schweizer Arbeiter hatten kein Vaterland und hatten darum auch keinen Grund, es mit der Waffe zu verteidigen. Dagegen sollten sie sich mit den Maschinen in den Fabriken versöhnen.

> »Schimpft nicht auf die Maschinen, ihr könnt sie
> gebrauchen.«

Der ahnungslose Autor glaubte allen Ernstes, er habe es, wie 120 Jahre früher, noch mit Maschinenstürmern zu tun. Im Kreis der Oprechts war man sehr zornig über solchen Blödsinn, konnte ihn aber nicht hindern.

Ein interessantes, jedoch schwieriges Mitglied des Kreises

war der deutsche Schriftsteller Bernard von Brentano. Er stammte aus der berühmten Frankfurter Familie und war mit Recht stolz darauf. Ein hochbegabter Mensch, jedoch noch ehrgeiziger als begabt, was in seinem Fall etwas heißen will. Sein großer Familienroman *Theodor Chindler,* nicht ohne Anklänge an Tolstoi, zumal an *Anna Karenina,* ein immens ehrgeiziger, aber alles in allem gelungener Wurf. Er kam 1936 heraus. Des Autors Ehrgeiz reichte noch weiter. Nicht nur Dichter, auch Revolutionsführer wollte er sein. Einmal bekannte er mir, sei er auch kein Lenin, so doch von dessen geistiger Familie. Zu meinem Vater verhielt er sich durchaus freundschaftlich, die beiden gingen öfters zusammen spazieren; gleichzeitig stand TM ihm im Wege, weil dessen Ruhm den eigenen, einstweilen noch schwachen, so sehr überstrahlte. Und dann war er ein deutscher Patriot, stark betonter Weise, und verachtete seine Schicksalsgenossen, weil sie es so gar nicht seien. »Der Hitler hat ganz recht gehabt, sie hinauszuwerfen«, rief er mir einmal zu. Überdies paßte er sozial gesehen zu ihnen nicht recht; denn sie waren zum größten Teil sehr arm, während er, dank der Heirat mit einer wohlhabenden Dame jüdischen Geblüts, auf die Einnahmen seiner Schriftstellerei nicht angewiesen war, vielmehr mit seiner Frau und zwei Söhnen in unserer Nachbarschaft eine stattliche Villa bewohnte und sich nichts abgehen zu lassen brauchte. Verzehrend war seine Sehnsucht nach Hause. »Flüsse, Flüsse – wo gibt es die sonst?« Mein Einwand, auch die Schweiz habe doch ihre großen Schönheiten, sei sogar beteiligt an Rhein und Rhône, habe übrigens Seen, die großen im Tal, die kleinen im Gebirge, die einem den Niederrhein wohl zu ersetzen vermochten, verwarf er als nichtig. Eine Konzession muß ich, rückblikkend, dem »deutschen Lenin« machen. Den bösartigen, den gänzlich unzuverlässigen Charakter der Sowjetunion hatte er früher erkannt als »wir«, die wir, in meinem Fall nicht ohne Zweifel, für Rußland stimmten, und zwar einfach, allzu einfach, weil es der große Gegner Hitlers war, oder schien. So begrüßte ich auch die Aufnahme der Sowjetunion in den Genfer Völkerbund, Herbst 34, obgleich ich auch die Gegenargumente sah. In meinem Tagebuch: »Die Rede, mit welcher der Bundesrat Motta die ablehnende Haltung der Schweiz begründete, war ausgezeichnet.« Aber ebensogut und politisch viel wichtiger waren die Reden, mit denen der sowjetische Außenminister Litwinow die hinter seinen Friedensverkündigungen verborgenen Pläne Hitlers entlarvte: So überwältigend klug und wahr und in Europa so einzigartig, daß man ihm von Herzen dafür dankbar sein mußte. Selber ehrlich, vertrat er die Unehrlichen, welch letztere jedoch, Stalin an der Spitze, bis zum Abkommen von München auf den Westen, auf Frankreich setzten, wenn auch aus nacktem National-Egoismus. Welche Außenpolitik wäre nicht von ihm geleitet? Es war das Münchener Abkommen, das den Litwinow ruinierte und bald zu einem Wechsel im Außenministerium führte. Und doch sah Brentano hier klarer als wir, denen erst die Schauprozesse und Mördereien der Jahre 1935 und 1936 die Augen öffneten. Darüber ein Brief von mir an meinen Bruder Klaus, der auch von Brentano handelte:

»Der kaum in Deutschland – jedenfalls nur in Deutschland – ihresgleichen suchenden, meuchelmörderischen Schandtat des moskowitischen Massakers hat der Rest meiner marxistischen Konzeptionen nicht standgehalten; ich sehe nicht, was da eigentlich noch interessant sein soll. Jedenfalls sind meine, immer noch lockeren Beziehungen zur KP, auch der französischen, die, weit entfernt, die Gelegenheit zu einer Befreiung von moskowitischer Sklaverei zu ergreifen, weiterhin den giftigen Stalin-Lügenschleim von sich gibt, hiermit abgebrochen. Ich will auch nicht sagen, wer am Krieg schuld sein wird, Rußland oder Deutschland, nach den letzten Stalin-Aufrufen, die dieser Hundebonze wahrscheinlich aus innenpolitischen Gründen für notwendig erachtet. Darum still, füg es sich, wie Gott es will. Brentano hatte natürlich große Tage, brüllte, daß ich mich unwillkürlich gegen die Türe zurückzog; worauf ich ihm mit kühlem Lächeln sagte: seine in einigen Punkten durchaus wertvolle politische Kritik würde vielleicht besseren Erfolg haben, wenn er nicht so monomanisch immer alles nur auf sich und seine große Stellung bezöge und das, woran keineswegs er allein litte, mit einer gegen ihn bestehenden Weltverschwörung verwechselte. Da wurde er ganz sanft und nett: wahrscheinlich hätte ich recht...«

Später kam es zu einem Streit zwischen Brentano und mir, der nicht mehr zu schlichten war. Während des Krieges näherte er sich der deutschen Regierung zusehends, nahm teil an den Empfängen des Deutschen Generalkonsulats, tat, was er konnte, um seine Loyalität zu markieren. Als er dann im Jahre 45 von einer »Befreiung« oder Ähnlichem zu sprechen begann, geriet einer seiner ehemaligen Schweizer Freunde, der Mitgründer der *Weltwoche*, Manuel Gasser, in solchen Zorn, daß er ihn in seiner Wochenschrift als einen Anhänger Hitlers denunzierte. Brentano klagte und gewann den Prozeß, obgleich die Zeugen, die gegen ihn aussagten, an Gewicht den ihm günstigen wenigstens gleichkamen; der Richter war der schwierigen Aufgabe nicht recht gewachsen... Etwa zehn Jahre später hielt ich in Frankfurt einen Vortrag. Bernard von Brentano ließ mich sehr herzlich grüßen, er bedaure, wegen seiner Krankheit nicht dabeisein zu können. Ich erwiderte ihm ebenso herzlich.

Mit meinen Eltern, zumal dem Vater, stand ich damals so gut wie nie zuvor; öfters bat er mich, ein Gutachten, eine

Rede für ihn zu entwerfen, hielt also etwas von meinem Urteil. In der Frage, die immer wieder diskutiert wurde, ob oder wie lange sein Schweigen gegenüber dem Regime in Deutschland, sein Emigrant- und doch Nicht-Emigrant-Sein aufrechterhalten werden könnte, stand ich nun, im Gegensatz zum Sommer 1933, auf seiten meiner älteren Geschwister, meinte aber, daß sanftes Zureden, Darlegung der verschiedenen Möglichkeiten hier besser sei als die immer dringenderen, strengeren, zuletzt ultimativen Briefe, die von meiner Schwester Erika kamen. Noch hatten die ersten beiden Bände von *Joseph und seine Brüder* in Deutschland erscheinen und in der *Frankfurter Zeitung* ernsthaft besprochen werden können, noch konnte Gottfried Bermann Fischer die Tantiemen dafür überweisen – was jedoch keineswegs war, woran dem Autor am meisten lag. Wenn er schon nicht mehr der wahre Repräsentant Deutschlands sein konnte, für den er sich so lange gehalten hatte, so wünschte er doch nicht, sich mit einem Gegen-Deutschland, eben der politischen Emigration, gemein zu machen, von ihr vereinnahmt zu werden, zumal er sie en bloc nicht sehr hochachtete – einzelne Persönlichkeiten wohl. Hier, wenn auch nur hier, war seine Position sogar jener Bernard von Brentanos nicht ganz unähnlich. Ebenso könnte man an Hermann Hesse denken, mit dem Unterschied, daß Hesse längst Schweizer Bürger und durchaus helvetisiert war, was dem Schwaben gelang, dem Lübecker bei aller Sympathie für das Land nie gelingen würde. Mittlerweile führte der Münchner Anwalt, Dr. Heins, noch immer Verhandlungen mit der Gestapo, um die Beschlagnahmung des Hauses und des Vermögens rückgängig zu machen, ohne doch irgendwelche Versprechungen von der Seite seines Klienten anbieten zu können. Einmal schien die Freigabe erreicht; der Anwalt war eigens angereist, um die freudige Botschaft zu verkünden. Während wir sie mit Champagner feierten, kam ein Anruf von seiner Kanzlei: eben sei die abermalige Beschlagnahme erfolgt. Tragikomische Situation! Jedoch auch ein Aufblitzen der Wahrheit: es gab keinen Kompromiß. TM mußte sich entweder in aller Öffentlich zum »Dritten Reich« bekennen, nach München zurückkehren, seine ältesten Kinder, Erika und Klaus, verfluchen – eine gar nicht denkbare Lösung des Knotens – oder seine ganze Freiheit zurückgewinnen, also sein Schweigen brechen. Als er mich im Frühling 1934 fragte, was ich von der Lage hielte, antwortete ich mit dem Obersten Wrangel in Schillers *Wallenstein*: »Ins zweite Jahr schon schleicht die Unterhandlung…«, worauf er am Abend *Wallensteins Tod* las. Von meiner Mutter oder mir angetrieben zu werden, liebte er nicht; darüber kam es einmal zu einer peinlichen Szene, peinlich, weil er sie als solche bezeichnete. Nie erwähnte er mir gegenüber Erikas immer dringendere Ermahnungen; erst vor kurzem habe ich sie unter den gesammelten Briefen meiner Schwester entdeckt. Bekanntlich hat es dann – wir schreiben 1934 – noch volle zwei Jahre gedauert, bis er sich zu jenem offenen Brief an Eduard Korrodi, *Neue Zürcher Zeitung*, entschloß, in welchem er endlich seinem Herzen Luft machte. Hier fanden sich dann ein paar herrliche, zugleich herausfordernde Sätze: »Die tiefe, von tausend menschlichen und moralischen und ästhetischen Einzelbeobachtungen und -eindrücken täglich gestützte und genährte Überzeugung, daß aus der gegenwärtigen deutschen Herrschaft nichts Gutes kommen *kann*, für Deutschland nicht und für die Welt nicht, – diese Überzeugung hat mich das Land meiden lassen, in dessen geistiger Überlieferung ich tiefer wurzele als diejenigen, die seit drei Jahren schwanken, ob sie es wagen sollen, mir vor aller Welt mein Deutschtum abzusprechen.« Zu dieser Zeit befand ich mich in Rennes und erhielt jene Nummer der *Neuen Zürcher Zeitung* erst einige Tage später. Darüber an meinen Bruder Klaus: »Über pères offenen Brief: daß natürlich auch ich wie alle Welt sehr angenehm von ihm angeweht war. Andererseits aber will ich Dir nicht verhehlen, daß unserer Schwester an Erpressung grenzendes Auftrumpfen meine Billigung nicht finden kann. So darf man es nicht machen; jemandem – und wem! – seine eigene Persönlichkeit und eigenen Standpunkte in dieser Weise aufdrängen; ich gebrauche die Worte lieber nicht, mit denen ich diese Strategie zu taufen Lust hätte. Außerdem war es auch *unpolitisch*; wie überhaupt in der ganzen Sache von der Emigration weniger Takt an den Tag gelegt wurde, als für uns arme Leute wünschenswert wäre. Es will jeder das Ganze nach seinem Kopf; anstatt daß man den Leuten, nach dem, was sie jeder für sich sind, ihren Platz ließe und sie auszunützen verstünde. Lassen wir's; ich will auch wieder das Verdienst nicht verkleinern, welches der beanspruchen kann, der zum Bruche trieb. Übrigens gehören zwei zu diesem; und es ist noch nicht heraus, ob die guten Leute drüben ihn überhaupt ad notam nehmen werden.« Tatsächlich dauerte es noch ein dreiviertel Jahr, bis die Ausbürgerung meiner Eltern verkündet wurde und mit ihr auch die meine, obgleich ich damals noch rein gar nichts über das »Dritte Reich« publiziert hatte; jene »politische Chronik« in meines Bruders Zeitschrift war nur mit dem rätselhaften Initial gezeichnet. Übrigens nahm es mit der *Sammlung* schon nach zwei Jahren ein Ende, es fehlte das Geld dafür. Noch im Sommer 1936 konnten meine Großeltern Pringsheim Küsnacht besuchen, wie in den beiden Jahren vorher. Danach wurde ihnen der Paß entzogen. Auf die Frage des Geheimrats, warum? lautete die Antwort: »Sie haben einen Schwiegersohn.« Ende Oktober 1939 durften sie schließlich in die

Schweiz ausreisen, ihre geliebte Tochter sahen sie nie wieder, weil meine Eltern in den USA waren, mich wohl…

Auf die Ausbürgerung folgte die Aberkennung von TMs Bonner Ehrendoktorat, der berühmt gewordene *Briefwechsel mit Bonn* zwischen dem Dekan und dem seines Titels Beraubten. Den Entwurf schrieb ich, Dezember 1936, ins reine, für die Freunde Oprecht, die ihn veröffentlichten. Mein Vater: »Du mußt als Briefkopf schreiben: Dr. h. c. Thomas Mann.« Darauf legte er Wert, weil er mittlerweile Ehrendoktor der Universität Harvard geworden war – das erste in einer Reihe gar nicht mehr zu zählender angelsächsischer Dokumente, Talare und Bänder desselben Stils.

Im siebten Kapitel von *Lotte in Weimar – Das siebente Kapitel*! – erinnert Goethe sich während seines »inneren Monologs« an seine Jugend, als einer namens Bretschneider ihm grobe Wahrheiten zu sagen pflegte. Zum Beispiel: »Was bist du schon für ein Kopf? Ich kenne dich. Urteilst meist schief und weißt im Grunde, daß dein Verstand ohne langes Nachdenken nicht zuverlässig ist, bist auch klug genug, Leuten, die du für einsichtig hältst, lieber gleich recht zu geben… Beeinflußbar bist du, daß Gott erbarm… Fällt dir etwas auf, so bleibts hängen in deinem Gemüt oder Kopf, und alles, was dir nur aufstößt, suchst du mit dem Klumpen Ton zu verkneten, den du in der Arbeit hast.« Bretschneider meinte Goethe; der Autor von *Lotte in Weimar* meinte Goethe und sich selber auch. Denn jener Monolog bedeutete ihm, wie er an einen Literatenfreund, den elsässisch-deutsch-französischen Ferdinand Lion, schrieb, eine »unio mystica«, eine Totalvereinigung zwischen dem Autor und seinem längst entschwundenen Meister, derart, wie er sie mit seinen anderen großen Lehrern, mit Schopenhauer, Wagner, Nietzsche, Tolstoi doch nie gewagt hätte. Nun, in jenem berühmten Brief an den Bonner Dekan fand ich etwas, was der Autor kurz vorher von mir gehört hatte. Es war von der Politik der Westmächte die Rede. Ich: »Was diese Leute tun, ist überhaupt keine Außenpolitik mehr. Sie denken an die Erhaltung des Friedens und weiter an gar nichts. Darum werden sie Deutschland alles, aber auch alles geben oder erlauben, worauf es Anspruch erhebt, und sei dieser noch so zweifelhaft; immer in der Hoffnung, daß es, endlich ganz zufrieden, dann auch Frieden halten wird.« So der Sinn. Bald fand ich ihn wieder in jenem Brief an den Bonner Dekan: »Macht einer ›Politik‹, wo die anderen an Politik gar nicht mehr denken, sondern an *den Frieden,* so fallen ihm vorübergehend gewisse Vorteile zu. Die anachronistische Unwissenheit darüber, daß der Krieg nicht mehr statthaft ist, trägt selbstverständlich eine Weile ›Erfolge‹ ein über die, die es wissen. Aber wehe dem Volk, das, weil es nicht mehr ein noch aus weiß, am Ende wirklich seinen Ausweg in den Gott und Menschen verhaßten Greuel des Krieges suchte! Dies Volk wäre verloren. Es wird geschlagen werden, daß es sich nie wieder erhebt.« Die letztere Prophezeiung stammte nicht von mir, obgleich ich sie für eher wahrscheinlich hielt.

Im allgemeinen, und besonders seit ich nach drei Jahren in Frankreich kein Amt mehr innehatte, also ganz auf die spärliche Unterstützung meiner Eltern angewiesen war, übernahm ich nur zu gerne Arbeiten, die von mir erbeten wurden. Für den Onkel Heinrich zuerst. Er gab im Europa-Verlag der Oprechts ein Buch heraus mit dem klingenden Titel *Es kommt der Tag,* eine Sammlung seiner politischen Artikel, die meist nobler als von Sachkenntnis genährt waren. Dazu wünschte er eine Anthologie von Fragmenten aus den Schriften deutscher Philosophen, Schriftsteller, Politiker, die von Freiheit, Demokratie, Widerstand gegen die Tyrannei und ähnlich schönen Dingen handelten. Die machte ich ihm, besitze jedoch das Buch nicht mehr.

Dann, es muß 1937 gewesen sein, erschien auf dem Plan ein in den USA lebender Deutscher, der eine Bibliothek großer deutscher Philosophen für Yankee-Leser herausgab; es sollte die *Tausend Gedanken des Soundso* heißen, der Verlag nannte es dann *The living thoughts of...*, was besser klang. Der Herausgeber schien ein wenig gebildeter Mensch. Was er verlangte, war, jedes philosophische Œuvre in Miniatur, aber total wiederzugeben; die große Gestalt verwandelt in eine kleine, aber der großen vom Kopf bis zu den Füßen genau gleiche, das Ganze zu versehen mit einem einführenden Essay. Nur ein Unwissender konnte dergleichen verlangen. Das Honorar betrug $ 750,–. Meine Schwester Erika, immer praktischer als ihre älteren Verwandten, zeigte sich sehr zornig darüber, zumal sie die amerikanischen Honorare kannte. »Wenn ihr euch schon verkauft, dann doch nicht für einen solchen Bettelpfennig!«
Trotzdem übernahm TM den Schopenhauer, Heinrich den Nietzsche, wobei die Auswahl der Texte – das Gesamtwerk in Miniatur – mir zufiel. Die Reklame des amerikanisch-deutschen Barbaren für den Band Schopenhauer: »Die meisterhafte Auswahl mit der genialen Einleitung!« Über die Auswahl darf ich nicht richten, die Einleitung war so großartig nicht, zumal sie für meinen Vater eine unwillkommene Unterbrechung bedeutete; das Schopenhauer-Kapitel in *Buddenbrooks* ist viel schöner, so auch, was in dem Sigmund Freud-Vortrag über den Philosophen zu finden ist. Dem Onkel Heinrich mußte ich ein Buch über Nietzsche schicken, das Karl Jaspers neuerdings publiziert hatte, aber der Adressat wußte mit dessen professoralem Stil wenig anzufangen. Ihm schrieb ich, daß ich zwar von meiner Arbeitszeit wenig hielte, aber einen geringen Lohn diesmal doch haben sollte: Wie wäre es mit 5 % des Honorars? Und wirklich, nachdem jener Barbar das kläglich Ausgemachte be-

zahlt hatte, erhielt ich eines Tages aus Nizza siebenunddreißig und einen halben Dollar überwiesen; der Oheim nahm es genau. Übrigens ging es ihm damals finanziell so schlecht nicht, dank des Erfolges, der dem ersten Band seines *Henri Quatre* in den USA beschieden war. Selber habe ich ihn nie in Nizza besucht. Mein Bruder Klaus tat es und berichtete nicht unerfreulich: Die Wohnung würdig, die Lübecker Lebensgefährtin zwar dem Trunke hold, aber bereit, dem Dichter seine Lieblingsspeisen zu bereiten, zu denen vor allem die französische Zwiebelsuppe gehörte. Auch machte das Paar nun Sommerreisen, im Bus, in die französischen Alpen. Es war nicht mehr ganz die Einsamkeit und Härte des Lebens, wie René Schickele sie in seinem Tagebuch beschrieben hatte. Gelegentlich kam Heinrich auch nach Küsnacht zu Logierbesuch.
Zweimal während meiner Schweizer Aufenthalte chauffierte ich meine Eltern zum unteren Teil des Bodensees, nach dem Dorfe Ermatingen. Dort, im schön bemalten Gasthof *Zum Adler,* logierte mit seiner Frau der Romancier Alfred Neumann, der in Deutschland mit seinem Roman *Der Teufel* überaus erfolgreich gewesen, aber jüdischen Schicksals war. Nun arbeitete er an einem historischen Roman über Napoleon III. Da dieser in dem Schlößchen Arenenberg oberhalb Ermatingen bei seiner Mutter, der Königin Hortense, aufgewachsen war, liebte oder brauchte Neumann für seine Arbeit die Atmosphäre von Dorf, Schloß und Landschaft. Gegen Abend las mein Vater aus dem werdenden Roman *Lotte in Weimar* vor; danach gab die liebenswürdige Adler-Wirtin uns ein vorzügliches Abendessen. In später Nachtstunde fuhren wir wieder nach Hause. Am nächsten Morgen war TM bester Laune: »War das ein netter Abend!« und, zu mir, »du hast deine Sache auch sehr gut gemacht.« Von Haus aus nicht eben glücklich, war er dankbar

für jedes Wohlgefühl, jede halbwegs geglückte Unternehmung. Sie wurde im folgenden Sommer wiederholt, diesmal aber beinahe zu seiner Enttäuschung. »Man merkt es halt doch«, sagte er nun und meinte das Alter.
Während die Herrschaften nach der Ankunft Tee tranken, stieg ich in die Höhe, wo man oberhalb des Schlößchens einen weiten Blick über den Untersee, die Reichenau und das Land gegenüber hatte. Ich sah den weißen Turm, Hohenbodmann, Schloß Heiligenberg und konnte das Salemer Tal erraten, wenngleich nicht sehen. Mit welchen Gefühlen? Einer Mischung von Rührung, Sehnsucht, Staunen und Zorn über die Falschheit »unserer« Situation, die noch lange dauern würde, vielleicht für immer.

Lektor in Rennes

Anfang November 1935 machte ich die Reise nach Rennes, Hauptort der Bretagne. »Hauptstadt« dürfte man nicht sagen, die alten französischen Provinzen oder Herzogtümer waren ja seit Jahrhunderten keine Einheiten mehr; politisch bestand die Bretagne aus vier Départements mit ebensoviel Präfekten, einer davon in Rennes, wozu dort noch zwei Persönlichkeiten kamen, gewichtigere als der Präfekt selber, der Recteur d'Académie und der Erzbischof. Wieder machte ich in Paris, Hôtel Jacob, kurze Station, mit melancholischen Gefühlen. Notiz: »Hier war ich Juni 33, im Maienmond der Emigration, man machte Pläne, unterhielt sich und speiste ziemlich gut. Das zweite Mal waren unsere Pläne in der Ausführung begriffen: *Die Sammlung*, die *Pfeffermühle*, mein Aufenthalt in Saint-Cloud. Nun, zwei Jahre später, gibt es *Die Sammlung* nicht mehr, die *Pfeffermühle* agonisiert, und Saint-Cloud liegt hinter mir. Freilich bin ich im Begriff, etwas anderes zu versuchen, was wie ein Epilog zu Saint-Cloud sein wird.«

Die Sammlung hatte man aufgeben müssen, das erwähnte ich schon. Die *Pfeffermühle*, nach ihren enormen Erfolgen in Zürich, war von der Stadt verboten worden – ein Triumph für ein paar hundert jugendliche Zürcher Nazi-Nachahmer, die so lange den abscheulichsten Radau machten, bis die Stadt, kläglicherweise, ihnen nachgab. Dem Verbot in Zürich folgte bald die ganze Schweiz. Meiner Schwester und ihren Mitarbeiterinnen blieben Holland und die Tschechoslowakei, letztere via Österreich zu erreichen – vorläufig noch.

Auf der Reise nach Rennes machte ich in Saint-Cloud einen Besuch, der mich rührte. Da war alles noch so wie vorher, die Studenten mit ihren grauen Arbeitsschürzen, jene des jetzt älteren Jahrgangs, die ich noch kannte, die kleine Familie des Monsieur Goujon; nur der mir bei weitem liebste, Monsieur Pécaut, fehlte. Sein schönes »Zeugnis« trug ich in der Tasche. Sein Nachfolger nahm mich auf das liebenswürdigste auf, offenbar war ich ihm empfohlen worden. Mein Gefühl: warum bist du nicht hiergeblieben? Das war doch eine Art von Geborgenheit... Aber ich hatte dort gelernt, was zu lernen war.
Ankunft in Rennes, weit, sehr weit von Paris, in endloser, überaus grüner Tiefebene. Schleppen der Koffer in das Hôtel d'Angleterre nahe dem Bahnhof. Sie waren diesmal so schwer nicht, der Großteil der Bücher, die ich brauchte, würde mir von Saint-Cloud nachgeschickt werden. Traurige Nachtgedanken in dem engen Zimmerchen. »Leben ohne Würde. Ich bin eine Ware ohne Markt. Nur der Staat gibt einem wie mir willkürlich seinen Wert; und ich habe keinen Staat...«
Am nächsten Tag Gang auf die Polizei zur Anmeldung, Zimmersuche. Dafür gab es die mir aus Deutschland vertrauten Büros. Ich fand etwas außerhalb des Zentrums, Rue des Fougères, der Weg zur Universität nur etwa zwanzig Minuten. Madame Congard zeigte mir das Zimmer, das mir bei flüchtigem Blick ausreichend erschien; genügend groß, stattlicher Schreibtisch, ein Fenster, das auf grünes Land ging, vorbei an einem Klösterchen, Frauenkloster, wie ich bald verstand, mit Pension für fromme Bürgertöchter. Madame Congard mit süßem Lächeln: »Sie kennen die Sitte?« Die Sitte war, praenumerando zu bezahlen, einen Monat voraus. Das Zimmer, bei näherer Betrachtung, das der unverheirateten Tochter. Ein Kruzifix über dem Bett; an dessen Pfo-

sten blaue Atlasstreifen. An der Wand ein Gemälde, *L'Orpheline.* Unter dem Bild dessen Erklärung: »Nach dem Tod ihrer Beschützerin flieht ein armes, junges Mädchen aus der Stadt mit all ihren Gefahren. Gänzlich erschöpft von Schmerz und des langen Weges Anstrengung erreicht sie das Haus braver Landleute, die sie voller Güte aufnehmen.« Da wußte man doch, was man hatte. Das Zimmer, fiel mir ein, war so sehr unterschieden nicht von jenen, in denen ich in Berlin gewohnt hatte, dann noch einmal in Heidelberg. Würde ich immer in solcher Umgebung hängenbleiben, so wie mein Bruder Klaus in Bohème-Hotels? Erbärmlich stand es mit den hygienischen Verhältnissen: Krug mit Waschschüssel und einem Eimer. Die an sich sehr stattliche Wohnung besaß nur eine einzige Toilette, die ich durch das Eßzimmer erreichte. Nach ein paar Tagen verschwand das Toilettenpapier. Es war nun auf dem Buffet im Eßzimmer untergebracht. Die Mitglieder der Familie, Monsieur, Madame und Sohn, trugen es unter dem Arm, wenn sie den geheimen Raum aufsuchten. Toilettenpapier war in der Miete eben nicht inbegriffen. Um zu zeigen, was ich vermochte, kaufte ich eine Anzahl von Rollen und postierte sie dort, wo sie hingehörten.

Herr und Frau Congard verkehrten miteinander nur durch Briefchen, die Madame mich gelegentlich bat, Monsieur zu überbringen, wenn die Magd abwesend war. Nur bei solchen Gelegenheiten sah ich ihn, der im Bett lag, derart flüchtig, daß ich außer einem Schnurrbart im Stil Wilhelms II. von seiner Physis nichts erfaßte. Von dem einzigen Sohn schon etwas mehr. Junggeselle in den Dreißigern, fast schon kahl, ein wenig gescheiter als seine Mutter, was nicht viel sagen will. Diese einmal zu mir: »Sie haben Glück. Mein Sohn besitzt einen Wagen und wäre gern bereit, Ihnen die Bretagne zu zeigen. Sie würden das Benzin bezahlen und die

Mahlzeiten offerieren, und er schenkte Ihnen seine Zeit.« Dies Geschenk wäre nicht sehr groß gewesen, denn Congard junior tat den lieben langen Tag rein gar nichts. Der Vater hatte eine kleine Fabrik besessen, in der auch der Sohn arbeitete, nun aber war sie geschlossen. Madame zu mir: »Vous savez, la crise.« Der Gedanke, die Fabrik bei reduzierter Produktion für bessere Zeiten offenzuhalten, wobei man zwar nichts verdiente, aber auch nichts verlor, und so die Arbeiter nicht dem äußersten Elend preiszugeben, war dem frommen Frauenzimmer nie gekommen. Fromm war sie und ihr größter Stolz, daß »Monseigneur« – der Erzbischof – einmal ihren Salon besucht hatte, in welchem ihr katholischer Frauenverein seine monatliche Sitzung abhielt. Eine volle Viertelstunde sei er geblieben, und wie liebenswürdig sei er gewesen bei aller Feierlichkeit!

In der Tat merkte ich bald, welch beträchtliche, wenn auch nur moralische Macht der Kirchenfürst über die Stadt besaß. Zum Beispiel gab sein Ordinariat eine Wochenschrift heraus, die, neben anderem, die in den Kinos der Stadt gebotenen Filme zensurierte: »Sehr zu empfehlen.« »Nur für Erwachsene.« »Bedenklich.« »*Sehr* bedenklich.« »Absolut verwerflich.« Die letztere Qualifikation war eine Art Todesurteil: der Film verschwand, wenn nicht sofort, so doch am Ende einer Woche. Dafür gab es dann *ein* Kino, das von notorischen Atheisten, Proletariern und »linken« Studenten – in Rennes eine Minderheit – und anderem verdächtigen Gesindel aufgesucht wurde. Wenn hier ein zu grausamem Tod verurteilter Verbrecher – es war der Räuber Cartouche – von der Leinwand her verkündete: »Es gibt keinen Gott!«, so reagierten die Zuschauer mit Beifallsrufen und lautem Gelächter. Noch immer das zweigeteilte Frankreich, wobei hier, im Gegensatz zu Paris, die fromme Seite die stärkere blieb.

In Rennes besuchte ich öfters das Kino, nur so zur Entspannung. Alles lag bequem beieinander, man riskierte nichts, und war es langweilig, so ging man wieder. Sogar gab es alte deutsche Filme: jenen nach Döblins *Berlin Alexanderplatz*, mit der Reklame »Vor 1933 entstanden. Heute in Deutschland verboten!« Immerhin. Eine Darbietung, die mich besonders interessierte, hieß: »Der Film im Dienst der Geschichte.« Darüber notierte ich: »Überwiegend Wochenschau-Artiges aus der Vorkriegs-, Kriegs-, Nachkriegszeit. Kaiser Franz Joseph, Wilhelm II., Wilson, Versailles, der junge Mussolini, der alte Prinzregent Luitpold von Bayern, Marschall Foch in Amerika. Sogar die Abdankung des Zaren. Die Zuschauer schienen wenig beeindruckt, fühlten nichts vom Schrecken der Vergangenheit, nur das Groteske der Gegenwart. Dröhnendes Lachen, weil dem alten Hindenburg das Gehen so schwerfällt. Die historische Individualität gilt nicht mehr, sie ist vergessen. Auch gelangte man sehr schnell zur Gegenwart: Dollfuß, König Alexander von Jugoslawien bei Kemal Pascha, Goebbels, Briand spricht über den Vertrag von Locarno. Das war aktuell vor ein paar Jahren, und soll schon Geschichte sein. Die Gegenwart dauert nur ein paar Wochen. Beginn einer neuen Epoche der Geschichtsschreibung? Oder, und das ist wahrscheinlicher, ihr Ende? Könnte man diesem Publikum Julius Caesar, den wirklichen, lebenden, im Film zeigen, so würde nur ein Gelächter ausbrechen, weil er so sonderbar gekleidet einhergeht.«

Noch einmal zu Madame Congard, jener typischen Bourgeoise in einer Stadt, die dem Rouen in Flauberts *Madame Bovary* ähnlicher geblieben war als dem Rennes des Jahres 1989, welches mittlerweile zu einem gewaltigen Industriezentrum wurde. Zuerst verachtete sie mich ein wenig, weil sie sah, daß ich sparen mußte und das Abendessen in meinem Zimmer einnahm, immer dasselbe: Sardinen, Käse, Datteln, genossen auf Zeitungspapier, das ich zuletzt zusammenpackte und im Papierkorb verschwinden ließ; dazu Rotwein. Das Ganze kostete noch keine drei – französische – Francs. Aber dann begannen die regelmäßigen Einschreibbriefe aus Küsnacht zu kommen, den 1. Dezember, den 1. Januar und so jeden Monat. »Ich verstehe«, sagte Madame mir nun eines Tages. »Sie besitzen Vermögen auf einer Schweizer Bank. Dann kommt Ihnen hier das Leben allerdings sehr billig zu stehen.« In ihrem Spatzenhirn glaubte sie, daß, weil der Schweizer Franken sechsmal höher rangierte als der französische, die Schweizer auch sechsmal mehr verdienten und folglich in Frankreich, zum Schaden des Landes, wie die Götter leben konnten.

Die Universität. Sie befand sich, Haupt- und Nebengebäude, mitten in der Stadt; die letztere beherrschten die Studenten, wie sie Heidelberg oder Göttingen beherrschten. An einem meiner ersten Tage sah und hörte ich sie, wie sie in gewaltigem Zuge durch die Straßen zogen, sich amüsierend mit Gesang und Geschrei. Ihr Protest galt Mussolini, der seinen Feldzug gegen Äthiopien begonnen hatte. Dabei nahmen sie auf gehorsame Bürger wenig Rücksicht. Drei entrüstete Damen: »Sie glauben, weil sie Studenten sind, können sie sich alles erlauben. N'est-ce pas, Madame?« »En effet, Madame.« »Au revoir, Madame.« »Au plaisir, Madame.« Hier war man, auch im geringsten Mittelstand, sehr höflich miteinander. Neben den Studenten spielten die Priester in der Stadt eine beträchtliche Rolle. Man sah sie warten, vor dem staatlichen Gymnasium, das sie nicht betreten durften, um ihre Schäfchen nach Schulende in Empfang zu nehmen. Man sah im städtischen Schwimmbad, das ich der Douchen halber zweimal die Woche besuchen mußte, ihr scharfes Auge auf das Verhalten der ihnen anvertrauten Knaben gerichtet. Man sah sie allenthalben promenierend, in ihr Brevier versenkt. Man sah sie auch mit fliegender Soutane auf einem Motorrad vorbeisausen, wobei dann ein paar Straßenarbeiter ihnen spöttisch nachblickten. Sie waren »Monseigneurs« Infanterie.

Es galt, Besuche zu machen, zuerst und vor allem dem Professor für Germanistik, Monsieur Bahon. Er hatte mir noch nach Küsnacht geschrieben, er erhoffe sich von mir nicht nur deutsche Lektüre mit meinen Studenten, nicht nur Vorträge, sondern auch Unterricht im Mittelhochdeutschen. Dies, so erklärte mir ein Student, sei eigentlich nicht Sache des fremdsprachigen Lektors, sondern die eigene Pflicht des Professors, der sie auf mich abzuwälzen wünschte. Nun hatte ich seit dem Gymnasium, auf dem man sich flüchtig mit Walther von der Vogelweide befaßt hatte, durchaus kein Mittelhochdeutsch getrieben. Wohl oder übel kaufte ich mir eine Ausgabe des Nibelungenliedes im Urtext, mit den dazugehörigen Erklärungen, Lautverschiebungen und sonstigen Regeln. Immer, in meinem langen Leben, tat ich im Prinzip, was man von mir wollte, in diesem Fall etwas mir im höchsten Grade Lästiges. Seinerseits las Monsieur Bahon nur Kolleg, und zwar über den Roman *Godwi* von Clemens Brentano. Dieses Kolleg, so hörte ich später, las er nur allzuoft. Seine Stundenzahl war gering, und er verbrachte auch während des Semesters einen guten Teil seiner Zeit in Paris. Meine eigenen Stunden fielen auf Montag und Mittwoch; vormittags Lektüren mit meinen Schülern oder Vorträge, nachmittags das Nibelungenlied. Als ich zum ersten Mal die Klasse betrat, zählte ich fünf Studentinnen und einen jungen Mann, dabei blieb es. Meine Vorträge handelten von deutscher Geschichte im 19. Jahrhundert, Politik, wie auch besonders Literatur, welch letztere ich mit meinen Lieblingsdichtern, Goethe, Heine, Fontane, bestritt. Sie waren ein Erfolg, wie man ihn mit dem, was man liebt, meistens hat. Das Nibelungenlied war keiner. Die fünf und der eine errieten recht wohl, daß ich selber tags zuvor studiert hatte, was ich jetzt wiedergab. So etwas merken Studenten immer, wie sie auch, so sagte mir einmal ein hochgescheiter Literatus, immer merken, wenn etwa ein Philosophieprofessor im Kolleg über einen Autor spricht, den er selbst erst vor kurzem entdeckt hat... Einmal im Monat erschien vormittags der Herr von der Universitätskasse mit einer großen Schatulle, aus der er mir meinen spärlichen Lohn Schein für Schein auszahlte. Das erste Mal – ich hatte gerade Goethes »Sagt es niemand, nur den Weisen...« vorgetragen – protestierte ich; das gehöre sich doch nicht, mitten im Unterricht. Aber der Kassier blieb dabei. Den Montags-Unterricht bereitete ich sonntags vor, am Dienstag die Pflichten des Mittwochs; danach war ich drei Tage frei: zu lesen, zu exzerpieren, meine politischen und sonstigen Gedanken zweckfrei zu Papier zu bringen.

Im Hôtel d'Angleterre, in dem ich zu Mittag aß, redete mich eines Tages mein Gegenüber in tadellosem Deutsch an. Ich, in der Seele noch immer dem entfremdeten Vaterland verbunden: »Sind Sie Deutscher?« Das war er nicht, aber Elsässer, der auf dem Lycée Deutsch-Unterricht gab. Eine willkommene Bekanntschaft. Dies um so mehr, als der Elsässer mich bald mit einem waschechten Südfranzosen zusammenbrachte, der gleichfalls Deutsch unterrichtete; ein entschieden mediterraner Typus, Gaston Barbe mit Namen. Er hatte, wie Raymond Aron, in Berlin studiert und war dort in ein kommunistisches Milieu geraten, in dem er selber zum Kommunisten wurde. Auch seine Aussprache, sein Vokabular waren leicht deutsch-kommunistisch gefärbt, etwa seine breite Aussprache des Wortes Mensch: »Määänsch!« Mit den beiden, gelegentlich kam noch ein dritter hinzu, verbrachte ich nun öfters den Abend in einer Bar, einem Café – willkommene Erlösung von der Einsamkeit des Anfangs. Nur größere Spaziergänge erwiesen sich mit Gaston als unmöglich, denn er war lungenleidend, litt am Pneumothorax, von dem ich soviel wußte, wie im *Zauberberg* zu finden ist. Das Wort bedeutete sowohl die Krankheit wie deren ärztliche Behandlung, »diese noch junge und rasch zu großer Beliebtheit gelangte Errungenschaft der chirurgischen Technik«. Dem Brockhaus entnehme ich: »Zur Anlage eines künstlichen Pneumothorax wird Luft mittels P.-Apparates und einer Hohlnadel durch einen Zwischenrippenraum in den Pleuraraum eingefüllt…« Im Roman stirbt Frau Zimmermann daran, weil sie während eines dem Vergnügen dienenden Ausflugs nach Zürich in die Hände eines Arztes geriet, der ihr weit mehr Luft einfüllte, als gut war. »Sie schweben in absoluter Lebensgefahr!« schreit Hofrat Behrens sie an. Nach ihrem Tod nannte er sie Hans Castorp gegenüber »eine Gans in Folio«. Letzteres kann man von Gaston nun wirklich nicht sagen; ein geistreicher und liebenswürdiger Bursche war er, dem ich seine kommunistische Ent- oder Verschlossenheit nicht verübeln konnte. Den Arzt, den er zu regelmäßigen Nachfüllungen aufsuchte, bezahlte er nicht mit Geld, sondern mit einem Schinken oder Hühnern, die seine Eltern, wohlhabende Bauern im Bourbonnais, ihm schickten. Ich habe die drei Lehrer nie nach ihrem Gehalt gefragt, aber hoch kann es nicht gewesen sein.

Solches zeigte sich nur zu deutlich im Falle von Gastons junger Frau, die an Lungenschwindsucht litt, derart, daß ich die Wohnung der beiden kaum je betrat. Kein Gedanke daran, sie zur rechten Zeit in ein Sanatorium in Hochsavoyen zu schicken, wo ihr Leben verlängert, vielleicht hätte gerettet werden können. Erst als ihr Sterben nur noch eine

Frage von Wochen war, brachte Gaston sie in ein Institut, halb Sanatorium, halb Hotel, etwa zehn Kilometer von Rennes entfernt, wo er sich Hilfe von der reinen Landluft versprach. Zu wenig, zu spät. Ich besuchte sie einmal dort, indem ich den Weg auf der Landstraße zu Fuß zurücklegte, um ihr Blumen zu bringen und sie, vielleicht, etwas zu unterhalten. Erzählungen aus Rennes, Portraitierung Professor Bahons und meiner Schülerinnen, französische Wortspäße, die ich gehört hatte, soweit sie nicht allzu derb waren. Sie lag, schön in ihrer Blässe und Schwäche, schwer atmend, stumm. Bei der Verabschiedung warf sie mir einen Blick zu, der mir feindlich schien, oder beinahe: »Du lebst, und ich muß sterben.«

Bei einem zweiten Besuch sah ich sie nicht, nur ihre Mutter und Gaston, mit denen ich zu Mittag aß. Gaston schimpfte auf das Essen, um das Gespräch von dem abzubringen, an dem allein unsere Gedanken hingen. Und dann starb sie, und dann war die Beerdigung in Rennes, zu welcher ich etwas zu spät eintraf, so daß Gaston, hängend zwischen seiner Schwiegermutter und einem mir unbekannten Herrn, mir schon entgegenkam, während ich mich dem offenen Grab näherte. So herzzerbrechend habe ich nie jemanden weinen sehen. Er, der als Kommunist gern den hartgesottenen Zyniker spielte, zumal wenn die Rede auf die Kirche kam, mußte nun aller Welt zeigen, wie es wirklich mit ihm stand, daß er geliebt hatte, wie er nie wieder lieben würde. Am nächsten Tag traf ich ihn in seiner öde gewordenen Wohnung. Er begrüßte mich mit den Worten: »Elle était belle, hein?« Er nahm dann kurzen Urlaub, den er bei seiner Schwester und deren Gatten in der bretonischen Hafenstadt Lorient verbrachte. Seine Gastgeber baten mich, ihm doch eine paar Tage Gesellschaft zu leisten, das würde ihm wohltun. Natürlich erfüllte ich ihre Bitte gern und verbrachte meine drei freien Tage in dem engen und reizvollen, sehr lebendigen Hafenstädtchen, in der Wohnung echter, guter französischer Bürgersleute – zum ersten und letzten Mal.

Der Schwager wußte viel von bretonischer Vergangenheit, interessierte sich für französische Geschichte überhaupt. Irgendwie kamen wir auf Napoleons Marschälle zu sprechen. Ich: es sei sonderbar, wie einige ihrer Nachkommen Titel und Glanz der Vergangenheit hatten erhalten können, auch von dem alten Adel akzeptiert worden waren, während andere ihr Vermögen einbüßten, auf ihre Titel verzichteten und Normalbürger wurden. Das brachte mich auf die sonderbare Geschichte des Marschalls Berthier, dem Napoleon das an die Schweiz grenzende, der Form nach dem König von Preußen untertane Fürstentum Neuchâtel geschenkt hatte. Drei- oder viermal wurde in diesem Ländchen der Besuch des neuen Herrschers auf die folgende Woche angekündigt, wurde den Schülern ein passendes Lied zum Empfang gelehrt, wurden die Fahnen ausgehängt und ein Freudenfest vorbereitet. Regelmäßig mußte Napoleons vielbeschäftigter Stabschef im letzten Moment absagen, und hat sein Fürstentum niemals gesehen, bis er es im Jahre 1814 wieder verlor. Gastons Schwager: »Das ist interessant! Der Kommandant des Bataillons, in dem ich im Weltkrieg diente, hieß Berthier de Neuchâtel et de Wagram. Aber wir hatten keine Ahnung davon, daß er einen so historischen Vorfahren besaß.« Wirklich war der Marschall auch zum Fürsten von Wagram erhoben worden, zu Ehren der Schlacht, welche den Krieg von 1809 beendete.

Solche Gespräche ließen Gaston vielleicht für einen kurzen Moment seinen Kummer ein wenig vergessen. In der Folge kehrte er, elastisch wie er war, zu einer gewissen Normalität zurück, und unsere Gespräche nahmen den alten Charakter wieder an. Sie wurden hochpolitisch, als es im Frühsommer 36 zu einer Regierung der »Volksfront« in Paris kam. Aber bald darauf erschien sie ihm nicht radikal genug. »Plus à gauche!« pflegte er zu sagen. Während der nächsten Sommerferien besuchte ich ihn in seiner Heimat in Zentralfrankreich, dem Bourbonnais, und mußte über die Weite des Landes, die Größe der Wälder staunen. Gastons Eltern lebten noch und schienen mir kerngesund. Sie hatten ihm dank ihrer Ersparnisse den Sprung ins enseignement secondaire möglich gemacht. Die Leute ringsumher mochten ihn, waren stolz auf ihn, denn, war er bei ihnen, so war er auch einer von ihnen. »Allô, professeur!« Die Polizei am Ort schien überaus gutmütig. Wir saßen in einem Gasthof mit mehreren Räumen. In einem von ihnen zeigten Jäger, ganz offenbar Wilderer, einander ihre Jagdbeute, Hasen und Fasanen. Nebenan saßen zwei Ortspolizisten, die diskret genug waren, unter sich zu bleiben.

In einem anderen Sommer machte Gaston mir einen Gegenbesuch in Küsnacht und gefiel der im allgemeinen zur Kritik neigenden Familie. Es war die Schauspielerin Therese Giehse, die den leicht Berliner kommunistischen Akzent in des Besuchers Deutsch erkannte; ich selber hätte es kaum bemerkt.

Indem die Monate vergingen, vermehrten sich die Bekanntschaften. Es gab drei fremdsprachige Lektoren, den englischen, den italienischen, den deutschen. Mit dem Briten, der seine Schüler während des langen Semesters nur *King Lear* studieren ließ, kam ich nie zusammen. Mit dem Italiener wohl, ich weiß nicht mehr, wie. Er war ein Anhänger Mussolinis, wie sollte er nicht, aber ein intelligenter und maßvoller. Zum Beispiel gab er mir zu, daß die Außenpolitik seines Duce megaloman und unzuverlässig sei: zuerst die Bedrohung Hitlers, falls er Österreich etwas antäte, der Versuch, mit Österreich und Ungarn eine dritte Macht in Europa zu bilden, dann die immer deutlicher werdende Annäherung an das »Dritte Reich« und die Eroberung Äthiopiens, die demnächst vollendet sein würde. Aber, sagte er mir, was die Jugend ihren Regierungschef, Staatschef oder Duce fragt, das ist: Wer bist du? Welche Energien gehen von dir aus? Von Mussolini geht Kraft und Wille aus. Ein französischer Minister wie Delbos zum Beispiel, was ist das schon? Er hat guten Willen und weiter hat er nichts. Er ist eine wohlmeinende Null… So ganz falsch war das alles wohl nicht.

Der Italiener nun nahm an einem Mittagstisch für Studenten teil, mit dessen Hilfe eine brave Rennoise sich selber ernährte, und sieben Studenten auch, befriedigend und preiswert. Er überredete mich, der Achte oder Neunte im Bunde zu sein. Die studentischen Teilnehmer waren robuste Bretonen, die etwas Nützliches lernten, Medizin, Chemie, Maschinenbau und Ähnliches mehr. Von den »Boches« hielten sie nicht gar viel. Wie staunten sie, als ich einen Franzosen nachahmte, der einen Deutschen nachahmte. Es handelte sich da um einen Komiker, der unlängst in der Stadt aufgetreten war und in den verschiedensten Sprachen, aber die Worte nur Unsinn, gesprochen oder gesungen hatte. Als Deutscher sang er ein Liebeslied, welches *Die Wurst* hieß und gar nicht beginnen wollte, weil die Klavierbegleitung immer dieselben Anfangsakkorde erklingen ließ. Als er endlich begann, war nur von Pracht und Sacht und Nacht und Schlacht die Rede, als Parodie hervorragend. Bethove, so nannte sich der Parodist, hatte im Krieg ein Bein verloren und war schon darum kein Deutschenfreund. Meine Studenten waren das auch nicht und verwunderten sich, in mir einen Deutschen kennenzulernen, der ihren Vorstellungen nicht recht entsprach.

Es gab einen entschieden älteren unter ihnen, lang und düster, Student der Philosophie. In Frankreich, erzählte er mir, glaube man an die Philosophie nicht, wofür es bei Tisch nur zu bald ein Beispiel gab. Die Rede kam auf die Zeit, ob sie einen Anfang habe oder nicht, damals noch ein metaphysisches Problem, heute ein wissenschaftliches und, wie es scheint, gelöstes, obgleich ich meine Zweifel hier nicht ganz los werden kann. Der Mediziner zum Philosophen: »Monsieur Olivier, ce sont des balivernes, das sind Schwätzereien.« Der Philosoph, mit einem düsteren Blick zu mir herüber: »Sehen Sie?«

Ein anderer Tischgenosse war bretonischer Separatist. Daß es eine solche Bewegung gab, wußte ich schon, denn an Hauswänden sah man gelegentlich Zettel mit der Inschrift: »Die Bretonen sind keine Franzosen. Wir fordern unsere Unabhängigkeit zurück.« Meinen Separatisten fragte ich nicht, ob er denn die bretonische Sprache – der in Wales gesprochenen verwandt – verstehe. Selber hatte ich sie bisher nur einmal gehört, in einem Überlandbus aus dem Munde einer alten Bäuerin, die ständig Tabak schnupfte. Kurz und gut, jener Gläubige forderte mich auf, einen Vortrag anzuhören, den ihr Führer, oder einer von ihnen, demnächst in Rennes halten würde. Was ich tat. Der Bursche, Architekt von Beruf, sprach natürlich Französisch, ein unvermeidlicher Widerspruch. Er zeigte sich als entschieden intelligenter Redner; die Art, in der er Frankreichs politische Parteien Revue passieren ließ und durchhechelte, beeindruckte mich immerhin. Es fehlte das Positive: wie denn die Bretonen sich selbständig machen würden und was aus einem bretonischen Staat denn werden sollte. Von Föderalismus war keineswegs die Rede. Nachher stellte mein Tischgenosse mich dem Redner vor, man beschloß, sich in einem Café noch ein wenig zu unterhalten. Ein paar Tage später erhielt ich eine Aufforderung der Polizei, mich dann und dann im Zimmer soundso einzufinden. Fragen: Herkunft, Alter, Beruf. »In Ihrem Paß steht Student, aber Student sind Sie überhaupt nicht!« – »Dieser Paß wurde mir im Jahre 32 ausgestellt, als ich noch Student war. Der Paß wird im nächsten Jahr ungültig, und ich werde keinen neuen bekommen. Hier bin ich als Lecteur d'Allemand an der Universität.« – »Kennen Sie Monsieur un tel?« Ich zögerte einen Moment. »Ach ja, den Architekten, der unlängst einen Vortrag hier hielt?« – »Ja, den. Haben Sie den Vortrag gehört?« – »Ja.« – »Haben Sie mit dem Redner gesprochen?« – »Ja.« – »Wann, vorher oder nachher?« – »Nachher, man ging dann noch für eine halbe Stunde in ein Café.« – »Warum haben Sie den Vortrag angehört, warum haben Sie mit dem Redner eine längere Unterhaltung geführt?« – »Einer der Studenten, mit dem ich zu Mittag esse, hat mich dazu eingeladen. Mich interessiert alles, was in Ihrem Land geschieht, sei es auch noch so geringfügig. Natürlich habe ich den Separatismus des Redners keinen Moment ernst genommen.« Ja, das war leicht behauptet. Aber konnte ich nicht, unter der Maske des politischen Réfugiés, ein deutscher Agent sein, bezahlt, um in der Bretagne allerlei Ärgernis zu erregen? Meine Antworten waren mitgeschrieben worden, ein Protokoll, das ich zu unterzeichnen hatte. Die Angelegenheit wurde mir unangenehm. Hatte ich da wirklich einen schweren Fehler gemacht? Hatte ich nicht in Paris politische Versammlungen aller und jeder Farbe besucht, ohne daß ein Hahn danach gekräht hätte? Aber Rennes war etwas anderes. So beschloß ich, den Recteur d'Académie aufzusuchen, um mich reinzuwaschen. Bei meinem ersten Antrittsbesuch in seiner Amtswohnung hatte er mich höflich, wenn auch etwas von oben herab, empfangen. Diesmal gab er sich kalt und schroff. »Ich habe gehört, was Sie angestellt haben. Das hätten Sie nie und nimmer tun dürfen, besonders nicht jetzt, da der Präsident der Republik die Bretagne demnächst besuchen wird.« Ich erklärte mich, wie ich mich der Polizei erklärt hatte, jedoch ohne Erfolg. Als mein Freund Pierre Bertaux zwei Jahre später Professor in Rennes wurde, erzählte er mir, der Recteur habe mich immer noch im Verdacht, ein Naziagent zu sein. Zum Glück war der Polizeigewaltige vernünftiger. Zu ihm wurde ich noch einmal gerufen und fand eine freundlich veränderte Stimmung. »Wir wissen nun alles Notwendige über Sie. Ihr italienischer Kollege hat uns Bericht erstattet. Er ist Faschist, sagte er, und Sie sind Antifaschist, und trotzdem verstehen Sie sich gut, aus den und den Gründen. Ihr Vater ist ein berühmter Gegner Hitlers, Nobelpreis. Wann?« – »1929.« – »Wir können also sicher sein, daß Sie nichts Böses im Schilde führten. Aber Sie werden verstehen, daß wir heutzutage mit Ausländern sehr vorsichtig sein müssen. Tun Sie also so etwas nicht wieder und arbeiten Sie hart. Au revoir.« Ende gut, alles gut. Jedoch kehrte ich zu jenem Mittagstisch nicht zurück, um keinen weiteren Ärger zu haben.

Was mag aus meinem italienischen Freund geworden sein, der sich so ritterlich für mich einsetzte? Das würde ich gern wissen. Ich würde es gern wissen von so manchem, der meinen Weg kreuzte und mir gefiel und wieder verschwand. An Gaston Barbe habe ich während des Hitler-Krieges oft gedacht und gefürchtet, er könnte das Opfer seiner politischen Gesinnungen geworden sein. Viel später, im Jahre 1955, schrieb mir seine Schwester, er sei noch vor dem Krieg gestorben. Ein liebendes, leidendes Licht, schnell erloschen.

Die These, daß »Sanktionen niemals wirken«, die noch heute zu hören ist, geht auf einen längst versunkenen und vergessenen Skandal zurück. Nachdem im Herbst 1935 Mussolini seinen Feldzug gegen Äthiopien – damals sagte man noch Abessinien – begonnen hatte, verhängte der Völkerbund pflichtgemäß Sanktionen gegen den Angreifer; der Fall war allzu klar, ein vom Zaun gebrochener Eroberungskrieg. Aber die französische Politik hatte, gleichgültig wer reagierte, ihre Hoffnung, Italien als Bundesgenossen zu gewinnen, nicht aufgegeben. Hier folgten zur Abwechslung die Briten den Franzosen, nicht umgekehrt. Also verhängten die beiden Westmächte nur solche klüglich ausgewählten Sanktionen, die den Italienern nicht weh taten und, darauf kam es an, ihr Kriegführen nicht störten. Da ging es vor allem um das Öl. Italien hatte keines. Wohl war es seit einem Vierteljahrhundert mehr oder weniger im Besitz von Libyen, aber von libyschem Öl wußte man allenfalls theoretisch; noch gab es keine Quellen. Nun konnten Mussolinis Panzer ohne Öl die beschwerlichen Wüsten und Gebirge zwischen Addis Abeba und dem Meer ja nicht durchqueren. Also drohte der Duce folgendermaßen: Sanktionen bedeuten Blockade, Blockade bedeutet Krieg. Er werde gegen alle Krieg führen, die ihm Öl, Eisen oder andere für seinen Feldzug notwendigen Dinge verweigerten. Hätte irgendeine Erpressung grotesker sein können? Machte man ihm seinen Krieg gegen Äthiopien unmöglich, so würde er Krieg gegen alle Staaten des Völkerbundes, besonders aber gegen Frankreich führen. Solcher dummdreiste Unsinn diente Pierre Laval und seinen Nachfolgern als triftiges Argument; man könne eine Macht wie die italienische ohne schwerste Gefahren nicht vor den Kopf stoßen. Die Franzosen glaubten es, oder taten doch so; was ging sie Abessinien an? Als der geschlagene und flüchtige Kaiser, ein alter Freund Frankreichs, auf seiner Reise nach England durch Paris kam und in der Gare du Nord einige Stunden zu warten hatte, war auch nicht ein Beamter des Außenministeriums zur

Stelle, um ihn zu begrüßen, nur ein paar Journalisten beschauten ihn sich. Und was brachte solche Erniedrigung ein? Ein halbes Jahr später schlossen Hitler und Mussolini den Pakt, der bald die »Achse Berlin–Rom« genannt wurde. Etwas Ratloseres als die französische Politik dieser Jahre konnte es nicht geben; nicht Italien, nicht Deutschland, auch nicht der Sowjetunion gegenüber.
Später, ich denke im Jahr 38, schrieb ich in einem Brief an meinen Freund Pierre: »Wenn ein einzelner Mensch so dumm wäre wie Eure Politik in den letzten Jahren gewesen ist, so würde man ihn als Wunder auf den Jahrmärkten zeigen.« Pierre antwortete, als der kühle Analytiker, der er war oder sein wollte, indem er mir sachlich recht gab, jedoch: »Unsere Politik wird nicht von einer denkenden, planenden Persönlichkeit gemacht, sondern von einem Kollektiv, obendrein einem ständig wechselnden Kollektiv. Also kann sie weder gescheit noch dumm sein, solches kann nur das Individuum. Elle est simplement telle.« Je nun, damit mocht er recht haben, aber trostlos recht.
In Rennes, Dezember 1935, hörte ich den Vortrag eines dortigen Philosophie-Professors. *Die Philosophie in unserer Zeit.* Es war der Titel, der mich anlockte. »Laß doch einmal hören!« Wie groß war dann mein Erstaunen, als der Redner, als Redner gut, versehen mit der Bildung seines Berufs, ausschließlich von der Philosophie sprach, die heutzutage das Deutsche Reich regierte. Um angewandte, um realisierte Philosophie ging es; realisiert von oben, durch die Führung, realisiert von unten, durch das Volk, realisiert irgendwo in der Mitte auch durch die Hochschulen und hier besonders durch die Philosophen von Profession, die, kraft ihrer Wissenschaft, genau dorthin gelangt waren, wohin die Führung, so auch die Nation, jede auf ihre Weise, gelangt war. Zum ersten Mal hatte das deutsche Volk sich selber ge-

funden, nach 2000 Jahren, die nichts als Irrtümer produziert hatten. Jetzt erst hatte das Volk sich selbst entdeckt. Der Führer selbst ist Volk, Arbeiter, Soldat. Wie anders in Italien! Dort herrscht Autorität, herrschen volksfremde Ideen. In Deutschland kam die Revolution von unten, aus der breiten tiefen Erde, dort herrscht Identität zwischen Führern und Geführten. Um geistige Revolution handelt es sich, keineswegs um einen Gewaltstreich. Die Kunst, durchaus volksfremd während Jahrhunderten, ist endlich dem Volk zurückgegeben, die Kunst und viele, viele schöne Feste. Nationalismus? Ja, aber von der Art, daß er, und das ist nur konsequent, auch alle anderen Nationalismen achtet.
Seine Thesen, seine Beobachtungen, belegte der Redner gerne mit Zitaten der Führung: »Hitler selber sagt, der docteur Goebbels selber sagt«, wie auch mit den Aussprüchen führender Philosophen, etwa des Professors Hellpach, der in Heidelberg mein Lehrer in Psychologie gewesen war. Der Redner hatte ihm zugehört während eines internationalen Philosophen-Kongresses in Prag, ihm und anderen Deutschen, und hatte dort seine Kenntnisse gesammelt. Von der schier grenzenlosen Macht raffiniertester Propaganda, von der Knebelung der Presse, von dem tristen Schicksal aller auch nur möglicher Gegner des Regimes war da schwerlich die Rede gewesen.
Dieser Vortrag beherrschte mich, wühlte in mir, wochenlang, und da ich mit niemandem darüber sprechen konnte – Gaston kannte ich noch nicht, und der hätte das Ganze für kapitalistisches Geschwätz erklärt –, so besaß ich kein anderes Gegenüber als mein Tagebuch, aus dem hier einiges zitiert werden mag. Es begann auf deutsch: »Arme Französchen, seid ihr wirklich so blind?«, um dann auf französisch fortzufahren. »Zugeben will ich, daß die gesellschaftliche Wirklichkeit so komplex ist, so viele Perspektiven bietet, daß

sogar dieser Vortrag ein wenig Wahrheit enthält, dies besonders, wenn man ihn gegen andere Ansichten hält, ungenügend auch sie, wenn auch nicht so fürchterlich ungenügend wie diese. Sie sprechen von einer Revolution, ungleich tiefer gehend, als ein Staatsstreich sein kann. Einverstanden. Und sie sprechen von der Wirkung dieser Revolution auf Europa und die weite Welt. Das kann ich nicht glauben. Die Revolution, von der sie sprechen, ist weltweit und ihre Ursachen, oder doch ihr greifbarstes Phänomen, ist die Entwicklung der Wissenschaft und der Technik. Heute weiß man, daß schon die Französische Revolution nicht so ausschließlich französisch war, wie man damals glaubte, daß sie da und dort in Europa vorbereitet worden war, was bedeutet, daß schon damals, ohne wesentlich neue technische Erfindungen, Europa eine geistige Einheit darstellte. Und heute! Glauben Sie, die russische, die italienische, die deutsche Revolution ist eine und unteilbare, auf wie unterschiedliche Weise sie auch verwirklicht werden mag? Weit entfernt davon, das ausschließliche Produkt der deutschen Geschichte zu sein, nichts als deren Folge, ist sie ein Ausdruck von Europas gegenwärtigem Zustand, mit den und den besonderen Nuancen. Als ob es unserer Epoche bedurft hätte, der Epoche des Rundfunks, der Schrumpfung des Raumes, der internationalen Wissenschaft, damit eine von Europas Nationen endlich ihre eigene Persönlichkeit fände, als ob alles, was sie während 1000 Jahren gelebt und geschaffen hatte, nur Irrtum und Vorspiel gewesen wäre – 1000 Jahre, während derer auch diese Nation sich besaß, sich ausdrückte, so gut wie jede andere, als ob es für ein Volk eine definitive Verwirklichung gäbe und solche Verwirklichung, ausgerechnet in unserer Zeit, der am schrecklichsten, am handgreiflichsten provisorischsten, welche die Menschheit je gekannt hatte... Philosophen gratulieren sich dazu, hier

zum ersten Mal der verwirklichten Politik vorgegriffen zu haben? Nun, Philosoph bin ich auch, aber wenn ich im Begriff bin zu verzweifeln, nicht nur am soziologisch-historischen Wortschatz, sondern an allem nicht strikt wissenschaftlich-mathematischen Denken, dann, weil ich die Prostitution des Geistes und seiner Mittel in Deutschland vor mir habe. Da gibt es die Betrogenen, die Betrüger und jene, die beides zugleich sind, Hitler selbst zum Beispiel. Der docteur Goebbels, der ist sicher nur ein Betrüger. Wenn Napoleon triumphierte dank seiner militärischen Talente, so dieser dank seines Lügentalents, das zuletzt noch jeden Unterschied zwischen Lüge und Wahrheit auszulöschen vermag…« Was mich an jenem Vortrag so erschütterte: Die Hilflosigkeit der französischen Intelligenz angesichts der von Deutschland ausgehenden Gefahren. Ihr entsprach die Politik, und wie konnte es anders sein?
Nach der einseitigen Aufkündigung des Vertrages von Versailles, nach der Wiedereinführung der allgemeinen Wehrpflicht, hatte die Demilitarisierung der deutschen Lande links des Rheins offenbar keinen Sinn mehr. Auch konnte ein wachsamer Beobachter ahnen, daß Hitlers nächster Coup in dieser Richtung erfolgen würde. Etwa drei Wochen vor dem 7. März schrieb ich an meinen Freund Pécaut: »Die Demilitarisierung des Rheinlandes ist ein unhaltbarer Anachronismus. Das beste wäre, wenn die Westmächte die Initiative ergriffen und freiwillig auf etwas verzichteten, was in die politische Landschaft nicht mehr paßt.« Dies immer in der Hoffnung, der Adressat würde meine Gedanken an politisch einflußreiche Freunde weitergeben, was der alte Herr in Saint-Cloud gelegentlich getan hatte, jetzt wohl nicht mehr, auch wäre es völlig vergeblich gewesen. Noch gab es eine andere Möglichkeit, die letzte, bevor das Schicksal seinen Lauf nähme. Der französische Geheimdienst wußte,

daß Hitler damals über nicht mehr als sieben Divisionen verfügte. Nach 1945 wurde bekannt, daß die spärlichen drei Bataillone, die er über den Rhein schickte, je eines nach Aachen, nach Trier und nach Saarbrücken, den Befehl hatten, prompt über den Fluß zurückzugehen, *wenn* die Franzosen marschierten. Und das hätte weitreichende, vielleicht entscheidende Konsequenzen gehabt. Der Mythos des Erfolges, welchen der Diktator sich gewonnen hatte, wäre mit einem Schlage zerstört, denkbarerweise für immer. Aber die französischen Generale bestanden darauf, daß es zweiundzwanzig Divisionen jenseits des Rhein gebe und jeder französische Eingriff einen Krieg mit unabsehbaren Folgen bedeuten konnte, einen Krieg, den man, wenn er denn kommen mußte, defensiv, hinter der Maginot-Linie zu führen gedachte. Dies Argument entschied. Nie in meinem Leben, vorher und nachher, war ich so angespannt, verschlang ich tagelang die Zeitungen so gierig wie zwischen dem 7. und 11. März. Eine Rede des derzeitigen, nur kurz im Amt befindlichen Regierungschefs klang stark: »Wir werden nicht dulden, daß Straßburg dem Feuer deutscher Kanonen ausgesetzt wird.« Er duldete es dennoch, so viel war klar nach drei Tagen, und am vierten war es endgültig klar. Denn nun rief die französische Regierungsmannschaft den Völkerbund an – den Völkerbund! –, nun reiste sie nach London, um mit den Briten zu verhandeln, die ihrerseits entschlossen waren, gar nichts zu tun. Daß Frankreich niemals eine militärische Initiative ergreifen würde ohne London, war ein Grundsatz, dem *alle* französischen Regierungen huldigten, seit Hitler an der Macht war, und der bis zum September 1939 in Geltung blieb.

Jener Mittagstisch bretonischer Studenten, an dem ich damals teilnahm, vertrat sehr korrekt die Stimmung einer übergroßen Mehrheit französischer Bürger, mit der Ausnahme einiger Publizisten, die unser Kassandra-Wissen teilten. Notiz: »Sollte eine französische Regierung sich zur Politik des Widerstandes gegen Deutschland entschließen und würde sie gestürzt durch eine Diktatur der Rechten im Zeichen des Friedens, Frieden mit Deutschland, so hätte eine solche Politik den Großteil der Nation hinter sich, dermaßen pazifistisch ist sie.« Hinzufügen, daß solches geschah, vier Jahre und drei Monate später... Mein Freund Pécaut gehörte nicht zu jenen mit dem Wissen der Kassandra. Er schrieb mir: »Hitler tut, was die [Weimarer] Republik hätte tun sollen.« Hier irrte mein Freund. Noch im Jahre 30 hätte Frankreich einen solchen Coup nicht tatenlos hingenommen. Hitler kam zur Macht im rechten Moment. Er, und erst er, fand Frankreich vor in dem Zustande, in dem er es brauchte. Später hat der Propagandaminister Goebbels sich über die von den Franzosen im März 36 verlorene Gelegenheit lustig gemacht mit der Offenheit und Schadenfreude, die er sich gönnte, wenn kein Risiko mehr damit verbunden war. »Damals hätten die Franzosen zuschlagen sollen, damals wären wir verloren gewesen. Aber ›Das gibt's nur einmal, das kommt nicht wieder‹« – letzteres aus einem beliebten deutschen Schlager. Diese während weniger Tage so sehr aufregende Episode schloß ich Anfang April mit folgender Notiz. »Zu schreiben gäbe es wohl eine Menge, aber mir fehlt die Lust dazu. Seit der ›Emigration‹ war dies Tagebuch überwiegend ein politisches, die Philosophie gehört in meine frühe Jugend. Aber seit der Rheinland-Affäre ödet die Politik mich an. Nun sind wir aus dem Bereich verschiedener Möglichkeiten, der freien Entscheidungen ins Reich des Unvermeidlichen eingetreten.« Natürlich blieb ich bei diesem Entschluß nicht; wie konnte ich. Und natürlich war ich des Unvermeidlichen auf die Dauer nicht sicher, wie konnte ich. Einmal hielt ich den Krieg, der weit schlimmer sein würde als der vorige, für sicher, dann wieder für »unmöglich«. »Arme Menschheit. Jetzt ist ihr sogar der Krieg verboten.« Auch mußte ich mir selber verbieten, den Krieg zu wünschen, wozu die Versuchung unleugbar bestand. Wenn wir je nach Deutschland zurückkehren durften – aber die Chance war gering –, wir durften es nicht auf Kosten von Millionen von Menschenleben. Übrigens diente mir das Schicksal der russischen Oberklasse zur Warnung. Diese, zum Beispiel der Botschafter Iswolski, zum Beispiel der Großfürst Nikolai Nikolaiewitsch, hatte den Krieg von 1914 unleugbar gewollt und war darüber zugrunde gegangen.

Die inneren Verhältnisse Frankreichs, die »Innenpolitik« wurde, während die dreißiger Jahre vorrückten, nicht etwa fester, geordneter und damit zu einer energischen Außenpolitik fähiger, sondern zusehends polarisierter und wüster. Im fernen, überwiegend bürgerlichen Rennes merkte man davon so viel nicht; man entnahm es den Zeitungen und sprach darüber in dem Zirkel, in dem man sich bewegte. Bei den Wahlen im Mai 1936 gewann die Linke – Kommunisten, Sozialisten und Radikalsozialisten – eine Mehrheit in der Kammer, welche der Zahl der abgegebenen Stimmen nicht entsprach; es lag dies an der Einteilung der Wahlkreise. Der Chef der Sozialisten, der alte, feine, hochgebildete Léon Blum, meldete alsbald seinen Anspruch auf die Ministerpräsidentschaft an und stellte Anfang Juni seine Regierung vor. Die Kommunisten blieben draußen, versprachen aber, für alle Gesetze zu stimmen, die zugunsten des Proletariats oder der Kleinbauern beschlossen werden würden; von solchen Gesetzen gab es eine stattliche Reihe während der ersten Monate, Beschlüsse, für welche das Land an sich gesehen unreif war. Dabei zog Blum die großen Vereinigungen der Unternehmer immerhin bei; er brauchte sie, um solche späten, im östlichen Nachbarland seit 1919 begonnenen Reformen durchzusetzen: kollektive Tarifverträge, auszuhandeln zwischen den Unternehmern und den Gewerkschaften, eine Erhöhung der Löhne en bloc, die Vierzigstundenwoche, bezahlte Ferien. Der folgende Sommer war der erste eines Massentourismus, überdicht besetzte Strände, überfüllte Jugendherbergen. Sogar die Schüler von Saint-Cloud erhielten nun ein staatliches Taschengeld. Auch hatte Blum drei Frauen in sein Kabinett genommen, unter ihnen Madame Joliot-Curie.

Ein wenig glichen diese Monate dem, was im Februar des gleichen Jahres in Spanien begann. Auch hier hatte die Linke einen Wahlsieg errungen, der in den Cortes sich entschieden stärker auswirkte, als der baren Stimmenzahl entsprach. Jedoch sprachen die Unterschiede nicht zu Spaniens Gunsten. Frankreichs Dritte Republik hatte, wenn wir sie seit 1875 bestehen lassen, nun immerhin sechzig Jahre gedauert und zwei Feuerproben bestanden: den unblutigen Bürgerkrieg um den Hauptmann Dreyfus, den Krieg von 1914–18 dank einer »union sacrée« aller politischen Parteien. Ihre Verfassung war eine weislich ausbalancierte: der Kammer stand ein Senat gegenüber, der häufig anders zusammengesetzt war, mit dem aber die Kammer sich vertragen mußte. Dagegen gab es in Madrid ein einziges Parlament, in welchem jede noch so geringe Mehrheit jeder noch so gewichtigen Minderheit alles und jedes aufzwingen konnte; eine allzu optimistische Anordnung der Dinge, von welcher erst die Linke, dann die Rechte, nun wieder die Linke rücksichtslosesten Gebrauch machte. Mitte Juli kam es zum Staatsstreich des Generals Franco gegen Blums Schwester-Regierung in Madrid, ein Unternehmen, ein »pronunciamento«, wie es deren in Spanien während des 19. Jahrhunderts zahlreiche gegeben hatte, nun aber prompt scheiterte: aus dem Staatsstreich wurde ein fürchterlicher Bürgerkrieg von annähernd drei Jahren. Die französischen Kommunisten verlangten für die Republik in Madrid militärische Hilfe; welche Blum in sehr schönen Reden verweigerte, womit schon das lange hingezogene Ende der Pariser Front Populaire begann. Auf der Rechten und Ultrarechten erhitzte sich der Haß gegen die sozialistische Regierung zur Weißglut, ungefähr wie ich sie vordem in Deutschland erlebt hatte. Er schloß alle Fremden im Lande mit ein: »Die ungeheuren Massen der Napolitaner, die Lumpen aus der Levante, die elenden slawischen Stinker, die Hungerleider aus Andalusien, die Massen, die von Abraham abstammen… Zum ersten Mal wird unser altes, gallisch-romanisches Reich von einem Juden regiert.« »Diese Judenmeister vergessen, welche Toleranz sie unlängst genossen haben… Man wird ihnen die gebührende Antwort erteilen…« So der Ton, mir von zu Hause nur allzu genau bekannt. Den Fremdenhaß haben wir auch heute wieder da und dort; das hört nie auf. Glücklich die Zeiten, in denen er schweigen muß… Léon Blums Innenminister trieb man durch eine Kampagne von Haß und Verleumdung in den Selbstmord; er sei im Krieg ein Deserteur gewesen. Tatsächlich befand er sich eine Zeitlang in Kriegsgefangenschaft, so wie Tausende von Offizieren, zum Beispiel der capitaine de Gaulle… Nach einem Jahr löste die erste Volksfront-Regierung sich auf und fingen die Dreimonats-Regierungen Mitte-Rechts wieder an. Während der Tage, in denen Hitler seine Truppen nach Österreich schickte, gab es in Paris gar keine Regierung, die bequemste Lösung; was, außer einer Anrufung des Völkerbundes oder einer Reise nach London oder beides, hätte sie unternehmen können? Selber habe ich das Walten der Front Populaire kaum länger als sechs Wochen am Ort erlebt, Juni und Juli 36. Dann verließ ich

Frankreich, um es fortan noch jedes Jahr zu besuchen, bis hin zum Jahre 40. Gelernt hatte ich eine Menge, aber eine Zukunft gab es für mich hier nicht, jedenfalls nicht die »staatliche Anstellung«, von der ich geträumt hatte. Denn ein neues Gesetz besagte: man mußte zehn Jahre in Frankreich gelebt haben, um dessen Bürger zu werden. Und man mußte zehn Jahre Bürger gewesen sein, um ein Recht auf staatliche Anstellung zu erwerben. »Somit«, schrieb mir der berühmteste Germanist Frankreichs, Professor Henri Lichtenberger, »sehe ich in Ihren Bestrebungen keinen Sinn.«

Ehe ich mich von der französischen Innen- und der nichtexistierenden Außenpolitik verabschiede, noch etwas über die politischen Bestrebungen der deutschen Emigration in Paris. Auch, warum ich mich nicht daran beteiligte. Schon seit dem Sommer 1933 gab es einen »Schutzverband deutscher Schriftsteller im Ausland«, SDS. Gegen die Veranstaltungen des Vereins, Vorträge und Vorlesungen, sogar Liederabende, war gewiß nichts zu sagen: man wollte zeigen, daß man noch da war – »das andere Deutschland«, Autoren von Rang und Namen. An die Vorbereitung einer deutschen »Volksfront«, vergleichbar der französischen vom nächsten Jahr, ging man 1935. Im Dezember 36 trat in Paris eine »Deutsche Volksfront für Frieden, Freiheit und Brot« ins Leben; Heinrich Mann wurde zu ihrem Präsidenten erwählt. Sein Ziel für Deutschland: »Die demokratische Volksrepublik.« Von einer solchen hatte der Onkel Heinrich schon in einem letzten, noch in Berlin in S. Fischers *Neuer Rundschau* veröffentlichten Essay zu künden gewußt: es werde eine Republik sein, »wie das Volk sie will«. Wußte er, was »das Volk« wollte, wußte es »das Volk« selber? Nun konnte er in seiner samtenen Stimme sogar aus Paris über einen »Deutschen Freiheitssender« zu diesem Volk sprechen; der tröstliche Refrain, immer wiederkehrend: »Denn ihr habt eure Volksfront« – die Verbindung der kommunistischen, der sozialdemokratischen und der anno 31 von ihr getrennten »sozialistischen Arbeiterpartei«. Aktive Partizipanten waren altbekannte Politiker, die Kommunisten Münzenberg und Pieck, der alte Sozialdemokrat Breitscheid und der junge, zu diesem Zweck aus Norwegen angereiste Willy Brandt, dann Schriftsteller wie Lion Feuchtwanger, Ernst Bloch, mein Bruder Klaus. Leider konnte ich an die Realität dieser »Volksfront« nicht recht glauben. In einem Gespräch mit meinen Eltern: »Das Ganze ist illusiv.« Eben im Jahre 36 befand sich Hitler auf der Höhe seiner Macht, seines Glücks, im Zeichen des gewonnenen Rheinland-Streiches, eines ihm nachfolgenden Plebiszits, dann der großartig organisierten Olympischen Sommerspiele in Berlin. Damals dürften neun von zehn Deutschen sein Regime ehrlichen Herzens bejaht haben; eine Situation, die dann mindestens bis zum Herbst 1940 andauerte. »Denn ihr habt eure Volksfront« – wen interessierte das, wenn überhaupt irgendeiner die Ansprache hörte? Hätte der Diktator sich mit dem nun Gewonnenen, der »Abschaffung« des Vertrages von Versailles, dann weiter der Annexion Österreichs, Deutsch-Böhmens, zuletzt der Rest-Tschechoslowakei zufriedengegeben, er hätte sein Imperium und indirekt die im Südosten daran grenzenden Länder, regiert oder beherrscht bis zu seinem natürlichen Tode. Nur sein eigener Wahnsinn konnte ihn vernichten, weder die Deutschen im Land noch viel weniger jene draußen. Nur noch fremde Mächte, von ihm provoziert, konnten ihm und seinem Dritten Reich den Garaus machen. Um zu einem Deutschland mit »Frieden, Freiheit und Brot« zu gelangen, war Krieg notwendig, der blutigste, den Europa bis dahin erlebt hatte, und der Waffensieg der Alliierten in Ost und West.

Die Sieger taten mit Deutschland, was sie wollten: zuerst gemeinsam, dann mehr und mehr gegeneinander. Die Vereinigung der kommunistischen und sozialdemokratischen Parteien in der »Ostzone« und Berlin-Ost beruhte auf russischem Willen; sie hatte nichts mit jenem Pariser Traumunternehmen zu tun, auch wenn der Kommunist Ulbricht schon an ihm teilgenommen hatte. Eine Abstimmung unter den Mitgliedern der alt-neuen Sozialdemokratischen Partei fand nur in den drei »westlichen Sektoren« von Berlin statt und ergab da eine starke Mehrheit gegen eine Vereinigung mit den Kommunisten; genau hier begann der Prozeß, der für eine gute Weile zur Teilung Berlins in zwei Städte führte. Was dann im Westen Schritt für Schritt geschah, die Vereinigung der zwei, dann der drei »Zonen« mit dem nun voraussehbaren Endpunkt »Bundesrepublik«, entsprach ungefähr den Wünschen der Bevölkerung, welche von Nationalsozialismus nun nichts mehr wissen wollte; was nicht hinderte, daß der politische Weg bis hin zur Gründung der Bundesrepublik von den Alliierten diktiert war. Alles dies, im Westen wie im Osten, hatte mit der politischen Tätigkeit der Emigranten, in Paris oder sonstwo, nicht das mindeste zu tun. Alles wäre verlaufen, wie es verlief, auch wenn es jene gar nicht gegeben hätte.

Im Frühjahr 1938 schrieb ich in der Zürcher Zweimonatsschrift *Mass und Wert*: »Das nationalsozialistische System hat sich in das Leben der Deutschen zu tief eingefressen und, sei es auch nur im Schlechten, zu viel geleistet, als daß, was nach ihm kommen wird, nicht positiv und negativ wesentlich von ihm bestimmt sein müßte. Man kann nicht einfach anbieten, was vorher war – die Nachfolger müssen so oder so durch die Hölle hindurchgegangen sein. Daher werden sie aus Deutschland selbst und nicht aus der Emigration kommen. Immerhin hat diese freieren Überblick, um zu registrieren und zu ordnen, was an Bewegung in Deutschland geschieht; vor allem muß sie die alten, hemmenden Trümmer wegräumen.« Damit meinte ich keineswegs die Arbeit der »Frankfurter Schule«, die nichts anderes anbot als Marxismus für feine Leute, wohl aber die Befreiung von der Marxschen Lehre als Ersatz-Allwissenheit oder »Opium der Intellektuellen«, wie mein Freund Raymond Aron es nannte. Die einzige Denkaufgabe würde das nicht sein, aber eine der wesentlichsten.

Zur französischen Geschichtsschreibung

Es bleibt von der historischen Literatur Frankreichs zu sprechen, soweit ich mir während jener drei Jahre einige Kenntnisse erwarb, auch noch in den folgenden bis 1940. Es war eine Art von Treibhaus, neu und gewaltig, in Rennes noch mehr als in Saint-Cloud, weil ich weit mehr freie Zeit dafür hatte. Dabei kann es sich nur um Eindrücke handeln. Wollte ich ins Detail gehen, den Spezialisten spielen, der ich nicht bin – wohin würde das führen?

Was mir als Deutschem besonders auffiel: wie deutschfreundlich die Franzosen im 19. Jahrhundert gewesen waren, was besonders für die historische Wissenschaft gilt. Dafür ein paar Beispiele. In dem herrlich zu lesenden Werk von Gaston Boissier *Cicero und seine Freunde* findet sich auf der ersten Seite die folgende Anmerkung: »Man wird beim Lesen des Buches bemerken, daß ich von einschlägigen deutschen Werken reichlich Gebrauch gemacht habe, vor allem von der großen *Römischen Geschichte* des Herrn Mommsen, so reich an Gelehrsamkeit und so sehr fesselnd geschrieben. Ich stimme nicht immer mit Herrn Mommsens Urteilen überein, aber noch dort, wo ich mich von ihm trenne, wird man seinen Einfluß spüren. Er ist heute der Meister für alle, welche römische Geschichte studieren wollen.« Wo Boissier nicht mit Mommsen übereinstimmt: in dessen Verhimmelung Caesars – weil Mommsen sich einen deutschen Caesar erhoffte – und in seiner an Ungezogenheit grenzenden Verachtung Ciceros. Bekanntlich hat Mommsen nach seiner *Römischen Geschichte*, einem genialischen Jugendwerk, nichts mehr dergleichen geschrieben, sondern sich der Rechtsgeschichte, vor allem einer ungeheuren Sammlung lateinischer Inschriften zugewandt, was Boissier damals nicht voraussehen konnte. Boissier selber blieb bei seiner Verbindung von Forschung und hinreißender Darstellung.

Ein anderes Beispiel. Im Januar 1870 wandten zwei führende französische Historiker, Hippolyte Taine, der literarisch-politische, und Ernest Renan, der theologische, sich in einem offenen Brief, erschienen im *Journal des Débats*, an Frankreichs gelehrte Welt: man sollte Geld sammeln, um dem deutschen Philosophen Hegel in Paris eine Statue zu errichten. »Trotz des unvollendeten und manchmal spekulativen Charakters seiner Werke bleibt Hegel der bedeutendste Denker des 19. Jahrhunderts... Man könnte seine Leistung dem großen Modell einer Kathedrale aus Holz vergleichen, die es nun in Stein allmählich zu bauen gilt. Alle, die zu unserer Sammlung beitragen, werden damit zeigen, daß sie die Menschheit ehren wollen in einem ihrer größten Geister, jener, die bewiesen, zu welcher Höhe sie sich erheben kann.« So Januar 1870. Und ein Jahr später fand im Spiegelsaal des Schlosses von Versailles die Gründung des Deutschen Reiches statt. Wieder ein halbes Jahr später, nachdem im Friedensschluß das Elsaß und Teile Lothringens von dem neuen Reich annektiert worden waren, schrieb Renan seinen Essay *Was ist eine Nation?* Eine Nation, führte er aus, hat nichts mit Rasse, mit Schädelbildungen, auch nichts mit ferner Vergangenheit zu tun. Sie ist »ein Plebiszit jeden Tages«, die Menschen wollen bleiben, was sie sind, sie sind einverstanden mit ihren Mitbürgern und verspüren keinerlei Lust, einem anderen Staat anzugehören. Das ist alles und ist genug. Sicher, die Elsässer waren gar nicht glücklich, als man sie im 17. Jahrhundert zwangsweise zu Franzosen machte. Aber binnen zweihundert Jahren wurden sie echte französische Bürger und wünschten keine Änderung mehr. Es ist ja dann auch so gekommen, daß sie, trotz der sehr wesentlichen wirtschaftlichen Vorteile, die das Deutsche Reich ihnen brachte, sich nie wirklich mit dem neuen Zustand versöhnten. Aus jenem Hegel-Denkmal wurde nichts, und nun wäre es auch viel zu spät dafür gewesen! Es ist nicht zu sagen, welches Unheil jener blödsinnige Krieg von 1870 für beide Nationen bedeutet hat. Aber Bismarck brauchte ihn.

Ein drittes Beispiel französischer Deutschfreundlichkeit. In Rennes machte ich mir das Vergnügen, ein paar uralte Bände der *Revue des Deux Mondes* zu studieren. Sie war im letzten Drittel des vorigen Jahrhunderts eine führende Zeitschrift gewesen; es gab sie sogar noch zu meiner Zeit, aber gar kümmerlich; nun spotteten die Leute über ihren Namen: »Mehr von der anderen Welt als von der unseren.« Da fand ich, wieder in den ersten Monaten des Jahres 1870, eine Serie von Artikeln über die süddeutschen Staaten; der Autor, namens Cherbuliez, besaß helle und freundliche Augen. Folgendermaßen beschrieb er das Königreich Württemberg: »Wer von Württemberg spricht, der spricht von einem der wohlhabendsten und freiesten Staaten der Erde... Wenige Länder gibt es, die so das Ideal einer Civilisation erfüllen, in denen kein Interesse geopfert wird. Eine Region der Landwirtschaft und auch der Industrie, der Demokratie, der gebildeten und einflußreichen mittleren Klassen, der municipalen Freiheiten und einer ausgezeichneten Gesamtverwaltung, einer zeitgemäßen Volkserziehung und eines hohen wissenschaftlichen Niveaus – kurz, eine besser ausgewogene, nach allen Seiten sich entwikkelnde Gesellschaft kann es kaum geben... Ein Bürger von Zürich oder Bern, der in Württemberg reist, wird sich hier nicht als Fremder fühlen... In dieser gekrönten Schweiz findet er alles, was er von zu Hause gewohnt ist, die gleiche Neigung, sich selber zu regieren, die gleichen communalen Freiheiten, dasselbe leidenschaftliche Interesse für die öffentlichen Dinge, einen kräftigen Parteigeist, das unbegrenzte Recht zu Vereinigungen jeder Art, eine Polizei, die niemandes Gesinnung zum Verbrechen erklärt.« Und noch mehr in diesem Sinn. Wo ist hier die Rede von »Erbfeindschaft«, von »boches« und Ähnlichem mehr? Das kam alles erst nach dem Unheil von 1870–1871, erst recht nach jenem von 1914, welch letzteres aber ohne das frühere schwer denkbar bleibt.

Trotzdem gab es doch noch in den dreißiger Jahren letzte Spuren der alten Bewunderung. Wie generös feierten die Pariser im Februar 1936 den achtzigsten Todestag Heinrich Heines, an seinem Grab wie in den Zeitungen. Sogar in der kommunistischen *L'Humanité* fand ich einen Artikel über ihn, aus dem ich mir einiges abschrieb, weil er treffender kaum hätte sein können: »... die freieste, die zarteste, die heiterste, die an Schauder reichste, die gedankenschärfste, die am tiefsten musikalische aller Dichtungen. Die kühne Verbindung von Sinnlichem und Geistigem, von jüdischer Ironie und germanischer Träumerei, von voltairianischem Spott und nordischem Nebel, von französischer Klarheit und deutschen Rhythmen... Ehren wir das Gedächtnis dieses zugleich kindlichen und genialen Poeten; er bleibt einer unserer frühesten Weggenossen.« Wozu mein Kommentar: »Die Bestien haben etwas gelernt.« Daß sie Heine als einen der ersten Kommunisten in Anspruch nahmen, durfte man ihnen nicht verübeln, denn sie hätten mit Zitaten aufwarten können; die Gegenseite freilich mit ebenso reichlichen. In der Kunst war auf Heine Verlaß, nicht immer, aber dort, wo er sich auf seiner wahren Höhe wiederfand, also sehr häufig; im Politischen ganz und gar nicht... Eine Rue Goethe gab es in Paris zu meiner Zeit, in einer der stillsten und vornehmsten Gegenden, und gibt es gewiß auch heute noch. Frage: Wurde je in einer deutschen Stadt eine Straße nach einem französischen Dichter benannt? Ich wüßte nicht; vermutlich neuerdings im Zeichen der »Schwesterstädte« – besser spät als nie.

L'Humanité war im Jahre 1902 von Jean Jaurès gegründet worden, freilich in einem Geist, tief verschieden von jenem, den sie jetzt verbreitet. Jaurès war ein sehr starker und zugleich vermittelnder Charakter; als Sozialist, jedoch ein keineswegs doktrinärer, wünschte er ein Bündnis der »Proletarier« mit dem liberalen und demokratischen Bürgertum. An einer Verständigung zwischen Franzosen und Deutschen war ihm gelegen bis zur brennenden Leidenschaft; er wußte: Davon hing das Schicksal Europas ab. Seine Ermordung gleich zu Beginn des Kriegs am 31. Juli 1914 war ein schlimmes Zeichen; ein schlimmeres, daß der Mörder freigesprochen wurde. Ich darf nicht behaupten, die acht dikken Bände der *Histoire Socialiste de la Révolution Française*, die Jaurès zu Beginn des Jahrhunderts schrieb, ganz gelesen zu haben; aber was ich las, begeisterte mich geradezu, weil es war, was ich bei sozialistischen Schriftstellern Deutschlands nie gefunden hatte, und noch immer las ich mit deutschen Augen.

Im Tagebuch: »Es bedürfte eines französischen Sozialisten, um unsere Linke zu lehren, wenn sie zum Lernen bereit wäre, wie man dem wirtschaftlichen Faktor gerecht werden kann, aber den Ideen und Menschen auch. Welcher Ernst, welcher Respekt und welche Liebe sogar für die sozialistischen Schriften Fichtes und die historischen Schillers. Welche noble Unabhängigkeit gegenüber Marx, ohne die Bedeutung seiner Arbeiten zu bestreiten; welch scharf-

sichtige bittere Kritik an unseren Marxisten vom Schlage Franz Mehrings, der zu Jaurès' Zeiten als der bedeutendste galt. Jaurès über ihn: ›Was nützt es denn Herrn Mehring, die Größe Lessings als Legende zu bezeichnen? Warum, indem er sich weigert, die großartigen, die faszinierenden Leistungen Friedrichs II. zu sehen, verurteilt er sich selber zur Blindheit gegenüber der Geschichte des modernen Deutschland? ... Was soll hier eine total künstliche Anwendung der Theorie der Klassen und des ökonomischen Materialismus?‹ ... Über Lessings *Erziehung des Menschengeschlechts*: ›Unter einer mystischen Verpackung, welche die etwas engen Denkgewohnheiten des französischen Geistes verwirren mag, handelt es sich hier um ein Werk von revolutionärer Kühnheit. Es ist der freie Geist, der sich für immer des Universums bemächtigt... Dort, wo Herr Mehring mit seiner ärmlich ökonomischen, engstirnig materialistischen Auffassung nichts sehen will als das, was er die ›deutsche Misere‹ nennt, sehe ich im Gegenteil eine bewundernswerte Kühnheit des Denkens, in welchem absolute Freiheit weht.‹ ... Über das Tübinger Stift zur Zeit der Studenten Hegel, Schelling und Hölderlin: ›So geschah in den Denk-Laboratorien Tübingens die Verschmelzung deutschen und französischen Geistes, des profunden Idealismus der Deutschen und des aktiven der Franzosen...‹«
Hier ist, was später mein verstorbener Freund Pierre Bertaux in seinen Werken über Hölderlin gezeigt hat, am erfolgreichsten und schönsten in seiner letzten Biographie des Dichters. Und während der Bourgeois-Jakobiner Clemenceau forderte, man müsse die Französische Revolution »en bloc« annehmen, anstatt an ärgerlichen Bagatell-Ereignissen herumzumäkeln, verleugnet der sozialistische Historiker nicht seinen Abscheu vor den Greueln der Revolution, die keinerlei Notwendigkeit entsprangen: »Ah! Wie muß

man die gänzlich unnützen Barbareien hassen, welche bestimmte Tage der Revolution in Blut tauchten, wenn man erfährt, wie sie auf so edle und freie Geister wie Friedrich Schiller wirkten... Trete Marat vor mit der abscheulichen und verrückten Nummer seiner Zeitung vom 19. August, die den Massenmördern den Weg zur Abbaye wies; er entsteige seinem Grab und sehe sich die Welt an... Vielleicht wird er dann verstehen, wie die Politik des Mordes, die er ein paar Wochen später verleugnete, nicht nur der Gegenrevolution die schärfsten Waffen lieferte, sondern auch, und dies wiegt noch schwerer, eine Last auch jenen zu tragen hinterließ, deren ursprüngliche Sympathien sich der Freiheit zugewandt hatten.« Es handelt sich hier um die sogenannten Septembermorde, 2. – 6. September 1792. Damals wurden Tausende von sogenannten Verdächtigen aus ihren Gefängnissen auf die Straße geschleppt und mit Äxten oder Schlächtermessern umgebracht. Der unmittelbar Schuldige war hier der Justizminister der neuen Republik, Danton, der noch im letzten Moment hätte eingreifen können.
Genug oder schon zu viel zitiert. Ich wollte begreiflich machen, warum dies Werk mich entzückte, zumal es nach 1900 geschrieben wurde, als in der Ferne schon der »Weltkrieg« drohte, den durch eine rechtzeitige deutsch-französische Verständigung zu verhindern der Herzenswunsch des Historiker-Politikers blieb; eben darum wurde er umgebracht.

Einen vielleicht noch tieferen Eindruck als Jaurès machte mir das Riesenwerk des Historikers Albert Sorel *L'Europe et la Révolution Française*. Wann immer ich heute darin lese, kehrt das frühe bewundernde Staunen unvermindert zurück. Und ich behaupte: im Felde der diplomatischen Geschichte gibt es etwas reicher Dokumentiertes, schöner Stilisiertes, intuitiver Gesehenes, energischer, geistvoller, konsequenter Durchgeführtes nicht. Übrigens glaube ich, daß Charles de Gaulle das Werk gründlich studiert hat. Die Ansicht de Gaulles, wonach die europäischen Staaten trotz aller Veränderungen im tiefsten Grund bleiben, was sie sind, und dieselben ewigen Interessen verfolgen, ist die Ansicht Sorels. *Europa und die Französische Revolution* beruht auf ihr. Aber Sorel *fand* sie in den Dingen, er zwang sie ihnen nicht auf. Auch dürfte sie für das 18. und 19. Jahrhundert wahrer gewesen sein, als sie heute ist.

Albert Sorel ist 1842 geboren, zu einer Zeit, als noch Überlebende der großen Epoche da waren. Als junger Mensch arbeitet er im Auswärtigen Amt Napoleons III., des Monarchen, dessen ungeschicktes Ziel es war, die Verträge von 1815 zu zerreißen. Später war er Sekretär des Senats. Ein in diplomatischen, praktischen Dingen erfahrener Mann also, in dieser Beziehung Stendhal zu vergleichen, mit dem er auch die Freude am Leben, dem eigenen und dem großen fremden, gemeinsam hat. An seinem Hauptwerk hat er dreißig Jahre gearbeitet. Kraft seiner Gelehrsamkeit und leidenschaftlichen Anteilnahme sah er das 19. Jahrhundert als Ganzes; er, für den die Französische Revolution noch Aktualität besaß, hätte nicht sehr alt werden müssen, um 1914 noch zu erleben.

Um seinen Gegenstand zu erfassen, ging er tief ins 18. Jahrhundert zurück. Vielleicht ist die Exposition des ersten Bandes, *Die Politischen Sitten und die Traditionen*, der beste Teil des ganzen Werks. Hier wird die fromme Legende von dem wohlgeordneten, in einem zivilisierten Gleichgewicht befindlichen vorrevolutionären Europa zerstört, die noch in unseren Tagen von dem englischen Historiker Arnold Toynbee wiederbelebte Legende vom Krieg, der bereits im Begriff gewesen sei, definitiv aus der Welt zu schwinden. Er war, zeigt Sorel, nichts weniger als das, war so grausam wie je zuvor, die Staatsraison, welche ihn führen ließ, die kälteste, ruchloseste, zynischste, die es je gab. Das Brechen der heiligsten Verträge, das Schüren von Revolutionen beim Nachbarn oder auch ihr Unterdrücken, je nachdem; das Überfallen der Schwächeren, die Projekte zur Aufteilung ganzer Reiche, Deutschlands, der Türkei, Polens – nichts, was die Französische Revolution hier brachte, war eigentlich neu. Nicht einmal ihre Sprache war es; die schrill-verschwörerische, donnernde, selbstgerechte, klassisch-pompöse Sprache der Jakobiner wurde vor ihnen schon von den Fürsten gebraucht. Friedrich der Große über Kaiser Joseph II.: »Mit welcher infamen Droge haben wir es zu tun und wie, umgeben von Feinden und käuflichen Canaillen, können wir das Reich und seine Verfassung aufrecht erhalten und uns den schamlosen Räubereien des verruchten Wiener Tyrannen widersetzen?« (Dies natürlich auf französisch!)

Verwildert und von gärenden Gesellschaften vorwärtsgestoßen, war die europäische Diplomatie im Jahre 1789 auf die revolutionärsten Abenteuer vorbereitet, nur auf *die* Revolution nicht, deren Begriff sie nicht kannte. Folglich war sie hilflos ihr gegenüber. »Die Französische Revolution«, heißt es in Sorels Einleitung, »untergräbt die Basis und stößt das Gebäude des alten monarchischen Europa um, von Anfang an kraft ihres ersten Prinzips. Sie proklamiert die Souveränität des Volkes, sie bietet ihre Doktrinen als offenbare, überall gültige Wahrheiten an, sie bedroht alle Mächte, sie lädt alle Nationen ein, zu rebellieren und sich zu befreien. Das Erstaunlichste an dieser Geschichte ist nicht der Charakter der Doktrin, nicht die Glut der Propaganda, es ist die Gleichgültigkeit der europäischen Regierungen. Sie bemerken keine Vorboten des Sturmes; nachdem er ausgebrochen, betrachten sie ihn mit egoistischer Ruhe; erst dann, wenn die Fluten alle Dämme durchbrechen und ihr eigenes Land überschwemmen, erschrecken sie. Sie hatten die Gefahr nicht erkannt, sie waren nicht glücklicher darin, sie zu beschwören. Inkohärente Versuche, Akte voll von Widersprüchen, verwirrte, immer aufs neue abgebrochene Pläne, das ist alles, was sie ihr entgegensetzen.« Wer solches im Jahre 1935 las, der konnte nicht umhin, an das Europa seines eigenen Tages zu denken, um das, was er selber erlebte, besser zu verstehen.

Die Macht der Ideen, der neuen, aufwühlenden Ideen von 1789, unterschätzt Sorel keineswegs. Aber die Politik wird von Menschen gemacht, und Menschen sind keine Ideen, keine philosophischen Lehrtexte. Es sind Wesen aus Fleisch und Blut, Stolz und Gier und Furcht und Leidenschaft; von den Traditionen, die viel älter und tiefer in den Sachen wurzeln als die neuen Ideen, können sie sich nicht so leicht losreißen. Daher die unendliche Mühe, die Sorel sich gibt, diese Traditionen zu definieren, diese Individuen, die Männer, welche die Außenpolitik der Revolution machten, zu erkennen, von den Anführern des Konvents, den Ministern und Oberkommandierenden bis hinab zu den obskuren Agenten und Spekulanten des diplomatischen Geheim-Apparates. Da lernen wir, daß hinter den wilden Männern des »Wohlfahrtsausschusses« sich Legisten und Verwalter des königlichen Frankreich verbargen, gediegene Bürger, aus denen später ein Fürst und dreizehn Grafen, sechs Senatoren, sechs Staatsräte und fünf Präfekten hervorgingen. Sie waren es, die zu ihrer eigenen Überraschung schnell entdeckten, »unsere Tyrannen«, die Bourbonen, hätten eigentlich eine vorzügliche Außenpolitik, hätten von Heinrich IV. bis 1756 keine größeren Fehler gemacht, und ihre Prinzipien taugten noch immer; zum Beispiel jenes, aus keinem Krieg ohne eine gewonnene Provinz zurückzukehren und Frieden nur auf Kosten der Feinde, besonders der schwächeren, zu machen; zum Beispiel das Konkretere, den Rhein als Grenze des Königreichs zu erstreben. Zu den holländischen Republikanern, denen er eine ungeheure Kriegsentschädigung aufbrummt und die tief enttäuscht sich auf die frohe Botschaft der Revolution berufen, sagt Sieyès: »Die Ideen sind für die Schulen, das Interesse ist für den Staat.« – Die Ironie dieser Entwicklung mag kalt lassen, wenn man über sie in ein paar Zeilen referiert; in der Farbigkeit der von Sorel aneinandergereihten Dokumente gehört sie zum Faszinierendsten, mitunter zum Komischsten, was je aus der Feder eines Geschichtsschreibers kam.

Und die Portraits: Hunderte und Aberhunderte von ihnen. Den späteren directeur Reubell schildert der Historiker so: »Reubell war ein ehemaliger Advokat am souveränen Gerichtshof des Elsaß, ein geriebener und ränkefreudiger Politiker, arrogant, dickköpfig, sogar brutal im Charakter und in den Manieren, durch Widerspruch in wütende Ungeduld zu jagen, gierig nach Macht und gierig nach Geld, wenig haltend von den Tugenden der anderen, die seinen nach dem Interesse lenkend, in der Führung der Geschäfte ohne andere Grundsätze als jene, welche er aus den gelenkigen Formeln der Rechtsprozedur gewann. Fanatischer Republikaner zuerst, blieb er ein treuer; aber an der Republik liebte er vor allem den Staat; im Dienst an ihm exhibierte er den Dünkel des Winkeladvokaten, der über die höchsten Militärs gesetzt wird, die Aufgeblasenheit des Plebejers, der Könige demütigen darf. Früher hatte er mehrere im Elsaß begüterte deutsche Fürsten vertreten und gegen andere Fürsten Prozesse geführt. Er kannte das Gewühl der innerdeutschen Streitigkeiten, er fühlte für das Reich, seine Verfassung, seine kaiserlichen Gerichte, seinen Reichstag, seinen unmittelbaren Adel, seine geistlichen Fürsten, den Haß des revolutionären Legisten, verschärft durch die Ressentiments des elsässischen Bourgeois. Er gehörte zu jenen Politikern, die, weil sie die Nation nicht verstanden, sie von außen her, durch Diversionen gegen außen zu führen gedachten. Frankreich wollte er durch Europa regieren, Europa durch französische Kanonen, wobei er die Siege vor allem nach den materiellen Vorteilen beurteilte, die sie einbrachten, und für die Republik wie für den einzelnen kannte er keinen anderen Gewinn als solche, die man im Land investiert.« Oder hier ein erster Kurzbericht über das Verhältnis zwischen Talleyrand und Fouché: »Die beiden verfolgen sich mit Eifersucht, verleumden, verabscheuen einander; verbunden ihr Leben lang trotz der Antipathie, die sie einander unerträglich macht; vor denselben Wagen gespannt, ein Paar im Geschirr, ziehend im Widerstreit, immer versuchend, der eine den anderen aus der Spur zu stoßen. Gewesene Priester alle zwei, bewahren sie in ihrem neuen Glücks-Schicksal die alten Antipathien. Antipathie, im Falle Fouché, des bürgerlichen Seminaristen, des priesterlichen Schulmeisters aus der Provinz, gegen den Grandseigneur, den Generalagenten des Klerus, den Hofprälaten; des Emporkömmlings gegen den Deklassierten; des verheirateten, ernsthaft verheirateten Mönchs, der zum Familienvater wurde, gegen den bischöflichen Renegaten und Freidenker von Welt; des langfingrigen Ökonomen, der spart und das Gesparte solide anlegt, gegen den Spieler, den Verschwender und unverschämten Schuldenmacher; des mageren, bleichen Kümmerlings mit dem Mardergesicht, den grauen Spürhundaugen, der eine schlimmere Kutte, die des Terroristen und Atheisten, ablegte, um die Maske des jovialen Biedermannes anzunehmen, aber immer noch dürftig ist in der Kleidung, in der Haltung, in den Manieren, gegen den revolutionären Aristokraten, den eleganten, nonchalanten, verführerischen, dreisten, auch im republikanischen Dienst die Haltung des großen Höflings Wahrenden; Antipathie schließlich der vulgären Polizei gegen die noble Diplomatie, das Tor zur großen Welt, nach deren Gunst Fouché sein Leben lang schmachtet und die ihn doch nie als ihresgleichen aufnimmt. Um diese beiden in das Kabinett Ludwigs XVIII. zu führen, den einen hinkend, den anderen wankend, beide aufeinander gestützt, wird es manchen Jahres bedürfen, einer längeren Frist, als sie jetzt dem Leben Bonapartes zutrauen...« Ich habe schlecht übersetzt. Man *kann* das nicht befriedigend übersetzen, so wenig wie ein Gedicht.

Die große These Sorels ist, daß der zweiundzwanzigjährige Krieg zwischen dem neuen Frankreich und dem alten Europa nicht so sehr ein »ideologischer« Krieg war, als vielmehr ein Grenzkrieg alten Stiles, ein Krieg um Land. Nicht um ihren Brudermonarchen zu retten, sondern um das Königreich zu berauben, seien Europas Könige ursprünglich ausgezogen. Ihrerseits machte die siegreiche Republik aus der Verteidigung nur zu bald einen Krieg in der Nachfolge Ludwigs XIV. Der Knoten des Dramas liegt im Frieden von Basel, in der Rheingrenze, welche Preußen hier akzeptierte, Europa aber auf die Dauer nie akzeptieren würde. Also »war die Zukunft der Krieg. Die sehr kurze Periode, und innerhalb dieser Periode die sehr flüchtigen Momente, in denen die Völker Herr über ihr Schicksal sind und es entscheiden, waren für die französische Republik vorbei.« Von da an, für die nächsten zwei Jahrzehnte, war alles vorgezeichnet. Die weiteren Eroberungen Frankreichs, das ganze Grand Empire Napoleons versteht Sorel als eine Reihe immer weiter vorgeschobener Bastionen, um das Eigentliche, die Rheingrenze, zu halten; eine Kette von Gelegenheiten, die man frei zu ergreifen glaubte und prunkvoll ausschmückte, im

Grunde aber gezwungenermaßen ergriff. Es gab ein Vorwärts, aber kein Zurück. Begann man zurückzugehen, so mußte man zurück bis zu dem Punkt, von dem man ausgegangen war; was denn 1813 auch geschah und in der Dauer eines einzigen Jahres vollendet wurde... Im Lichte dieser Ansicht ist stimmig, daß Sorel Napoleons kaiserliches Abenteuer nicht ganz so ausführlich behandelt wie die Außenpolitik der Revolution – drei Bände gegen fünf – und daß sein Schritt schneller und schneller wird, je näher er dem Ende kommt. Es ist wie ein langgedehnter fünfter Akt. Hinter der Großartigkeit des Persönlichen verbirgt sich ein Automatismus, der nur noch *einen* Ablauf zuläßt.

Warum konnte Frankreich nie haltmachen – Wohlfahrtsausschuß und Directoire so wenig wie Napoleon? Die Frage ist falsch, ist undialektisch gestellt; sie weiß nichts vom Wesen des politischen Kampfspieles, in dem einer den anderen zwingt und nur das vielfältige Ganze das Ganze erklärt. Das Erreichte war beständig bedroht, der Zusammenbruch zwei- oder dreimal nahe, 1794, 1799, 1809. Der Hauptgegner, England, würde einen Stillstand nie erlauben, sondern ihn in Kapitulation verwandeln. – Es ist ein Gedanke, der sich auch auf andere europäische Krisen anwenden ließe.

Warum mußte Frankreich annektieren, Belgien zuerst, Rom, Hamburg, Dalmatien zuletzt, anstatt sich mit verbündeten freien Republiken zu umgeben? Auch diese Frage, antwortet Sorel, ist falsch gestellt, weil sie absieht vom Sein und Wesen der Protagonisten. Die Französische Revolution konnte vieles. Das eine, was sie nicht konnte, was ihr, wie den alten Römern, radikal wesensfremd blieb, war der Aufbau eines freien Föderativ-Systems. Les jeux sont faits – wieder und wieder teilen diese Einsicht und dies Gefühl sich dem Leser mit.

Eine Analyse der Verträge von 1815 macht den Schluß und kehrt zum Anfang zurück. Der Geist des Wiener Kongresses war nicht der einer Wiederherstellung der alten Ordnung. An ihr gab es nichts wiederherzustellen. Prinzipien wie das der Legitimität, des gemeinsamen Kampfes gegen die Revolution, der Verteilung von Macht im Sinne eines stabilen Gleichgewichts, der gesamteuropäischen Verantwortung und Garantien waren völlig neu und die schwer geborene Frucht dieser zweiundzwanzig Jahre.
Etwas anderes, was ich von Sorel lernte: es ist immer Altes im Neuen oder steigt in den verschiedensten Verkleidungen wieder auf; so der alte zaristische Imperialismus in der neuen Sowjetunion, deren Gründer, Lenin, im Ernst mit jener Tradition hatte brechen wollen, ebenso wie Robespierre mit der des Ancien régime. Und es ist immer auch schon Neues, Vorbereitendes im Alten. Es war Revolution schon vor der großen Französischen gewesen. War nicht Kaiser Joseph II. ein wahrer Revolutionär? Er, der alle Mönchsorden, mit Ausnahme der praktisch nützlichen, der lehrenden oder pflegenden, unterdrückte, dessen Minister, Kaunitz, den Papst mit ausgeklügelten Unverschämtheiten empfing; der die Zensur, der die Todesstrafe abschaffte und sich anschickte, sein buntes Reich zu zentralisieren, was dann in den »österreichischen Niederlanden«, in Belgien, zu einer Art von Gegenrevolution führte. Hatte nicht die französische Monarchie der amerikanischen Revolution zum Siege verholfen, um sich an England wegen des Verlustes von Kanada zu rächen, hatten nicht die ungeheuren Ausgaben für diesen Hilfskrieg die finanzielle Katastrophe des Staates verschuldet?... Keine Epoche gehorcht einem einzigen Nenner. Eine starke Tendenz der Zeit wogt gegen die andere, verneinend, was die erste will, oder auch in sie übergehend. Es war dies eine Lehre, die ich aus Sorels Lek-

türe zog; schon in Saint-Cloud hatte ich das Werk zu studieren begonnen, später konnte ich die acht Bände kaufen.

Von den »Französischen Mémoires« spricht noch Hegel als von einer Besonderheit jenes Landes. »Sie sind oft von geistreichen Köpfen über kleine Zusammenhänge geschrieben und enthalten häufig viel Anekdotisches, aber oft sind sie auch wahre historische Meisterwerke, wie die des Kardinals von Retz; diese zeigen ein größeres geschichtliches Feld.« Retz las ich neunzehnjährig während eines kurzen Sommersemesters in Paris. Die Memoiren Richelieus kamen viel später dran, und ganz studierte ich sie nie, sie sind auch gar zu lang; vor allem las ich, was ich für meine Wallenstein-Biographie brauchen konnte. Die Französische Revolution und das Kaiserreich brachten dann einen unübersehbaren Schwall von Memoiren hervor, von Politikern wie Talleyrand, Fouché, Barras, Caulincourt, Pasquier, von Militärs wie Marmont, Macdonald, Gouvion, Marquis de Saint-Cyr und unzähligen anderen. Im allgemeinen nehmen es die Militärs genauer als die Politiker, die gern ihre eigene Rolle beschönigen und über ihre Irrtümer, in Fouchés Fall über frühe blutige Verbrechen, elegant hinweggehen.
In Deutschland machten noch im 18. Jahrhundert zwei entschieden »französische« Fürstlichkeiten, Friedrich der Große und seine Schwester Wilhelmine von Bayreuth, eine Ausnahme, wobei Friedrich seine Memoiren *Geschichte meiner Zeit* nannte; und natürlich schrieben beide auf französisch. Die französische Memoirenlawine, die nach 1815 losbrach, wirkte ansteckend auch auf Deutschland; der Freiherr vom Stein schrieb im Ruhestand eine Autobiographie, so der Bayer Montgelas, so Metternich, wobei der Held meiner ersten Biographie, Metternichs Berater Friedrich von Gentz, ihm für die napoleonische Zeit, zumal das entschei-

dende Jahr 1813, schriftstellerische Hilfe leistete. Metternichs letztes vielstündiges Gespräch mit Napoleon liest sich wie die große Staatsszene eines Dramas von Schiller; vielleicht war es in Wirklichkeit ganz so schön nicht. Zum Beispiel läßt Napoleons Privatsekretär, der gegenwärtig war, den Kaiser ausrufen: »O Metternich, Metternich, wie viel Geld hat England Ihnen bezahlt, um diese Rolle gegen mich zu spielen?« So etwas erfindet man nicht, aber Metternich verschweigt es.

Erst gegen Ende des 19. Jahrhunderts wurde auch in Deutschland das Memoirenschreiben der Politiker zur Beinahe-Selbstverständlichkeit; wobei Bismarck mit seinem blendend geschriebenen oder, richtiger, diktierten Werk den Durchbruch vollzog. Er begann auch mit dem Geld-Verdienen durch Memoiren, indem er sich von Cotta einen Vorschuß von 100 000 Goldmark bezahlen ließ. (Nebenbei bemerkt heißt sein Werk *Erinnerung und Gedanke* im Singular: so wird es auch in der einzigen wissenschaftlichen Ausgabe genannt. Es war der Herausgeber, ein Gymnasialprofessor, der die beiden Wörter umdrehte und in den Plural setzte, ohne Zweifel im Einverständnis mit des Autors Erben.)

Und nun gab es kein Halten mehr bis zum heutigen Tag. (Mich selber darf ich insofern ausnehmen, als ich weder Politiker noch Militär war, nur Schriftsteller, nur Beobachter.) Von den französischen Mémoires, die ich in Rennes las, genauer gesagt, zum Teil las, in einem aus der Universitätsbibliothek entliehenen Exemplar, interessierten jene von Chateaubriand mich am meisten; mindestens schrieb ich mir so manches daraus ab. Jedoch kann ich nicht sagen, daß dieser überaus eitle und egozentrische Romantiker mir besonders sympathisch gewesen wäre. Wohl kann man zugleich Schriftsteller und Politiker sein; das hat zum Beispiel

Disraeli glanzvoll bewiesen. Chateaubriand aber war eine Bastard-Mischung von beidem. In seine kurze Zeit als Außenminister unter Ludwig XVIII. fiel Frankreichs militärische Intervention in Spanien, die auf dem letzten Kongreß der »Heiligen Allianz«, dem in Verona, gegen den Willen der Briten beschlossen worden war. Es galt, in Spanien eine Revolution, in Wahrheit eine liberale und konstitutionelle Bewegung zu ersticken, um den König Ferdinand VII., das schlimmste Ungeheuer, das je den spanischen Thron verunzierte, wieder zum absoluten Herrscher zu machen. Der militärische Sieg der Franzosen war ein nur allzu leichter; worauf der König von Frankreich dem König von Spanien zu weiser Mäßigung riet: »Eine blinde Willkürherrschaft dient nicht zur Stärkung der Macht des Monarchen, sondern zu ihrer Schwächung. Erkennt diese Macht kein Gesetz an, so erliegt sie bald ihren eigenen Launen...« Vergebliche Mahnungen; Ferdinand genoß die Rache, die er nun an den Liberalen nehmen konnte, in widrig vollen Zügen. Von diesem Krieg sprach Chateaubriand stolz als von »meinem«. Wie wenig er von der weiten Welt verstand, bewies er auch durch seine Beurteilung der Situationen in Hispanoamerika; es sei unbedingt notwendig, jene Reiche, von Feuerland bis Mexiko und Kalifornien, der spanischen Krone wieder zu unterwerfen, zumal andernfalls die Republikanisierung ganz Europas unvermeidlich sei. »Du hast ja keine Ahnung!« hätte man ihm da antworten sollen. Zur selben Zeit bewies Metternich, kein Romantiker, wohl aber ein echter Politiker, in einer Denkschrift die totale Unmöglichkeit, Lateinamerika wieder unter die Herrschaft Madrids zu zwingen. Es ist ja dann auch die »Republikanisierung Europas« erst im 20. Jahrhundert erfolgt und ohne einen Schatten von Zusammenhang mit der hispanoamerikanischen hundert Jahre früher.

In Chateaubriands *Memoiren von jenseits des Grabs* – so betitelt, weil er sie sich zu Lebzeiten bezahlen ließ, ihre Veröffentlichung jedoch erst nach seinem Tode erlaubte – interessierten mich die Anfänge seines Emigrantendaseins in England am meisten. Da hungerte er fürchterlich, zusammen mit einem Freund, den er eines Morgens mit einer schweren Dolchwunde in der Brust auf seinem Lager vorfand; er hatte sich, eben des Hungers wegen, das Leben nehmen wollen. Seine eigenen Hungerqualen beschreibt er: »So vergingen fünf Tage. Der Hunger verschlang mich; er brannte in mir; ich konnte nicht schlafen; ich saugte an einem Wäschestück, das ich in Wasser getaucht hatte; ich nagte an Gräsern und an Papier. Eine wahre Folter war es, an einem Bäckerladen vorbeizugehen. Während eines kalten Winterabends stand ich volle zwei Stunden vor einem Geschäft, welches getrocknete Früchte und geräuchertes Fleisch feilbot, mit den Augen verzehrend, was ich sah; nicht nur die Eßwaren, auch die Büchsen und Körbe hätte ich noch zerbissen.« Da nun läßt es der Autor sich nicht nehmen, die Situation, von welcher er erzählt, mit seiner gegenwärtigen zu kontrastieren: »Jene, die meine Memoiren lesen, können nicht wissen, daß ich sie zweimal unterbrach: Einmal, um dem Herzog von York, Bruder des Königs von England, ein großes Diner zu offerieren; ein zweites Mal, um den Tag, an dem der König von Frankreich – 1815 – nach Paris zurückkehrte, den 18. Juli, mit einem Fest zu ehren. Dies Fest kostete mich 40 000 francs. Die Pairs des Britischen Reiches mit ihren Damen, die Botschafter, die Fremden von Distinktion, füllten meine großartig geschmückten Salons. Meine Tische leuchteten vom Glanz Londoner Kristalle und dem Gold des Porzellans aus Sèvres. Es fehlten nicht die köstlichsten Speisen und Weine, die schönsten Blumen in Überfülle...« Und noch mehr in die-

sem Sinne. Selber habe ich als junger Emigrant auch mitunter gehungert, in Lagern und Gefängnis es reichlich unbequem gehabt. Aber solches mit meinen Lebensumständen ein halbes Jahrhundert später zu kontrastieren – welche Geschmacklosigkeit! Freilich bin ich auch kein königlicher Botschafter in London, wie Chateaubriand es damals war.
Mitunter unterbricht er sich mit philosophisch merkwürdigen Beobachtungen. So während einer Reise durch das deutsche Frankenland, 1833: »Ein Reisender, der im Jahre 1933 durch Franken kommt, mag meinen Schatten fragen, ob ich mir die Dinge wohl habe vorstellen können, die er jetzt sieht?« Dazu mein Kommentar im Tagebuch: »Es ist selten, daß man auf diese Idee trifft; die beeindruckt mich stark. Sie erinnert mich an den Satz Hegels, den ich nie so recht verstehen konnte: ›Der Geist ist wesentlich itzt.‹« Die Vergangenheit ist für die Gegenwart, die Zukunft existiert nicht. Wer konnte im Jahre 1833 den NS-Parteitag »Triumph des Willens« in Nürnberg, eben in jenem schönen Frankenland, sich erträumen?
Eine andere Seite jener Memoiren aus der frühen Londoner Zeit waren die grauenvollen Nachrichten, die aus Frankreich herüberkamen und in englischen Zeitungen nachgedruckt wurden: so die Ausrottung der Verwandtschaft Chateaubriands durch drei Generationen an einem Tag, in der gleichen Stunde; wobei der Älteste, Chrétien de Malesherbes, der Guillotinierung der Jüngeren zuschauen mußte, um als letzter dranzukommen. Malesherbes war einer der Reformminister Ludwigs XVI. gewesen, die sich gegen den törichten Widerstand des Adels und der »Parlamente« nicht hatten durchsetzen können. Im Prozeß gegen Ludwig hat er tapfer dessen Verteidigung übernommen und konnte, als er nun selber vor Gericht stand – das dauerte im Höchstfall ein paar Stunden, später ein paar Minuten – seine Rede mit den

Worten beginnen: »Ich habe das Volk gegen den König verteidigt und den König gegen das Volk.« Schöne Worte, die ihm nicht das mindeste halfen. Mit ihm starben seine Tochter, Madame de Rochambeau, seine Enkelin, Comtesse de Chateaubriand, und deren Gatte, Conte de Chateaubriand, älterer Bruder des Memorialisten. Verschont blieb dessen Mutter, was sie, wie viele andere, dem »Neunten Thermidor«, dem Sturz Robespierres, zu verdanken hatte. Sie blieb allein im Gefängnis, der Conciergerie, zurück. Dort fand sie ein Kommissar. »Was machst du denn hier noch, Bürgerin?« Sie habe ihren Sohn verloren, sie wisse von nichts mehr; wo sie sterbe, sei ihr gleichgültig. »Hast du denn keine anderen Kinder?« Sie nannte die Gattin des Autors und seine Schwester, die im Gefängnis von Rennes auf ihr Urteil warteten. Nun wurde ein Befehl nach Rennes geschickt, die Gefangenen in Freiheit zu setzen und ihre Mutter zu sich zu nehmen... Die letzten Opfer von Robespierres Wahnsinn sind die traurigsten; ein paar Tage Verzögerung, und sie wären gerettet worden. Der General de Beauharnais, erster Gatte der späteren Kaiserin Joséphine, wurde am vierten Thermidor umgebracht, der Poet André Chénier, ein Engel der Unschuld, am achten. Dank eines glücklichen Aufschubes blieb Joséphine am Leben.

Vergebens wird man »La Terreur«, die Herrschaft des Schreckens, rational erklären, wie vielfach geschah. Stark überwiegend war sie Machtrausch und Blutrausch, dem so mancher nur dadurch entging, daß er ihn selber mitmachte. So meint die kluge Hortense de Beauharnais, Joséphines Tochter, in ihren Memoiren. Wenn das Rationale der Revolution, und das ist die Ansicht der Soziologen des 19. Jahrhunderts, so Marxens und aller Marxisten, so vor ihnen Lorenz von Stein, die Vernichtung des Feudalismus durch die Bourgeoisie und keineswegs zugunsten des Proletariats war, was hatte denn die Bourgeoisie gegen den alten, weisen Malesherbes, dessen Reformen durchaus in ihrem Sinn gewesen wären? Und wenn man eine Zusammenarbeit zwischen den inneren Gegnern der Revolution und deren äußeren, dem lächerlich schnell gescheiterten »Kreuzzug der Könige« fürchtete, was hatte Malesherbes und sein Clan mit dieser Befürchtung zu tun? Heute sind französische Historiker bereit, die schöpferischen Leistungen der Revolution von ihren sinnlosen Greueln zu unterscheiden, mit letzteren aber sehr scharf ins Gericht zu gehen, wie schon Jean Jaurès getan hatte. In einem kürzlich erschienenen Werk wird der erbarmungslose Kampf gegen die Rebellen in der Vendée, Royalisten nicht so sehr wie treue Katholiken, geradezu als »génocide« bezeichnet. Und das ist gut: eine Entmythifizierung der Revolution zugunsten der komplexen, hartnäckigen Wahrheit. Indem ich dies schreibe, werden in Paris die Zweihundertjahr-Feiern vorbereitet; ich bin recht neugierig auf sie.

Ein Urenkel des Märtyrers Malesherbes – und Neffe Chateaubriands – war Alexis de Tocqueville. Der ist mir nun unvergleichlich lieber als sein romantisch-geistreicher, egozentrischer, zuletzt auch ein wenig opportunistischer Oheim. In Saint-Cloud las ich Tocquevilles unvollendetes Spätwerk *Das Alte Regime und die Revolution* und schrieb mir manches daraus ab. Sein Hauptwerk, *Über die Demokratie in Amerika*, zwei dicke Bände, studierte ich erst, als ich, für einige Zeit, amerikanischer Bürger geworden war. Darüber existiert ein Essay, *Tocqueville und das Amerika von heute*, aufgenommen in meine Essay-Sammlung *Geschichte und Geschichten*. Hier darf ich nur weniges darüber sagen.

Tocqueville war ein Aristokrat von Haus aus und konnte seine Herkunft nicht verleugnen. Auch sein Vater gehörte zu jenen, die der Guillotine nur dank des »Neunten Thermidor« entgingen. Die Haare des Zweiundzwanzigjährigen waren weiß, als er mit seiner Frau die Conciergerie verließ. Alexis, der dritte Sohn: klein von Gestalt, von zarter Gesundheit und ohne die Rednergabe, die ein französischer Politiker noch zu jeder Zeit haben mußte. Melancholisch machte ihn sein erstaunlicher Fernblick. Seine Augen durchleuchteten die Zukunft wie auch das politische Personal der Gegenwart, dessen Repräsentanten er in seinen Erinnerungen – sie handeln nur von den Jahren 1848–1850 – wunderbar und nicht ohne Ironie, nicht ohne Skepsis portraitiert; so Louis Philippe, den »Bürgerkönig«, so den »Prinzpräsidenten«, Louis Napoléon Bonaparte, dessen Außenminister er für kurze Zeit war, dessen Staatsstreich – *»Der 18. Brumaire des Louis Bonaparte«* – er jedoch verdammte, indem er so weit ging, die Verhaftung des Prinzen zu fordern, womit seine politische Karriere ein Ende nahm. Über Louis Napoléon: »Er hatte als Privatmann gewinnende Eigenschaften; eine wohlwollende und leichte Umgangsart, einen menschenfreundlichen Charakter, ein sanftes und fast zärtliches, wenn auch nicht zartes Gemüt, eine vollendete Einfachheit und eine gewisse persönliche Bescheidenheit, trotz des ungeheuren Stolzes auf seine Herkunft... In der Unterhaltung war er schwerfällig und unersprießlich; er verstand nicht die Kunst, die anderen zum Sprechen zu bringen... Der Gabe, sich zu verstellen, die er sich in einem Leben voller Verschwörungen angeeignet hatte, waren die Unbeweglichkeit seiner Züge und sein nichtssagender Blick besonders förderlich; denn seine Augen waren trübe und undurchsichtig, wie die Bullaugen einer Kajüte, die das Licht durchlassen, ohne daß man durch sie hinausschauen kann... Sein Verstand war unzusammenhängend, unklar und voll von ins Weite gehenden, aber schlecht begründeten Gedanken, die er bald dem Vorbild

Napoléons, bald sozialistischen Theorien, manchmal auch seinen Erinnerungen an England entnahm, wo er gelebt hatte; sie gingen also auf sehr verschiedenartige und oft einander kraß widersprechende Quellen zurück. Er hatte sie in einsamen Betrachtungen, unberührt von den Dingen und den Menschen, mühsam gesammelt, denn er war seiner Anlage nach ein Träumer, der gern Hirngespinsten nachjagte. Dennoch besaß er, wenn man ihn dazu zwang, die Fähigkeit zu einem richtigen, nicht selten scharfsinnigen und umfassenden, manchmal sogar tiefen Urteil; aber er war seiner selbst nie sicher und immer bereit, einem richtigen Gedanken einen aberwitzigen zur Seite zu stellen... Zugleich muß man gestehen, daß, wie die Dinge nun einmal lagen, sein Erfolg und seine Stärke mehr auf seiner Narrheit als auf seinem Verstand beruhten; denn die Welt ist ein sonderbares Theater: Wäre Louis Napoléon ein Weiser oder ein Genie gewesen, so wäre er nie Präsident der Republik geworden.« Wie, mag man hier hinzufügen, Tocqueville selber von einem solchen Amt nicht einmal träumen konnte.

Die Reise, die er sechsundzwanzigjährig zusammen mit seinem Freund Beaumont in die USA unternahm, hatte einen amtlichen Zweck: die beiden jungen Leute sollten dem Innenministerium über das amerikanische Gefängniswesen berichten. Die persönliche Absicht Tocquevilles war jedoch eine ganz andere: Überzeugt davon, daß Demokratie das unvermeidliche Schicksal Europas sei, wollte er sie kennenlernen, wo es sie schon gab, eben in Nordamerika. Sein Hauptwerk, das ihn alsbald berühmt machte, in England und Deutschland wie in seiner Heimat, war die Frucht dieser Reise. Die beiden Hauptfragen des Autors: Wie kann Demokratie mit Ordnung – im Gegensatz zur »Unregierbarkeit«, von der heutzutage so viel die Rede ist – und wie kann sie mit persönlicher Unabhängigkeit oder Freiheit verbunden werden? An der zweiten Frage lag Tocqueville noch mehr als an der ersten. Daß Demokratie in die Tyrannei einer von Demagogen geführten Mehrheit gegenüber allen Minderheiten ausarten kann, soviel wußte man aus dem Gemeinwesen ihres Ursprungs, dem alten Athen, das keinen Sokrates duldete. Dagegen gab es in Amerika ein System von »checks and balances«: den Föderalismus, das ständige Sich-aneinander-Reiben von Kongreß und Weißem Haus; den Obersten Gerichtshof; und, daran lag dem Autor am meisten, das hohe Bildungsniveau des Senats, verglichen mit dem ungleich geringeren des Repräsentantenhauses. Das war alles einigermaßen in Ordnung und so übel nicht, wenn es von Europa auf die eine oder andere Weise übernommen würde. Aber die Gefahren gingen tiefer. Die Grundfragen, welche Tocqueville der modernen Demokratie stellt, sind doppelter Art: Wie sind in einer vollendeten Demokratie noch Autorität, Verantwortung, Ernst und Zusammenhalt möglich? Und wie ist dort noch freie Selbstverwirklichung möglich? Beide Grundfragen gehen zurück auf Tocquevilles eine, am tiefsten dialektische Einsicht: jene, wonach unsere modernen Gesellschaften zugleich von Gebundenheit und Ungebundenheit bedroht sind. Gebunden ist der einzelne durch das Kollektiv, durch die Regeln und Gewohnheiten und Interessen, durch die Unterhaltungen und Befriedigungen, die ihm geliefert werden und ihm das Abenteuer freier, persönlicher Gestaltung des Lebens ersparen. Eben darum ist er ohne den Ernst persönlicher Bindungen und Loyalitäten, wie sie nur innerhalb überschaubarer Gruppen wachsen können; so daß der einzelne zugleich zu frei und nicht frei genug wäre. Noch gibt es in Amerika Gegengewichte, aber sie sind spezifisch für dies Gemeinwesen in dieser Zeit. Wo immer Tocqueville von jetzt noch obwaltenden konkreten amerikanischen Bedingungen abweicht, entartet sein Werk ins Spekulative, Negativ-Utopische. Er sieht dann alle Nationen einander gleich werden; er sieht einförmige Massen einsamer und auf unmerkliche Art gebundener Menschen, leichtlebig und wohllebig, nicht auf hervorragende Leistungen bedacht, ohne Willen, ohne Ernst; er sieht einen Despotismus, wie es ihn vorher nie gab, der unbewußt ausgeübt wird von den Massen über sich selber durch Myriaden von Regeln, durch den Nachahmungs- und Sicherheitstrieb. Es wäre ein Despotismus, der zusammenzwingt und auch trennt, Gleichheit und auch Einsamkeit bewirkt. Von dem, was wir heute die »Massenmedien« nennen, hat der Autor freilich nichts gewußt, nichts von der unabdingbaren, den Sieg entscheidenden »Telegenität« eines Kandidaten für die amerikanische Präsidentschaft.

Für seine Person blieb Tocqueville ein voll bewußter Aristokrat, wiewohl er seinem Stand durchaus keine Zukunft gab. Seine Korrespondenz mit dem Grafen Gobineau gibt uns ein Beispiel dafür. Gobineau, elf Jahre jünger als Tocqueville, war während dessen kurzer Außenministerzeit sein Kabinettschef gewesen. Danach wurde er ein vielgereister Diplomat, in Asien wie in Südamerika, Historiker – *Die Geschichte der Perser* –, historisierender Dichter – *Die Renaissance* – und Kulturphilosoph – *Essay über die Ungleichheit der Rassen*, das Riesenwerk, das ihn berühmt machte. Gobineau und Tocqueville waren Freunde. Aber nie, in ihrem dichten Briefwechsel, hätten sie sich mit »Mon cher ami« angeredet; »Monsieur« – dabei blieb es. Und bei solcher ständisch-kühlen Höflichkeit schrieben sie einander die ärgerlichsten Wahrheiten. Zumal Gobineaus Werk über die Rassen erregte Tocquevilles weitblickenden Zorn. Ob denn der Autor nicht merke, daß seine Leser dem *Essay* nur entnähmen, was ihren eigenen Interessen und Passionen entsprach, so die Verteidiger der Sklaverei in den USA das, was der Autor über die schwarze Rasse zu sagen hatte? Als er diese Warnung niederschrieb, stand man drei Jahre vor dem Ausbruch des amerikanischen Bürgerkrieges. Über die Wirkung, die das Werk in Deutschland haben werde: »Ich glaube also, daß die Chance Ihres Buches von außerhalb Frankreichs nach Frankreich zurückkehren wird, vor allem aus Deutschland. Die Deutschen besitzen als die einzigen in Europa die Neigung, sich für abstrakte Wahrheiten zu begeistern, ohne sich um deren praktische Folgen zu kümmern. Die Deutschen also werden Ihnen ein überaus günstiges Publikum liefern, und dessen Überzeugungen werden über kurz oder lang ein Echo auch in Frankreich finden, zumal in unseren Tagen die zivilisierte Welt nur noch ein einziges Land darstellt…«

Soviel über die französischen Historiker – die klassischen, nicht die von heute oder gestern.

Zur französischen Literatur

Von ihr zu sprechen heißt das Meer austrinken wollen – »une mer à boire«. Aber dies gehört wohl zu meinem Unternehmen, soweit ich diese Literatur in jenen Jahren aufnahm und ihr treu blieb. Als ich nach Saint-Cloud kam, hatte ich wohl ein paar Neuerscheinungen gelesen, ich erwähnte sie schon, aber nicht einen einzigen der klassischen Romane. Nun begann ich mit *Madame Bovary* und fragte einen meiner Studenten, wie es denn ausgehe. Er, auf deutsch: »Madame Bovary sich mördert.« – »Ach, wirklich? Das hätte ich nicht gedacht!« Dies nur als Beispiel meiner barbarischen Unwissenheit.

Was mir bald auffiel: die Frühreife der französischen Sprache. Stendhal rät Beginnern, vor allem die Autoren des 17. Jahrhunderts zu lesen: das beste Französisch finde man dort. Wie unfertig war das Deutsche noch zur selben Zeit! Wirklich kann ich als Laie seit dem 17. Jahrhundert im Französischen keine wesentlichen Veränderungen mehr finden. Das soll sich nun freilich in den letzten Jahrzehnten gründlich geändert haben, dank der Jugend, die Tausende von neuen Vokabeln erfand; schon gibt es ein zweibändiges Lexikon, das nur von ihnen handelt. Und das scheint mir gut: eine Sprache muß leben, sie darf nicht erstarren. Auch die Große Revolution hat sprachlich kaum Neuerungen gebracht.

Was nun das 17. Jahrhundert betrifft, so will ich nur zwei Autoren erwähnen, in denen ich immer wieder und immer mit Bewunderung las: La Rochefoucauld und La Bruyère.

La Rochefoucauld (1613–1680), Sproß einer großen Adelsfamilie, schrieb politische *Mémoires*, wie sollte er nicht, in denen es an geistvollen Portraits nicht fehlt. Berühmter und bequemer zu lesen sind seine *Réflexions ou Sentences et Maximes Morales*, wobei »moralisch« soviel wie psychologisch bedeutet; für sie einige Beispiele.

»Welche Entdeckungen man im Lande der Eigenliebe auch macht, es werden immer noch viele unentdeckte Gegenden bleiben.« Mit der »Eigenliebe« beginnt er und nimmt sich selber keineswegs aus.

»Die großen, glänzenden Staatsaktionen, von Politikern gern als Resultat großer Pläne dargestellt, pflegen in Wahrheit nur Folgen von Launen und Leidenschaften zu sein.« (Er mußte es wissen.)

»Die Leidenschaften sind die einzigen Redner, die stets überzeugen. Sie wirken unfehlbar wie die Natur selbst; der simpelste Mensch, der von ihnen angetrieben wird, überzeugt stärker als der erfahrenste Redner, dem sie fehlen.«

»Der Edelmut, den man als Tugend ausgibt, wird manchmal aus Eitelkeit praktiziert, manchmal aus Bequemlichkeit, oft aus Furcht und fast immer aus allen drei Motiven zusammen.«

»Wir haben alle Stärke genug, um das Elend eines anderen zu ertragen.«

»Die Standfestigkeit der Weisen ist nichts anderes als die Kunst, die Erregungen ihres Herzens zu verbergen.«

»Die Philosophie triumphiert leicht über die Schmerzen der Vergangenheit und die Schmerzen der Zukunft; aber die Schmerzen der Gegenwart triumphieren über alle Philosophie.« (Das könnte auch von Voltaire, hundert Jahre später, stammen. Man lese darüber seine Erzählung *Die beiden Getrösteten*, welche dasselbe ausführlicher und überaus komisch sagt.)

»Die Sonne wie den Tod kann man nicht festen Blickes ertragen.«
»Oft läßt man seine Leidenschaften erkennen, auch die allerbösesten; nur der Neid ist eine angstvolle und beschämende Leidenschaft, die man niemals einzugestehen wagt.«
»Das Böse, das wir tun, bringt uns nicht so viel Verfolgungen und Haß wie unsere guten Eigenschaften.«
»Wären wir nicht selber von so viel Fehlern gezeichnet, würde uns deren Entdeckung bei anderen nicht so reichliches Vergnügen bereiten.«
»Das Eigeninteresse spricht alle möglichen Sprachen und spielt alle möglichen Personen, sogar jene des Uneigennützigen.«
»Mit der wahren Liebe ist es wie mit Gespenstern: jeder spricht davon, aber nur wenige haben sie gesehen.« (Den gleichen Gedanken findet man in einem Gedicht von Frank Wedekind.)
»Die Liebe zur Gerechtigkeit ist bei den meisten Menschen nichts als die Furcht, selber Ungerechtigkeiten zu erleiden.« (Das hat Nietzsche von ihm übernommen!)
Und so Aberhunderte von kurzen, präzise formulierten Beobachtungen. Ein untief skeptischer Tiefblick; Erfahrung; keine Religion; kein System. Vergnügen an der Entlarvung, am Paradox. Daß er bei aller »Kritik des Herzens«, auch des eigenen, durchaus ständisch denkt, erkennt man aus einem einzigen kurzen, hochmütigen Aphorismus: »Die Manieren der Bourgeois verlieren sich manchmal in der Armee, aber niemals bei Hof.«
La Bruyère (1645–1696), der war ein Bourgeois, jedoch als Erzieher eines königlichen Prinzen dem Hofe nahe. Er soll unter seiner Herkunft gelitten haben. In seinem thematisch weit geschwungenen Essay *Die Charaktere des Theophrast aus*

dem Griechischen übersetzt mit den Charakteren oder Sitten dieses Jahrhunderts ist er auf den hohen Adel nicht gut zu sprechen:

»Der Vorteil der Wohlgeborenen über andere Leute ist ungeheuer in einem Punkt: ich gönne ihnen ihr feines Essen, ihre kostbaren Einrichtungen, ihre Hunde, ihre Pferde, ihre Affen, ihre Zwerge, ihre Narren, ihre Schmeichler; aber ich beneide sie um das Glück, in ihrem Dienst Personen zu haben, die ihnen an Herz und Geist ebenbürtig sind und sie zuweilen übertreffen.«

»Die Wohlgeborenen sind stolz darauf, eine Allee in den Wald schlagen zu lassen, Erdreich durch lange Mauern abzustützen, Zimmerdecken zu vergolden, viel Wasser herbeizuschaffen oder eine Orangerie einzurichten; aber ein Herz glücklich zu machen, eine Seele mit Freude zu erfüllen, schlimmste menschliche Not zu verhindern oder ihr abzuhelfen, so weit reicht ihr Interesse nicht.«

»›Er ist alt und verbraucht‹, sagt ein Wohlgeborener, ›er hat sich in meinem Dienst aufgerieben; was fange ich nun mit ihm an?‹ Ein anderer, der jünger ist, nimmt ihm seine Hoffnungen und erhält den Posten, den man dem Unglücklichen nur deshalb verweigert, weil er ihn gar zu hart verdient hat.«

Ein wahres Meisterwerk ist sein Portrait des »Ministre ou Plénipotentiaire« – des Diplomaten. Er »ist ein Chamäleon, ein Proteus. Manchmal einem geschickten Spieler ähnlich, zeigt er weder gute noch schlechte Laune, sei es, um nicht Anlaß zu Vermutungen zu geben oder sich nicht durchschauen zu lassen, sei es, um sein Geheimnis nicht aus Leidenschaft oder Schwäche preiszugeben. Mitunter wird sein Gesicht zur Maske, konform mit seinen Absichten, der Notwendigkeit, in der er sich befindet; es ist dann in seinem Interesse, daß seine Partner ihn sehen, wie er gesehen werden will. In überlegener Position oder in der großer Schwäche, die er verbergen will, spielt er den Unbeugsamen, um die Lust, *ihm* viel abzugewinnen, beim anderen zu dämpfen; oder er zeigt sich gefällig, um dem Partner die Chance des Forderns zu bieten und dann seinerseits zu fordern. Ein anders Mal scheint er profund geheimnisvoll, um eine Wahrheit zu verbergen, indem er sie halb ausspricht, weil es ihm wichtig ist, sie gesagt zu haben, aber so, daß man sie ihm nicht glaubt. Oder er ist frank und offen damit, wenn er verbirgt, was nicht bekanntwerden darf, die andere Seite jedoch glaubt, alles zu wissen, und meint, er habe alles gesagt. Er ist lebhaft, ein gewaltiger Redner, um die anderen zum Reden zu bringen, andererseits aber zu verhindern, daß man ihm von Plänen spricht, von denen er nicht sprechen will oder nichts wissen darf; statt dessen spielt er gleichgültige Dinge hoch, solche, die einander neutralisieren, solche, die im Geist seiner Partner Furcht und Vertrauen durcheinanderbringen... Er ist kalt und schweigsam, um die anderen zum Reden zu nötigen und um lange zuzuhören, damit man ihm zuhöre, wenn er redet, um dann aber seine Angebote und Drohungen mit Autorität zu formulieren, derart, daß sie den Partner zum Wanken bringen. Parteien, die einander Gegner waren, bringt er zusammen; solche, die sich vertrugen, hetzt er gegeneinander... Er spricht von Frieden, von Bündnissen, vom Interesse der Gesamtheit, während er nur an das seines eigenen Staates und seiner Auftraggeber denkt. Sein ganzer Horizont, alle seine Grundsätze, das ganze Raffinement seiner Politik haben nur einen Zweck: nicht betrogen zu werden und die anderen zu betrügen.«

Hier haben wir ein Portrait des Diplomaten im 17. Jahrhundert, zugleich witzig und realistisch; dem 18., dem 19. Jahrhundert durchaus nicht fremd, und nicht einmal dem 20. so

ganz. Nehmen wir als Beispiel die japanisch-russischen Friedensverhandlungen unter Präsident Theodore Roosevelt als Vermittler, nach dem Krieg von 1904–1905. Die Japaner waren als strahlende Sieger daraus hervorgegangen; beide russischen Flotten, die in Port Arthur und die am Anfang in der Ostsee stationierte, gingen zugrunde, die ostasiatische Armee der Russen war in heller Auflösung, wozu die Revolution im eigenen Lande kam. Aber ihre Unterhändler waren gut instruiert: man befand sich in einer flüchtigen Verlegenheit, nichts weiter. Auch waren ihnen die ungeheuren Schulden bewußt, in die Japan sich des Krieges halber gestürzt hatte. Das Resultat war, daß der Sieger sich mit vergleichsweise wenigem begnügte – mit nicht mehr als dem, was der ursprüngliche Gegenstand des Krieges gewesen war.
Ein anderes Beispiel, das freilich überaus kurze Portrait eines deutschen Diplomaten aus der Feder des britischen Publizisten Wickham Steed; es handelt sich um den deutschen Richard von Kühlmann, 1914, nach Lichnowsky der zweite Mann in der Londoner Botschaft: »Herr von Kühlmann personifizierte den sehr interessanten Typ des deutschen Diplomaten seiner Zeit: gemütlicher Kumpan auf der Oberfläche, aber von zynischer Liebenswürdigkeit und dabei ein arger Intrigant.« Merkwürdigerweise schildert Leo Trotzki, der die Friedensverhandlungen in Brest-Litowsk mit Kühlmann zu führen hatte, ihn sehr ähnlich, jedoch seine hohen Talente unterstreichend; letzteres um seinen eigenen Stern desto heller leuchten zu lassen, denn wie geistreich Kühlmann auch focht, der Russe gewann, wenn man ihm glauben will, doch jedes Rededuell mit ihm.
Von anderen in der Reihe jener »Moralisten«, dem frühesten, Montaigne, und jenen des 18. Jahrhunderts – Vauvenargues, Chamfort – will ich nicht sprechen, zumal ich nur flüchtigen Kontakt mit ihnen nahm. Nur einer, der dem 17.

wie dem 18. Jahrhundert angehört, denn er lebte von 1657 bis 1757, sei noch erwähnt: Fontenelle. Seine Werke besaß ich einmal, jedoch gingen sie mir verloren; Erkundigungen ergaben, daß sie momentan in keiner Ausgabe zu haben sind – traurig genug. Nur zwei Schriften des überaus fruchtbaren Gelehrten will ich erwähnten: seine Rede über den toten Leibniz und seine *Gespräche über die Vielheit der Welten*. Die Rede hielt er in der Pariser Akademie der Wissenschaften als deren langjähriger Sekretär: eine wunderbare Mischung aus Bewunderung, sachlichem Ernst und Humor; überaus lebendig und konkret, was die Lebensart des verstorbenen Philosophen betraf. Ein paar Zitate daraus: »Jenen Menschen des Altertums gleich, die bis zu acht Pferde auf einmal zu lenken vermochten, lenkte er alle Wissenschaften im Sturmschritt vorwärts ... Leibniz war nie verheiratet; mit fünfzig ging er mit dem Gedanken daran um; aber die Dame, die er im Auge hatte, erbat sich Zeit zum Nachdenken. Das gab auch Leibniz Zeit dazu, und er heiratete nie ... Er aß viel und trank wenig, wenn man ihn nicht zum Trinken zwang; und niemals Wein ohne Wasser. Bei sich zu Hause war er der absolute Herr, denn er aß allein. Die Mahlzeiten nahm er nicht zu geregelten Zeiten, sondern wenn es ihm paßte; er ließ sie vom Traiteur kommen ... Er machte sich Auszüge aus allem, was er las, und fügte seine Beobachtungen hinzu, worauf er seine Notizen irgendwo hinsteckte und nie wieder ansah. Sein Gedächtnis war ein ganz ungewöhnliches und entließ die aufgeschriebenen Dinge nicht, wie es sonst der Fall zu sein pflegt. Aber das Aufschreiben war notwendig, um sie für immer in seinen Geist einzugraben. Stets war er bereit, Fragen auf allen nur möglichen Gebieten zu beantworten, und der König von England nannte ihn sein ›lebendiges Lexikon‹ ... Leibniz pflegte einen ungeheuer dichten Briefwechsel. Auf die

Arbeiten und Projekte anderer liebte er einzugehen; er half mit seinen Urteilen; er ermutigte und gab selber das Beispiel. Diese Briefe müssen ihn sehr viel Zeit gekostet haben; aber er liebte es ebensosehr, sie zum Ruhm und Nutzen anderer wie zu seinem eigenen zu verwenden. Er war immer guter Laune – wozu auch wäre man sonst Philosoph?«

Fontenelle selber scheint immer guter Laune gewesen zu sein; von Haus aus von eher schwacher Gesundheit, liebte er das Leben so sehr, daß er so manchen Robusteren begrub und es auf ein volles Jahrhundert brachte. Einen großen Erfolg trug ihm, als er noch nicht dreißig Jahre alt war, sein Essay *Gespräche über die Vielheit der Welten* ein. Da wollte er, wie er in der Einleitung schrieb, »zugleich unterrichten und unterhalten«; also eine Popularisierung der Wissenschaft, hier der Astronomie. Die Gespräche finden zwischen dem Verfasser und einer Marquise, nach dem Souper, im Park unter dem Sternenhimmel statt, welch letzterer die Dame zu allerlei Fragen anregt. Folgt eine Reihe von Dialogen, das kopernikanische System und die nachfolgenden Entdeckungen auseinandersetzend; Möglichkeiten des Lebens auf anderen Planeten wie auch in anderen Fixstern-Systemen diskutierend, und so die Menschheit samt Schloß, Park und Marquise aus dem altgewohnten Mittelpunkt auf heitere Weise vertreibend.

Es sind die französischen Moralisten des 16., 17., 18. Jahrhunderts, welche Nietzsche im Auge hatte, wenn er im *Ecce homo* seine Deutschen bestrafte: »Zwei Jahrhunderte psychologische und artistische Disziplin zuerst, meine Herren Germanen!... Aber das holt man nicht nach.« Wir verstehen, was er meint, aber ganz gerecht ist es nicht – wann wäre er das schon! Die kristallklare, skeptische Psychologie La Rochefoucaulds war lange Zeit nicht der Deutschen Sache. Dafür gab es andere. Immerhin hat Leibniz, neben vielen anderen

Entdeckungen, auch die »petites perceptions« entdeckt, zu deutsch das Unbewußte. Psychologen, freilich ganz anderer Art, waren auch die Mystiker seiner Zeit, Angelus Silesius, etwas früher Jakob Böhme; wie sollte Mystik nicht von der menschlichen Seele handeln? Psychologen im französischen Stil findet man dann im späteren 18. Jahrhundert: Lichtenberg, der die Form des Aphorismus so gut wie ein Franzose beherrschte, Lessing, Goethe. Die deutsche Romantik wiederum ist reich an Tiefenpsychologie: Jean Paul, Kleist, Hoffmann, Brentano. Schopenhauer, der Freud vorwegnahm – nun, der ist zeitlich Nietzsche schon nahe, und es ist ein bloßer Zufall, daß dieser nicht auch ihn, ebenso wie Wagner, ebenso wie sich selber, zu einem »deutschen Mißverständnis« erklärte. Auch Heine, den er so liebte, hätte er hinzunehmen können und noch andere... Man darf den Franzosen ihren Ruhm lassen, ohne die gleichzeitigen Deutschen zu »Hornvieh« zu machen. Was Nietzsche ihnen nicht verzieh: daß sie ihn nicht rechtzeitig entdeckten. Nun, sie haben das später überreichlich nachgeholt.

Über Pascal schreibt Nietzsche am gleichen Ort: »Daß ich Pascal nicht lese, sondern *liebe*, als das lehrreichste Opfer des Christentums, langsam hingemordet, erst leiblich, dann psychologisch, die ganze Logik dieser schauderhaftesten Form unmenschlicher Grausamkeit...« Hatte er ein Recht, dem Genius vorzuschreiben, was er hätte werden *sollen*? Wahr ist, daß Pascal als »honnête homme« begann, Sohn eines hochgestellten Vaters, in der Jugend ganz der Wissenschaft ergeben, Erfinder einer Rechenmaschine, Erfinder der Infinitesimal- und Wahrscheinlichkeitsrechnung. Einen mathematischen »Satz des Pascal« mußten wir noch auf dem Gymnasium lernen, ich weiß nicht mehr, wie er lautete. Dann aber, nach dem Gnadenerlebnis einer Nacht, gab er die Wissenschaft auf, um sich dem Menschen zu widmen:

seinem Elend ohne Gott, seiner Größe mit Gott und dem Erlöser. Unvermeidlich wirkt der erste Teil seiner postumen *Pensées* stärker als der zweite. Da ist er Psychologe, tiefer, ernster als der brillante Edelmann La Rochefoucauld.

Aus dem Teil über die Sprache. »Trifft man auf einen natürlichen Stil, so ist man ganz überrascht und entzückt; man glaubte, einen Schriftsteller zu finden, und findet einen Menschen.« »Beredsamkeit: Man braucht dazu das Angenehme und das Reale; aber das Angenehme muß selber der Wahrheit entnommen sein.« »Wenn eine natürliche Rede nur eine Leidenschaft oder eine Wirkung vorstellt, dann entdeckt man in sich selber die Wahrheit dessen, was man hört und von dem man nicht wußte, daß es dort war, dann wird man dazu gebracht, den zu lieben, der sie uns zeigte; denn nicht von seiner Wahrheit hat er gesprochen, sondern von der unseren.«

Aus dem ersten Teil, von den Herausgebern überschrieben »Der Mensch ohne Gott«. »Denn schließlich, was ist der Mensch in der Natur? Ein Nichts angesichts des Unendlichen, ein Alles angesichts des Nichts, in der Mitte zwischen Nichts und Allem. Unendlich weit davon entfernt, die Extreme zu verstehen, bleiben Ende und Anfang aller Dinge ihm undurchdringliches Geheimnis; gleich unfähig ist er, das Nichts zu sehen, aus dem er kommt, und die Unendlichkeit, die ihn verschlingt.« »Wenn ich die kurze Dauer meines Lebens betrachte, eingeschlossen zwischen den Ewigkeiten vor mir und nach mir, den geringen Raum, den ich einnehme und sogar den ich sehe, verloren in der unendlichen Ausdehnung der Räume, die ich nicht kenne und die mich nicht kennen, dann erschrecke ich tief; es erstaunt, es entsetzt mich, hier zu sein, anstatt anderswo, denn es gibt keinen rationalen Grund, warum hier und nicht dort, warum jetzt und nicht zu anderer Zeit. Wer hat mich hinein-

gesetzt?« »Das ewige Schweigen jener unendlichen Räume macht mir Angst.«
Nun aus dem Kapitel über die »Trügerischen Mächte«. »Der Mensch ist so glücklich konstruiert, daß es für ihn ein sicheres Prinzip des Wahren nicht gibt, aber viele und blendende des Falschen... Die stärkste Ursache seiner Irrtümer liegt in dem dauernden Krieg zwischen den Sinnen und der Vernunft.« »Meinen Gedanken niederschreibend, entgleitet er mir mitunter; solches erinnert mich aber an meine Schwäche, die ich allzeit vergesse, und gibt mir ebenso wertvollen Unterricht wie jener vergessene Gedanke, denn das, worauf ich hinauswill, ist allein, mein Nichts zu erkennen.« Folgen Betrachtungen über andere trügerische Mächte: die Phantasie (imagination), die Gewohnheit, die Eigenliebe, den Hochmut, den Geist der Eitelkeit und andere mehr. Sogar »Wahnsinn der menschlichen Wissenschaft und der Philosophie«, was etwas weit geht. Phantasie: »Liegt der bedeutendste Philosoph der Welt auf einem Brett, das durchaus groß genug für ihn ist, jedoch über einem tiefen Abgrund, so mag seine Vernunft ihn von seiner Sicherheit überzeugen, aber seine Phantasie wird stärker sein.« »Unsere Phantasie läßt uns die Gegenwart als so ungeheuer wichtig erscheinen, indem wir beständig über sie nachdenken, derart, daß ihr gegenüber die Ewigkeit zum Nichts wird, das Nichts aber eine Ewigkeit; diese Haltung hat sehr tiefe Wurzeln in uns, unsere Vernunft vermag nichts gegen sie.« In einem anderen Abschnitt, der freilich auch »Contrariétés« überschrieben ist und mit der Bemerkung beginnt, der Mensch sei »auf natürliche Wiese zugleich leichtgläubig und ungläubig, furchtsam und tollkühn«, dort also findet sich auch eine Beschreibung, die jener von der allmächtigen Gegenwart geradewegs widerspricht. Ein Aphorismus beginnt mit den folgenden Sätzen: »Wir halten uns nie an

das Gegenwärtige. Wir nehmen die Zukunft vorweg, als ob sie zu langsam käme und wir ihren Gang beschleunigen könnten, oder wir rufen das Vergangene zurück, um es festzuhalten, als sei es zu früh dahingegangen… Prüfe ein jeder seine Gedanken: er wird sie völlig von der Vergangenheit oder von der Zukunft in Beschlag genommen finden; die Gegenwart gilt uns beinahe gar nichts; wenn wir sie schon ins Auge fassen, so nur um der Zukunft willen, die sie etwas zu beleuchten vermag. Nie ist die Gegenwart um ihrer selbst willen da: Vergangenheit und Gegenwart sind uns nur Mittel, unser Zweck liegt ausschließlich in der Zukunft. Und so leben wir eigentlich niemals, sondern hoffen nur zu leben; indem wir uns immer nur anschicken, glücklich zu sein, sind wir es nie.«

Das 18. Jahrhundert. Man kann Rousseau lieben oder Voltaire; beide zusammen, das geht nicht. Für mich ist's Voltaire. In Rennes kaufte ich mir das in Leder gebundene Bändchen der Pléiade-Ausgabe *Romane und Erzählungen.* Zehn Jahre danach, in Kalifornien, lieh ich es dem Onkel Heinrich, dessen schöne Bibliothek in Prag zurückgeblieben war, ich sah sie dort, las auch darin. In größere Bände pflegte er leere Seiten einheften zu lassen, um seine Bemerkungen niederzuschreiben. Im Exil von Santa Monica besaß er beinahe nichts – »Wo sind meine Bücher?«, klagt er in seinen Erinnerungen *Ein Zeitalter wird besichtigt.* Den völlig zerlesenen Band holte ich mir wieder nach seinem Tod und habe ihn vor mir. Später spielte mir ein Zufall zu geringem Preis eine Gesamtausgabe in sechzig Bänden zu, in Leder gebunden, auf herrlichem Papier gedruckt, 1785–1789 bei Ettinger in Gotha erschienen – so war das damals. Sie zu lesen, vom ersten bis zum letzten Band, wäre eine Lebens- oder sagen wir eine Altersaufgabe, während sieben Jahren.

Der Meister hielt seine *Henriade*, eine hymnische Geschichte des Königs Henri Quatre in zehn »Gesängen« für sein Bestes, wie aus seiner Autobiographie hervorgeht. Heute dürfte sie kaum noch gelesen werden; schon Heine fand sie unerträglich langweilig. Übrigens führt sie nicht bis zum Tod des Königs, nur zu seinem letzten Triumph, dem endgültiger innerer Friede im Lande folgen sollte. In einem Nachwort in Prosa weist Voltaire nach, daß Heinrichs Mörder, Ravaillac, von keinem Mächtigeren angestiftet worden war, wie solches von seinen Richtern geglaubt wurde, sondern als fanatisch frommer Katholik spontan handelte. In Voltaire, dem Dichter, dem Dramatiker, dem Naturwissenschaftler, dem Historiker, dem Philosophen, dem Romancier und Novellisten, dem gewaltigen Epistolographen, dem großen Arbeitgeber und Urbarmacher unfruchtbaren Landes – in der Gegend seines Schlosses Ferney ließ er Fabriken errichten und mit der Zeit an die zwölftausend Bauern sich dort ansiedeln, katholische und protestantische, auch Genfer, friedlich nebeneinander –, in dieser großartigen Seele steckte auch ein Detektiv. Die Affaire Calas ist nur das berühmteste Beispiel dafür.

Ist diese Geschichte Lesern von heute noch geläufig? In Toulouse wurde der Chef einer Hugenotten-Familie zum Tode auf dem Rad verurteilt, weil er einen seiner Söhne, der im Begriff stand, zur katholischen Kirche überzutreten, erwürgt haben soll. Das Urteil wurde vollstreckt. Daß der jüngste Sohn dieses Calas, ganze fünfzehn Jahre alt, der sich in Nîmes in der Kaufmannslehre befand, nach Genf wanderte, um Voltaires Hilfe zu erbitten, zeigt, in welchem Ruf als Menschenfreund der neunundsechzigjährige Patriarch schon stand. Er vertiefte sich in die Prozeßakten und kam zu dem Schluß, daß die Verurteilung des Calas ein von Fanatismus diktiertes Fehlurteil gewesen war; nun galt es, die Familie zu retten, die von des Vaters Schicksal bedroht blieb. Er kämpfte drei Jahre lang und gewann dank der guten Beziehungen, die er, obgleich aus Paris verbannt, zu den einflußreichsten Persönlichkeiten dort, auch zur Marquise de Pompadour, unterhielt. In seinen eigenen Worten: »Fünfzig Vertreter des Appellationsgerichtes erklärten die gesamte Familie Calas einstimmig für unschuldig und empfahlen sie der wohlwollenden Gerechtigkeit des Königs... Am 9. März 1765 wurde der Urteilsspruch unterzeichnet, der die Familie Calas rehabilitierte und ihr Schicksal wendete. Am gleichen Tag, drei Jahre zuvor, war der unschuldige und tugendhafte Familienvater hingerichtet worden. Ganz Paris strömte herbei, als die Familie aus dem Gefängnis entlassen wurde, und klatschte Beifall... Die Familie ist seitdem M. de Voltaire herzlich zugetan, und er rechnet sich zur Ehre an, ihr Freund zu sein.« Es war das Schicksal unseres Einsiedlers, die Unschuld jener zu schützen, die in Frankreich angeklagt und verurteilt worden waren. Die Lage seines Refugiums zwischen Frankreich, der Schweiz, Genf und Savoyen, war für mehr als einen unglücklichen Menschen Anlaß genug, sich an ihn zu wenden.

Noch einige solche Rettungsaktionen gelangen ihm. Er scheiterte im Falle des Chevalier de la Barre, der zu einem fürchterlichen Tod verurteilt wurde, weil er versäumt hatte, bei dem Vorübertragen des Allerheiligsten im Regen und in einiger Entfernung niederzuknien – ein Greuel, der so lange nachwirkte, daß Dickens ihn in seinem Roman *Eine Geschichte zweier Städte* noch erwähnte. Hier konnte der »Einsiedler von Ferney« nur seinem Abscheu erschütterten Ausdruck geben. Einem Bruder de la Barres gelang es zu fliehen und als Soldat in die preußische Armee einzutreten. Nach der Exekution in Paris machte König Friedrich ihn zum Offizier, um ihm mehr Sicherheit zu geben. Jedoch legte der König in einem Brief an Voltaire Wert darauf, zwischen den Affairen Calas und de la Barre zu unterscheiden. In einem das Fehlurteil; im andern nur ein übertrieben grausames Urteil. Gesetze, seien sie auch noch so töricht, müssen geachtet werden, solange sie nicht abgeschafft sind... Hier findet sich unten auf der Seite eine Anmerkung, die vermutlich von Voltaire selber stammt: ein solches Gesetz habe gar nicht existiert...

Was uns zu der über mehr als vier Jahrzehnte sich erstreckenden, wandelbaren, mitunter zur Feindschaft entarteten, aber sehr zähen und glücklich endenden Freundschaft zwischen Voltaire und Friedrich dem Großen führt. Sie wurde unterbrochen für annähernd fünf Jahre, 1752–1757. In Voltaire, während seines zweijährigen Aufenthaltes in Potsdam und Berlin, war noch immer etwas Elbisch-Kindliches; er konnte vom Spott, von Übergriffen in Dinge, die ihn nichts angehen durften, von trüben Geldaffären nicht lassen. In einem Brief vom 24. Februar 1752 hielt Friedrich ihm alle seine Entgleisungen vor. »Was mich betrifft, ich habe den Frieden in meinem Haus bewahrt bis zu Ihrer Ankunft, und ich muß Sie warnen: wenn Sie die Passion der Intrigen und Kabalen haben, so sind Sie hier am falschen Ort.« Er könne in Berlin bleiben, wenn er wolle; in Potsdam wünschte der Schreibende ihn nur wiederzusehen, wenn er sich als wahrer Philosoph betrage. Ein zweiter Brief, vier Tage später, ist insofern noch strenger, als Friedrich, was ihm so wenig lag, hier den Deutschen herauskehrte. »Ich schreibe Ihnen diesen Brief – auf französisch – mit dem derben, gesunden Menschenverstand eines Deutschen, der sagt, was er denkt, ohne zu doppeldeutigen Worten und süßlichen, die Wahrheit verdeckenden Flausen seine Zuflucht zu nehmen; es liegt an Ihnen, daraus die Folgerungen zu ziehen.« Voltaire zog sie, indem er verschwand, jedoch ohne zu wissen, wohin sich wenden: Den Aufenthalt in Paris hatte König Ludwig XV. ihm verboten. Nach einem Jahr in Colmar fand er Zuflucht in Genf, einer Republik, deren herrschende Klasse seinem überreich-vieldeutigen Geist unmöglich gewogen bleiben konnte. Die Korrespondenz mit Friedrich nahm er wieder auf im Jahre 1757, als der König sich in einer der schlimmsten Krisen seines Siebenjährigen Krieges befand. Auf Voltaires zweiten Brief antwortete er, beginnend, wie ehedem so oft, mit Versen:

> Ich bin, es genügt, ein Mensch, geboren für das Leid,
> Den Härten des Schicksals zu trotzen bereit.

Von da ab waren sie wieder die alten und blieben es bis zum Schluß, obgleich nie mehr von Angesicht zu Angesicht. Friedrichs letzter Brief, Dezember 1777, bietet eine Art von Resümee dessen, worüber die beiden »Philosophen« sich so oft brieflich, ehedem mündlich unterhalten hatten: »Was Werke der Phantasie betrifft, so wird man sich wohl an Homer, Vergil, Tasso, Voltaire und Ariost halten müssen. Es scheint, daß in allen Ländern die Gehirne so vertrocknen, daß sie weder Blumen noch Früchte produzieren. Die historischen Werke – um sie brauchbar zu machen, müßte man sie, wenn man nur könnte, von Parteigeist, falschen Anekdoten und Lügen säubern. Was die Metaphysiker betrifft, so erfährt man bei ihnen nichts als die Unverständlichkeit vieler Dinge, die zu begreifen die Natur unserem Verstand verboten hat. Vollends verdient der trübe Theologen-Wirrwarr, ausgespien von Hypochondern und Fanatikern, nicht, daß man seine Zeit an solche Chimären verliert...« Auch von Geometern, von Chemikern hält der König nichts. Was bleibt? »Les belles-lettres oder, besser gesagt, les lettres humaines – an die halte ich mich... Und da nun nehmen die Werke Voltaires, in der neuen schönen Ausgabe, den vornehmsten Platz ein.« Danach spricht Friedrich noch von einem sympathischen jungen Comte de Montmorency-Laval, den er in Schlesien getroffen hatte. »Ich disputierte mit ihm – er will Deutsch lernen; ich sagte ihm, das sei der Mühe nicht wert, weil wir keine guten Autoren besitzen, und daß er es nur lernen wolle, um desto besser Krieg gegen uns führen zu können. Er versteht Spaß, er ist sicher kein Feind der Preußen.« Das Ende dieses letzten Briefes: »Möge die Natur den greisen Patriarchen gegen die Fieber stärken. Ich sorge mich nur um seinen Körper, denn sein Geist ist unsterblich. Vale.«

Voltaire antwortet aus Ferney, drei Wochen später, den 6. Januar 1778, und redet den königlichen Freund mit »Sire, Grand Homme« an, was er wohl das erste und letzte Mal in seinem Leben tut. Dann: »Wie Sie mich anreden, wie Sie mich trösten, wie Sie mich am Ende meiner Laufbahn in meinen Ideen stärken! Eure Majestät, oder besser gesagt, Eure Menschlichkeit hat recht: das metaphysische, theologische, fanatische Geheul ist das Verächtlichste auf dieser Erde, und doch wird man fortfahren, absurde Chimären zu Papier zu bringen, solange es Universitäten und verdrehte Geister gibt und solange man Geld damit verdienen kann... Was die Historie anbelangt, so ist sie schließlich nichts anderes als eine Zeitung: noch die wahrste steckt voller Fehler. Sie kann kein anderes Verdienst aufweisen als ihren Stil. Der Stil aber ist Frucht der Literatur; also muß man sich an die Literatur halten. So dachte der große Condé im Frieden seines Chantilly, und so denkt der große Friedrich in Sans-Souci... Ich werfe mich zu Ihren Füßen hier in der Tiefe meines Loches, mit allem Respekt, aller Dankbarkeit, aller Bewunderung, die zu hegen Sie mich nicht hindern können, wenn schon solches Ihnen auch gleichgültig sein mag auf der Höhe, in der Apotheose Ihrer Größe und Ihres

Ruhms.« Das ist ehrlich gemeint; welche Gunst hätte der König dem Greis erweisen können?

Der letzte Brief Voltaires an Friedrich wurde in Paris geschrieben, wohin er nach achtundzwanzigjähriger Abwesenheit im Triumph zurückgekehrt war, datiert 1. April 1778, acht Wochen vor seinem Tod. Man hat den Eindruck von einem bewußten Abschiedsbrief, wiewohl der Schreibende sich rühmt, zwei tödlichen Krankheiten entgangen zu sein: dem Ausgepfiffenwerden und dem Sterben. Auf sein letztes Drama, *Irène*, reagierten die Zuhörer mit einem Delirium von Begeisterung. Das Ende des Briefes: »Es ist also wahr, Sire, daß der Geist der Menschen sich erhellt, daß jene, die sich bezahlt glauben, um ihn blind zu machen, nicht immer die Sieger bleiben. Dafür gebührt Eurer Majestät Dank. Sie haben die Vorurteile besiegt, wie Sie Ihre Feinde besiegten. Sie genießen beide gewonnenen Positionen. Sie sind der Erwürger des Aberglaubens und sind der Erhalter germanischer Freiheit. Leben Sie länger als ich, um die Reiche zu festigen, die Sie gründeten. Könnte doch Friedrich der Große Friedrich der Unsterbliche sein! – Wollen Sie glauben an den tiefsten Respekt und die unerschütterliche Anhänglichkeit von Voltaire.«

Damit endet die denkwürdige Freundschaft.

Unter Voltaires Novellen und Romanen, auch nur längeren Novellen, ist *Candide* verdientermaßen am berühmtesten. Er wird auch heute noch gelesen und mit Illustrationen neu aufgelegt; in den besseren nordamerikanischen Colleges gehört er zu den Muß-Lektüren. Es scheint, daß Voltaire ihn im Jahre 1753 zu schreiben begann, sicher ist es nicht. Es würde jedoch dieses Datum die Verspottung Friedrichs von Preußen erklären, der als »König der Bulgaren« eine nicht eben glückliche Rolle spielt. Candide, von Soldaten-Häschern in die bulgarische Armee gepreßt, versucht zu fliehen, wird zum Spießrutenlaufen verurteilt, sechsunddreißigmal dem Regiment von zweitausend Mann entlang. Beim dritten Mal liegen ihm alle Nerven und Muskeln des Rükkens bloß, er kann nicht mehr und bittet um die Gnade, erschossen zu werden. Der Kommandant gewährt sie ihm. Schon kniet er mit verbundenen Augen, als der König der Bulgaren in Person erscheint: »...und da dieser König ein großes Genie war, so begriff er, daß es sich bei Candide um einen jungen, mit den Dingen dieser Welt unvertrauten Metaphysiker handelte, und begnadigte ihn mit einem Edelmut, den man in allen Zeitungen und in allen Jahrhunderten lobpreisen wird.« Nach drei Wochen ist Candide wiederhergestellt und kann an der Schlacht teilnehmen, welche der König der Bulgaren dem König der Avaren liefert. Sie wird mit der äußersten Knappheit und dem sie begleitenden Realismus beschrieben, welche dem ganzen Werk eignen; die Schlacht selber zusamt den Greueln, welche danach die Bulgaren in einem von ihnen besetzten Dorf treiben, die Avaren aber in einem anderen, bulgarischen. Den Sieg messen beide Könige sich zu und feiern ihn mit einem Tedeum... Äußerste Sparsamkeit bei äußerstem Grimm und Hohn, äußerste Plastizität. Für das, was allein im dritten Kapitel auf ganzen zwei Seiten vorkommt und charakterisiert wird, hätte ein anderer zehnmal mehr gebraucht, aber zehnmal weniger gewirkt. Eine Schlacht, ein Liebesakt – Candides philosophischer Lehrer treibt es mit der Kammerjungfer der westfälischen Baronin –, ein Seesturm, das Erdbeben von Lissabon und die rettenden Maßnahmen, welche die Weisen des Landes danach treffen – »ein schönes Autodafé bei langsamem Feuer«, damit eine solche Katastrophe sich nicht wiederhole, aber sie wiederholt sich schon am nächsten Tag –, all dies und vieles mehr wird mit kalter, prägnanter, höchst eindringlicher Wut beschrieben. Ein anderer Trick, der den Hyper-Realismus des Romans sehr stark reduziert und gewiß reduzieren soll, ist dieser: Schon vertraute Personen, die man mit gutem Fug für tot hält, erscheinen wieder und wieder, in Europa oder in Südamerika. So der Doktor Pangloss, der auf dem westfälischen Schlosse Candide die »Metaphysiko-theologo-kosmolonigologie« lehrte, derzufolge unsere Welt die beste aller möglichen ist – ihn trifft Candide in Holland wieder, als Bettler, das Gesicht mit Beulen bedeckt, die Augen tot, die Nasenspitze zernagt, der Mund schief, die Zähne schwarz, aus der Gurgel sprechend, von einem wütenden Husten gequält und bei jedem Sprechversuch einen Zahn ausspeiend. Die Krankheit hatte er sich bei jenem Liebesakt mit der Kammerjungfer geholt. Was erzählt er? Das schöne Schloß des Barons Thunder-ten-tronckh, aus dem Candide Cunégondes wegen vertrieben wurde, ist bis auf den Grund zerstört. »Tot ist der Baron, erschlagen von den Bulgaren, tot die Baronin und Cunégonde: man hat ihr den Bauch aufgeschlitzt, nachdem sie so oft vergewaltigt worden war, wie man es nur werden kann; dem Baron, der sie verteidigen wollte, spaltete man den Kopf, die Baronin wurde in Stücke zerhauen; Pangloss' armem Schüler – Cunégondes Bruder – ging es wie seiner Schwester... Aber wir sind gut gerächt worden: die Avaren haben es auf einem benachbarten bulgarischen Rittersitz ebenso gemacht.« In Lissabon soll Pangloss als verdächtiger Fremder verbrannt werden wie die anderen, kommt aber gnadenhalber an den Galgen; was ihn nicht hindert, später wieder aufzutreten, durchaus gesund, und so findet Candide auch seine Cunégonde wieder. Das Ganze wird zum ernsten Scherz, einer negativen Utopie mit Brocken von Wirklichkeit. Nicht, daß die positive Utopie völlig fehlte: das von hohen Bergen umschlossene »Eldorado« irgendwo in Südamerika, nur den Glücklichsten zugänglich, in dem die Menschen leben, wie weise Menschen leben sollten. Die Moral kommt zum Schluß: In einem Garten, irgendwo in der Türkei, führen Candide und alle Treuen, die im Laufe seiner Abenteuer zu ihm stießen, die immer am Leben Gebliebenen und die vom Tode wieder Erstandenen, ein arbeitsreiches, bescheiden nützliches, erfreuliches Leben: die Damen, indem sie backen, sticken, sich um die Wäsche kümmern; die Männer als Handwerker und Gärtner, welche der Erde die schönsten Früchte entlokken. Wie der Doktor Pangloss noch einmal beweist, hat sich doch alles auf dieser besten aller möglichen Welten kraft Ursache und Folge seinem Schüler zuletzt als günstig erwiesen. Wenn er nicht mit Fußtritten in den Hintern aus dem schönen Schloß in Westfalen gejagt worden wäre, und so weiter und noch einmal so weiter... »dann äßen wir jetzt nicht hier diese eingemachten Zedratfrüchte und diese Pistazien«. Da antwortet Candide: »Das ist gut gesagt, aber wir müssen uns um unsern Garten kümmern.« Es ist die Moral, mit der Goethe am Ende von *Wilhelm Meisters Wanderjahre* aufwartet.

Ein Meisterwerk; aber nicht leicht zu sagen, was Voltaire mit ihm wollte. Der Untertitel *Oder der Optimismus* zielt auf Leibniz, der in seiner Theodizee zu beweisen unternahm, daß der Schöpfer die Welt so gut machte, wie er dies vermochte, also die bestmögliche, die aber nun aus den und den Gründen so völlig gut nicht sein konnte. Wie ernst Leibniz, der ja als der größte Logiker zwischen Aristoteles und Bertrand Russell gilt, sein Argument nahm, weiß ich nicht. Es wurde alsbald dem »Optimismus« zugerechnet, ein eben für diese Lehre erfundenes Wort, welches allmählich eine ungleich weitere und vagere Bedeutung annahm. Voltaire hatte sich in seiner Jugend mit Leibniz befaßt, konnte auch von dem alten Fontenelle wissen, daß es sich hier um einen Denker von Rang handelte, dessen Ausflug in die Theologie in seinem Werk eine geringe Rolle spielte. Leibnizens These zu zerfetzen konnte also der einzige Sinn von *Candide* im Ernst nicht sein. Was dann? Nun, eine Parodie auf alles Falsche und Böse in der Menschenwelt: Intoleranz, Fanatismus, Gier, Grausamkeit, Selbstgerechtigkeit, Blindheit und so fort. Das leistet der kleine Roman mit Glanz, und das genügt. Jedoch bestritt Voltaire energisch, der Autor des Werkes zu sein, zumal nachdem der Rat der Republik Genf die Vernichtung des Buches angeordnet hatte. An den Pastor Vernes in Genf: »Wer sind die Müßiggänger, die mir einen, ich weiß nicht welchen *Candide* zuschreiben, den Scherz eines Schelms, den ich aus Paris erhielt? Ich habe wahrlich andere Dinge zu tun.« Wieder: »Endlich las ich den *Candide*; man muß den Verstand verloren haben, um mir dieses Schurkenstück zuzuschreiben; ich habe, gottlob, Wichtigeres zu tun.« Die erste Ausgabe, in Genf gedruckt, gab dieses an: »Übersetzt aus dem Deutschen des Herrn Dr. Ralph, mit Zusätzen, die man in der Tasche des Doktors fand, nachdem er in Minden im Jahr der Gnade 1759 verschieden war.« Ein sehr deutscher Name ist ja nun Ralph nicht, mag aber angehen. Dagegen klingt Thunder-ten-tronckh nichts weniger als deutsch. Im allgemeinen tun französische Autoren sich nicht leicht mit dem Erfinden deutscher Namen. Etwa finden sich bei Giraudoux zwei Deutsche mit den Namen Kohlenschwanzbader und Weselgroßvaterschmitt. Besser gelingt es Voltaire mit den Spaniern, etwa mit dem Gouverneur von Buenos Aires: Don Fernando d'Ibaraa y Figueroa y Mascarenes y Lampourdos y Souza. »Dieser große Herr besaß den Stolz, gebührend einem Manne mit so vielen Namen.«

Was nun den Namen des Autors von *Candide* betrifft, so wußte die weite Welt recht bald, wie er hieß. So schreibt der

König von Preußen inmitten des Siebenjährigen Krieges an seinen Freund in Berlin, Marquis d'Argens. »Da ich von Lektüre spreche: man sagt, daß Voltaire seinem *Candide* einen zweiten Band hinzugefügt habe. Wollen Sie bitte den kleinen Beausobre beauftragen, ihn mir zu schicken.« Natürlich hatte er sich in dem König der Bulgaren wiedererkannt und würde gern noch weitere Verspottungen seiner Person gelesen haben. Wirklich gab es nicht eine, sondern ein ganzes Rudel von Fortsetzungen des *Candide*, aber keine von Voltaire.

Anzumerken bleibt, daß er ein gutes Jahrzehnt früher eine Erzählung veröffentlicht hatte, die *Candide* eigentlich widerlegt, obgleich sie ähnlich beginnt wie dieser: *Le Monde comme il va, Die Welt, wie sie nun einmal ist.* Jede der großen Mächte Asiens wird von einem Engel überwacht, in dessen Entscheidung es liegt, ob das betreffende Reich fortbestehen, ob es bestraft oder gar zusammen mit seiner Hauptstadt zerstört werden soll. Der für Persien verantwortliche Engel namens Ituriel erscheint dem Skythen Babouc am Ufer des Oxus und gibt ihm den Auftrag, sich nach Persepolis zu begeben und das Treiben der Hauptstadt zu beobachten; man wird dann höchsten Ortes entscheiden, ob sie nur milde bestraft oder gänzlich zerstört werden soll. Das erste, was Babouc beobachten muß, ist eine riesige Armee, die im Krieg gegen den König von Indien steht. Kein Offizier kann ihm sagen, um was es in diesem Krieg geht: »Warum wir uns gegenseitig umbringen, wissen nur die höchsten Satrapen.« Einer von ihnen erklärt Babouc die Situation. Der Krieg dauert schon zwanzig Jahre und verwüstet ganz Asien. Die Ursache: der Streit zwischen dem Eunuchen einer Frau des Königs von Persien und einem kleinen Bürokraten des Königs von Indien. Es ging da um ein Recht, das ungefähr den dreißigsten Teil eines »darique« einbrachte. Die regierenden Minister beider Reiche verteidigten mit Würde die Forderungen ihrer Herren und Meister. Der Konflikt erhitzte sich. Auf beiden Seiten wurden Heere von einer Million Soldaten aufgestellt. Jedes Jahr muß man sie mit vierhunderttausend neuen Soldaten ergänzen. Die Mördereien, die Brände, die Zerstörungen, die Verwüstungen aller Art werden immer bösartiger; die weite Welt leidet, das Gemetzel geht weiter, immer aufs neue erklären die ersten Minister Persiens und Indiens, daß es sich ausschließlich um das Glück der Menschheit handle. Jede dieser Erklärungen wird begleitet von der Zerstörung einiger Städte, der Verwüstung einiger Provinzen.

Babouc fühlt sich durch diesen Bericht erleichtert, insofern beide Mächte offenbar gleich schuldig sind, so daß, wenn der Engel Ituriel die Zerstörung von Persepolis anordnet, der Hauptstadt von Indien ein Gleiches geschehen muß. Er wird noch Zeuge einer fürchterlichen Schlacht, ganz im Stil von *Candide* beschrieben; aber dann, o Wunder, wird nach einem Krieg von zwanzig Jahren Friede geschlossen. Beide Parteien fühlen sich als Sieger und feiern. Die Chefs beider Heere fordern und erhalten riesige Dankgeschenke. Babouc zieht nun in der Hauptstadt ein und findet sie ebenso dürftig und häßlich wie Candide Paris: »Er betrat es durch das Faubourg Saint Marceau und glaubte sich im elendesten Dorf Westfalens.« Und was Babouc zunächst in Persepolis erlebt, ist wieder im Stil des *Candide*. Nur ein Beispiel. Er sucht in einer Bibliothek Bücher, um in ihnen Trost zu finden. Die Literaten, die sich dort aufhalten, geben ihm keinen. Sie hatten über Baboucs Mission schon etwas erfahren. Einer bat ihn, einen Kollegen auszulöschen, der ihn seit fünf Jahren nicht gelobt hatte. Ein anderer verlangte den Tod eines Bürgers, den seine Komödien niemals zum Lachen gebracht hatten. Ein dritter bat um die Auflösung einer Akademie, deren Mitglied er nie hatte werden können etc. etc. Hier aber schlägt die Geschichte um und wird zu einem Anti-*Candide*. Kluge Beobachter belehren Babouc: in jeder Gesellschaft ist das Übel laut, das Gute leise. Aus dem Übel selber kann Gutes kommen: aus der Hefe des Volkes aufgestiegene neureiche Finanziers können dem Herrscher Geld besorgen, das er für gute Zwecke braucht; ihre Söhne, der Erde noch nahe, aber in Reichtum aufgewachsen, mögen freier denken als die Erben alten Adels. Mehrere verschiedene religiöse Orden schränken sich gegenseitig ein; ihre Konkurrenz ist dem Ganzen nützlich; sie lehren Moral, auch wenn sie sich selbst nicht immer an diese halten. Ein Minister, den er besucht und in dessen Vorzimmer nur Feinde des angeblich Allmächtigen sich befinden, erzählt dem sympathischen Fremden: er gelte als reich und sei bettelarm, als allmächtig, während er seit vierzig Jahren gegen boshafte Feinde und undankbare Schützlinge zu kämpfen habe. Warum er noch immer in seinem Amt sei, wisse er selber nicht... Was soll Babouc dem strengen Engel berichten? Vom besten Schmied der Hauptstadt läßt er sich eine kleine Statue machen, bestehend aus den allerverschiedensten Erden und Steinen, den edelsten und den unedelsten. Er trägt sie zu dem Engel Ituriel mit der Frage: »Wollt Ihr diese Statue zerschmettern, weil sie nicht aus lauter Gold und Diamanten besteht?« Der Engel begreift. Persepolis mag unzerstört, sogar unverändert bleiben, man muß die Welt nehmen, wie sie nun einmal ist. »Denn«, fügt der Engel hinzu, »wenn nicht alles gut ist in ihr, so ist sie doch erträglich – passable.«

Voltaires letztes Wort? Der Chronologie nach keineswegs. Und auch von dieser abgesehen kaum; ein letztes Wort kennt er nicht.

Über Voltaires Geschichtsschreibung hat Friedrich Meinecke in seinem Werk *Die Entstehung des Historismus* geurteilt, sie habe die Wissenschaft oder die Halbwissenschaft der Historie bedeutend gefördert. Das hat sie ohne Zweifel, zumal wenn es um Länder ging, über die Voltaire Bescheid wußte, um Frankreich, Holland, England, Preußen. Er befaßte sich nicht ausschließlich mit Politik und Krieg; er schloß, zumal in seinem *Zeitalter Ludwigs XIV.*, die Fortschritte in der Ökonomie und in den Wissenschaften mit ein. Freilich nur in geringen Kapiteln, verglichen mit den militärisch-dramatischen.

Auf Effekt ist er aus und gibt es zu; die Geschichte Karls XII. von Schweden schrieb er, weil dieser Monarch »überaus groß, unglücklich und verrückt gewesen« sei. Er brillierte in minutiös und dramatisch dargebotenen Schilderungen von Schlachten: Höchstädt (oder Blindheim), Poltava. Er sieht im Zufall eine entscheidende Macht – das wäre ja nun »Geschichte als Sinngebung des Sinnlosen«; diese Klippe vermeidet er dank seines Glaubens an das starke Einwirken des absoluten und »aufgeklärten« Monarchen, Peter der Große, Friedrich, auch Ludwig XIV., dessen Aufgeklärtheit man bestreiten könnte. Für Österreich geht ihm jeder Sinn ab. Da ist er der französische Intellektuelle, der Berlin für ein Zentrum des Fortschritts hält, Wien für eines erzkatholischer Reaktion. Dabei ist zu bedenken, daß er den Kaiser Joseph II. als Gegner Preußens, aber nicht mehr als den bei weitem radikalsten aller »aufgeklärten« Despoten erlebte. So sehr Voltaire dem aufgeklärten Despotismus Ludwigs, Friedrichs, Katharinas von Russland zuneigte, so war ihm doch auch die englische Lösung recht, die Teilung der Macht zwischen König, Lords und Commons, die er als Exilierter in London – nach einem Aufenthalt in der Bastille – hatte studieren können. Aber das war Ausnahme und konnte nicht Regel werden. Spät faßte er zusammen: »Den König von Preußen hätte ich gern als Lehrmeister, die englische Nation als Mitbürger.« Zuletzt waren ihm freie Bürger, sich selber regierend und vernünftig regierend, das Beste, wenn und wo es sie gab; daher die berühmte Umarmung Benjamin Franklins in Paris, kurz vor seinem Tode.

Ein wesentlicher Charakterzug seiner Geschichtsschreibung ist, daß Voltaire, mit einer einzigen Ausnahme, nur über Ereignisketten und Persönlichkeiten schrieb, für die es noch lebende Zeugen gab und die er als Kind, Jüngling oder gereifter Autor selber erlebt hatte: die letzten schlimmsten Jahre des »Spanischen Erbfolgekrieges« blieben ihm in frischer Erinnerung. Grandseigneur, der er war, obgleich ohne sehr bedeutende Ahnen, durfte er die bedeutendsten Persönlichkeiten befragen, so in England die Witwe Marlboroughs, so den gewesenen König von Polen, nun bis zu seinem Tod Herzog von Lothringen, Stanislaus Leszczynski. »Milord Orkney hat mir erzählt...« Solche persönlichsten Recherchen gaben seiner Historie einen leicht journalistischen Charakter, besonders dann, wenn er bald nach den Ereignissen mit seiner Darstellung begann. Die Geschichte des »Österreichischen Erbfolgekrieges«, einsetzend als Friedrichs »Erster Schlesischer Krieg«, schrieb er nur vier Jahre danach. Und schließlich wurde er in der Jugend, ehe seine lange Verbannung aus Paris begann, selber zu politischen Sendungen, zur Abfassung diplomatischer Schriftstücke gebraucht – praktische Erfahrungen, wie sie sonst nur die berühmten Memoirenschreiber besaßen. Den Zaren Peter hatte er in den Geschäftsstraßen von Paris incognito flanieren sehen, durfte ihn freilich nicht ansprechen. Am liebsten hätte er dessen Geschichte in Petersburg geschrieben, um die Atmosphäre der neuen großartigen Residenzstadt zu erleben.

Eine der vielen Gestalten, von denen Candide etwas lernen kann, ist der reiche venezianische Patrizier Pococurante, in dessen Bibliothek Candide mit seinem Freund Martin nach einem vorzüglichen Mahl sich umsehen darf. »Ah!« ruft Martin, »hier sind achtzig Bände mit den Schriften einer Akademie der Wissenschaften; da sollte sich etwas Gutes finden.« – »Vielleicht«, sagte Pococurante, »wenn einer der Autoren dieses Wörter-Haufens auch nur die Kunst, Nähnadeln zu machen, erfunden hätte; aber in all diesen Bänden findet sich nichts als öde Systeme und von Nützlichem keine Spur.« Ebenso geht es seinen Gästen vor einer Sammlung von dreitausend Theaterstücken. »Ja«, sagt der Senator, »es sind dreitausend, aber keine drei Dutzend gute dabei. Und diese Sammlung von Predigten ist nicht so viel wert wie eine einzige Seite Senecas, und was jene theologischen Wälzer betrifft, so versteht sich von selbst, daß niemand sie öffnet, ich nicht und auch niemand sonst.« Auch von Voltaires siebenbändigem *Dictionnaire Philosophique* ist zu bezweifeln, ob heute noch jemand darin liest. Er begann es in seinem siebenundzwanzigsten Lebensjahr, und zwar, weil die *Enzyklopädie* Diderots und seiner Freunde ihm zu lang und langweilig schien; sieben Bände in alphabetischer Anordnung mußten genügen. Der Stil ist lockerer als in den Briefen, den Novellen: er mag diktiert haben. Ein Lexikon der Philosophie oder Philosophen ist es nicht; ein allgemeines Lexikon in philosophischem Geist wäre vielleicht noch die beste Bezeichnung. Die Auswahl ist recht willkürlich; so erhält Ovid einen Artikel, aber weder Horaz, noch Vergil. Die Quäker erscheinen, aber nicht die Hugenotten und nicht deren hassenswerter Urvater, Calvin – vielleicht, weil der Autor keinen neuen Streit mit dem Rat von Genf haben wollte. Locke erklärt er für den scharfsinnig-gesündesten Philosophen aller Zeiten, aber er sagt uns herzlich wenig über ihn; nur, daß der Mensch keineswegs immer denkt und daß seine Gedanken aus den Sinnen stammen. Im Artikel über den Raum legt er sich mit Leibniz an, den er nun einmal nicht leiden kann. Leibniz habe mit Newton an die Realität des Raums, des Leeren geglaubt und seine Ansicht erst geändert, als Newton den Calculus, die Differentialrechnung erfunden hatte – Newton, nicht Leibniz, der sie als erster entdeckt zu haben behauptete. In Wahrheit geschah die Entstehung in beiden Köpfen gleichzeitig, wie solches öfters geschieht. Was Raum und Zeit betrifft, so hat Leibniz recht behalten: Energie macht den Raum und die Zeit, ohne sie gäbe es beides nicht, und der Raum erweitert sich in dem Maße, in dem die Galaxien sich voneinander entfernen. Nun, hier war der große Kant nicht weiser als Voltaire. In dem Artikel über Theismus – wir würden hier Deismus sagen – glaubt er an einen Schöpfer oder »ersten Beweger«; an Wunder nicht, denn warum sollte Gott gegen seine eigenen Gesetze handeln? Der Schöpfer habe unterschiedliche Rassen von Menschen geschaffen: braune in Amerika, schwarze in Afrika, weiße in Europa, gelbe wieder anderswo. Hundert Jahre vor Darwin ist da kein Vorwurf zu machen. Ein Artikel »Gott« steht nicht im Verzeichnis, jedoch spricht er gelegentlich davon, so im Artikel »Homme«. »Die meisten – le vulgaire – sehen in Gott einen König, der inmitten seines Hofes Gericht hält. Zarte Herzen stellen ihn sich als einen Vater vor, der sich um seine Kinder sorgt. Der Weise legt ihm keinerlei menschliche Eigenschaft bei.« Was Voltaire anerkennt, ist eine notwendige, ewige Macht, »Beweger aller Natur«, womit er sich zufriedengibt. Der Artikel enthält zwei Abschnitte: einen astronomischen und einen über das, was die »Alten«, die Griechen und Römer, sich unter Hölle vorstellten; vom Himmel der Christen schweigt er. Er verwirft die Hölle als Aberglauben, wenngleich einen tief eingewurzelten. Die Artikel über den Krieg und über die Folter als juristisches Mittel atmen echt Voltairesche Empörung. Die Folter oder »peinliche Befragung« wurde von Friedrich dem Großen sofort nach seinem Regierungsantritt abgeschafft. Frankreich folgte nach, kurz nach Voltaires Tod. Der schönste Artikel ist jener über die Toleranz. Hier die ersten Sätze: »Was ist die Toleranz? Sie ist das Erbe der Menschlichkeit. Wir alle stecken voller Schwächen und Irrtümer; vergeben wir uns unsere Torheiten wechselseitig, wie das erste Gesetz der Natur von uns verlangt.« Im dritten Teil: »Nachdem wir die Toleranz gepredigt haben in Prosa, in Versen, auf den Universitäten und in allen bürgerlichen Gesellschaften; wenn wir diese wahren humanen Stimmen haben erklingen lassen in den Orgeln der Kirchen; dann haben wir der Natur gedient und die Menschheit in ihren ererbten Rechten hergestellt... Immer wird es Barbaren und Schurken geben, welche Intoleranz verbreiten; aber selbst sie werden es nicht eingestehen; und damit ist schon viel gewonnen. Erinnern wir uns, meine Freunde, wiederholen wir (denn man muß wiederholen, um nicht zu vergessen), erinnern wir uns an die Worte des Bischofs von Soissons, nicht Languert, sondern Fitz-Stuart, in seiner Botschaft von 1757: ›Wir müssen die Türken als unsere Brüder ansehen. Denken wir daran, daß im ganzen englischen Amerika, heute ungefähr einem Viertel der uns bekannten Erde, völlige Gewissensfreiheit besteht; unter der einen Voraussetzung, daß es einen Gott gibt, ist jede Religion willkommen; so blüht der Handel und vermehrt sich stetig die Bevölkerung.‹« Hier zeigt Voltaire sich am besten. Ein Spötter, gewiß, das war er, dabei zu jeder Hilfe bereit und seinen Glauben an den Menschen trotz allem nie verlierend.

Abschied von einem Freund

Als ich Rennes im Juli 1936 verließ, war es kein Abschied von Frankreich für immer. In der folgenden Zeit, 1937–1939, besuchte ich Paris ein paarmal im Jahr; die Fahrt dritter Klasse kostete nicht viel. Einmal lud jene bedeutende Salon-Inhaberin, deren Name mir leider entfiel, mich ein, um meine Zukunft mit mir zu besprechen; nicht, daß etwas Praktisches dabei herausgekommen wäre, aber die Absicht war lieb. Im Sommer 1937 sah ich die Weltausstellung und war frappiert von der Ähnlichkeit der deutschen und der russischen Aufmachung. Wie die Stile von grimmigen Feinden sich einander ähnlich sind, konnte ich fast ein halbes Jahrhundert später noch einmal in Madrid beobachten. In der Pariser russischen – »sowjetischen« – Selbstdarbietung hörte ich das Gespräch zweier junger Deutscher. »Ist das der Lenin?« fragte der eine. Sie hatten noch nie das Portrait des Mannes gesehen, dessen Büste heute auf dem Monde ruht und dort so lange bleiben wird, wie die Erde und ihr Mond dauern... Aufgegeben hatte ich die Hoffnung, Frankreich zu meiner zweiten Heimat zu machen. Denn auf eine staatliche Anstellung hätte ich nach einem neuen Gesetz, wie gesagt, zwanzig Jahre lang warten müssen.

Immer besuchte ich in Paris Félix Pécaut, meinen väterlichen Freund, in der Wohnung, in der er nun hauste. Zum letzten Mal sah ich ihn im Juli 1939, auf der Rückreise von Princeton, wo ich ein gutes halbes Jahr bei meinen Eltern verbracht hatte. Da sagte er mir, was wie ein Vorwurf klang: »Alors vous avez trente ans.« Dreißig Jahre: das war in dem

Frankreich, aus dem er kam, das Alter der Vernunft – Flaubert, zum Beispiel, nannte es so und mit Kummer, als er dreißig Jahre alt wurde. Und Pécaut kam aus Flauberts Jahrhundert. Ich war der Jüngling nicht mehr, den er zu seinem Freund erhoben hatte... Hier folgen einige Fragmente aus Briefen, die er mir schrieb, seit ich Saint-Cloud verlassen hatte; meist Reaktionen auf Briefe von mir, die verloren sind, während die seinen sich fast wunderbarerweise erhalten haben.

17. August 1936. »Seit ein paar Tagen bin ich mit meiner Frau in der Bretagne, spreche mit niemandem sonst und plage mich allein mit den bittersten Gedanken. So war Ihr Brief uns beiden willkommen, denn Sie sind von denselben Sorgen und Leiden gequält wie wir... Seit Beginn der spanischen Katastrophe lese ich nichts mehr, außer den Nachrichten, welche die Zeitungen uns geben. Diese Affaire bedeutet ein enormes Datum in der Geschichte. Wenn die Rebellen triumphieren, und das ist wahrscheinlich, so wäre es ein vertikaler Fall Frankreichs und Englands erst recht. Sie verlören das Mittelmeer in einem Augenblick. Und dann wäre die Stufenleiter der europäischen Mächte umgekehrt. Wie dann dem Faschismus innerhalb Frankreich widerstehen?... Was tun? Sie sind zu streng mit unseren Regierungen. Ihre alte Idee eines Präventivkriegs erscheint mir immer noch absurd. Ein Unternehmen, psychologisch unmöglich und im Politischen verwerflich, weil wir nicht durchgehalten hätten und zerschmettert worden wären. In diesem Moment ist es für uns ebenso unmöglich, in Spanien zu intervenieren; wir hätten dann den Bürgerkrieg im eigenen Haus und die große Mehrheit unserer Bevölkerung dagegen...«

19. September 1936. »Manchmal frage ich mich, ob es ein Vorzug oder ein Unglück ist, alt zu sein. Auf der einen Seite gibt es uns die Chance, diese Alptraumwelt bald zu verlassen, auf der anderen ist es bitter, als ein Verzweifelter fortzugehen; wie Sie sagen, hätte man zwanzig Jahre vor sich, dann könnte man hoffen, noch etwas Licht zu sehen... Ich weiß nicht mehr, was ich Ihnen zuletzt schrieb; manchmal wechseln meine Gedanken von Stunde zu Stunde oder werden sie von den Ereignissen überholt; aber meistens finde ich mich beinahe vollständig einig mit Ihnen. Sie wissen recht gut, wie oft ich unsere Fehler erkannt und beklagt habe; schon anfangs den Vertrag von Versailles, über den ich seit seiner Geburt verzweifelt war, dann Poincarés juristische Rechthaberei, etc. Jetzt gebe ich Ihnen recht: wir hätten früher Widerstand leisten sollen, aber das hätte nur geholfen, wenn wir gleichzeitig die gerechten Konzessionen gemacht hätten. Und da täuschen Sie sich: keiner unserer Politiker hätte es gekonnt. Briand wollte es, er sah ganz klar; er besaß die Willensstärke eines Bretonen und war überaus geschickt, wenn es zum Handeln kam. Aber unsere Presse, unsere Bourgeoisie, hat es ihm unmöglich gemacht. Kein Franzose, der nicht gelegentlich sagte: ›Welcher Jammer, daß man den Deutschen ihre Kolonien genommen hat.‹ Wenn aber einer unserer Politiker vorgeschlagen hätte, ihnen irgendeinen Sumpf in Afrika zurückzugeben, so wäre er gesteinigt worden... Die spanische Affaire quält mich Nacht für Nacht. Es steht fest, daß Irún erobert wurde, weil die Verteidiger keine Munition hatten. Wir hätten der Regierung in Madrid doch wenigstens die Waffen liefern können, die sie schon vor dem Beginn der Rebellion bestellt hatte. Für die Republikaner habe ich fast keine Hoffnung mehr. Es ist ja nicht nur, daß es ihnen an Waffen fehlt. An ihnen selber liegt es; ich habe Informationen dar-

über. Sie haben keine Regierung; nur Banden, die niemandem gehorchen. Die Anarchisten kämpfen wie die Verzweifelten; die übrige Miliz vermeidet die Zusammenstöße, eigentliche Kämpfe gibt es kaum. Bei den Rebellen ist es auch nicht viel anders, abgesehen von der Fremdenlegion und den Arabern... Wenn es Hitler gefällt, Rußland anzugreifen, werden wir uns noch friedlicher verhalten als in der spanischen Sache. So England, so auch die Tschechen, ich habe Äußerungen tschechischer Diplomaten gehört, die deutlich beginnen, von Rußland abzurücken... Wie Sie glaube ich, daß Hitler Rußland angreifen wird, und tut er es, so wird er triumphieren. Seine Idee, einen Kreuzzug des Welt-Kapitalismus gegen die Sowjetunion zu predigen, erweist sich als genial. In England, bei uns, überall brennt die Bourgeoisie darauf, Hitler auf diesem Weg zu folgen...«

10. Oktober 1936. »Ihr Brief gefiel mir wie die vorhergehenden, er atmet echten Zorn, der dem meinen gleicht. An Spanien zu denken macht mir Grauen. Aber ich bin älter, folglich denke ich rationaler als Sie. Die Jugend neigt dazu, sich an Personen zu halten und zu glauben, daß diese anders sein könnten. Sie schreiben mir, daß Sie die französische Politik nicht verstehen. Ich verstehe sie recht gut. In allen Ihren Briefen fehlt eine Tatsache, sie kommt in Ihren Gedanken nicht vor: diese Tatsache ist die deutsche Stärke. Deutschland ist viel stärker als 1914, keineswegs schwächer. In einem Krieg würdet Ihr uns vernichten, zusammen mit den Italienern, am ersten Tag. Sagen Sie nicht, daß die deutsche Armee nicht bereit sei; es ist Schwindel; schon vor Hitler wart Ihr stärker als wir. Und genau das paralysiert alle unsere Regierungen... Die Stärke Deutschlands war die beherrschende Tatsache der Zeitgeschichte seit fünfzig

Jahren, und der Hitlerismus ist das Bewußtsein dieser Stärke in den Köpfen der Deutschen. Haben Sie je in der Geschichte ein starkes Volk getroffen, das von seiner Stärke keinen Gebrauch machte? Das ist die Realität, die mich, oft unter Schmerzen, zögern läßt. Erst nach verzweifeltem Schwanken habe ich mich dazu entschlossen, den Widerstand um jeden Preis zu wünschen, weil ich den Tod der Hitlerisierung vorziehe. Der schwerste Irrtum des Geistes ist es zu glauben, die Welt sei so, wie man sie sich wünscht, anstatt sie so zu sehen, wie sie ist. Genau darin besteht der Glaube, als etwas der Vernunft Entgegengesetztes, und Sie wissen, wie sehr ich den Glauben verabscheue...«

Und dann starb Pécauts Frau.

1. Juni 1937. »Ich danke Ihnen für Ihren Brief, ein Zeugnis wahrer Freundschaft wie das Ihre ist mir nicht gleichgültig, selbst in diesem Moment nicht. Sie wissen, wer meine Frau war. Ihr war eine in unserem Kreis sprichwörtliche Güte eigen. Sie war es, die mich den Wert der Güte lehrte und andere gute Dinge: und da sie ungewöhnliche Energien besaß, blieb der Halt, den sie uns gab, immer stark. Mich rührte, was Sie mir schrieben: es war mir eine schwere Last, auch nur einen Abend ohne sie zu sein. Jede Trennung, auch nur für einen Tag, war Quelle des Leidens. Erst jetzt fühle ich ganz, daß diese Gemeinschaft die einzige Quelle meines Optimismus, meiner inneren Heiterkeit war... Nur allmählich kann ich mich an die neue Wirklichkeit gewöhnen, obwohl ich weiß, daß ich bis auf den Grund der Seele verwundet bin. Aber jeder muß seinen Schmerz für sich tragen. Wenn Sie genug Geduld mit mir haben, schreiben Sie mir bitte wie ehedem; vielleicht können Sie noch irgendein Interesse für die Dinge dieser Welt in mir erwecken, aber ich – ich kann nicht mehr interessant für Sie sein... Bien af-

fectueusement, mon cher G...« Das einzige Mal, daß er meinen Vornamen gebrauchte.

29. Mai 1938. »Was mich schier zur Verzweiflung bringt, ist, was ich über die Zustände in Österreich gehört habe. Das ist schlimmstes, fernstes Mittelalter. Die Ausplünderung, die Massakrierung der Juden, und zwar durch die bürgerliche Mittelklasse. Das kann man nicht nur Hitler nicht vergeben, nein, dem deutschen Volk in seiner Gesamtheit kann dies nicht vergeben werden... Furchtbar ist es, daß Krieg und Friede von einem Halbverrückten abhängen, der die Katastrophe jeden Augenblick nur aus gekränkter Eitelkeit entfesseln kann...«
Nachdem ich ihn ein letztes Mal getroffen hatte, erhielt ich noch zwei Briefe von ihm –

13. August 1939 und 1. Januar 1940. Aus dem ersten: »Sie wissen, daß ich über die von beiden Seiten gemachten Fehler anders denke als Sie: wären sie nicht gemacht worden, so wären wir heute trotzdem da, wo wir sind. Wenn Frankreich, wie Sie sagen, den Deutschen ›plus d'amour‹ gezeigt hätte, der Germanismus wäre dennoch wiedererstanden, mit allen seinen Fehlern, deren größter die Traurigkeit ist, dieses immer der Verzweiflung Nahesein. Ihr seid ein Volk ohne Fröhlichkeit, das macht Euch unerträglich. Nein, nicht irgendein bestimmter Fehler ist die Ursache für das, was kommt...«
Aus Pécauts letztem Brief, da war vor kurzem sein älterer Sohn plötzlich gestorben. »Ich öffnete Ihren Brief, der mich heute morgen erreichte, in Gegenwart meiner Nichte. Ich lebe; jedoch habe ich vor allem das Gefühl, mich selbst überlebt zu haben. Sie kannten meinen Sohn. Dieser ›Polytechniker‹ besaß eine wunderbare historische und literari-

sche Bildung und eine ebensolche Kraft des Denkens; er konnte mich noch intellektuell am Leben erhalten. Angesichts dessen, was mir geschah, wäre feige Flucht das einzige, wenn ich nicht doch auch wieder ein wenig nützlich sein könnte, meiner armen Schwiegertochter und deren drei Kindern gegenüber... Angesichts dieser düsteren Jahresschwelle kann man keine Wünsche formulieren. Ich rede nicht von den Ereignissen; brieflich ist es unmöglich, und zudem denke ich nichts. Die Zukunft ist dermaßen dunkel, daß man nicht einmal die undeutlichsten Hypothesen sich ausdenken kann... Mon cher Mann, j'ai pour vous beaucoup d'affection. F. Pécaut.«

Fünf Jahre später, Februar 45, wurde ich von London, wohin die US-Army mich der »Amerikanischen Sendestation in Europa« ausgeliehen hatte, nach Luxemburg versetzt. Unterwegs mußte ich mich zwei Nächte in dem hungrigen, verdüsterten Paris aufhalten. Gleich am ersten Morgen versuchte ich, aus einer Telephonzelle Pécauts jüngeren Sohn anzurufen. Er kam, zu meiner Überraschung, auch wirklich an den Apparat, machte aber den Eindruck eines schwer Kranken. Er sprach zögernd und wirr, konnte sich meiner nicht erinnern, obwohl ich ihn bei seinem Vater oft getroffen hatte; nach kurzer Zeit mußte ich mich mit einer Höflichkeit verabschieden. Nun machte ich den weiten Weg nach Neuilly, rue du Général Delanne, wo Pécaut seit seiner Pensionierung gewohnt hatte. Dort fand ich noch die mir bekannte, liebenswürdige Portiersfrau vor, die mir erzählte: Monsieur le Directeur sei während des Krieges nach Algier übersiedelt, wo seine Tochter mit einem französischen Ingenieur verheiratet war; dort sei er gestorben.

Internierungslager – Französische Aufzeichnungen 1940

Als Deutschland, am 10. Mai 1940, den Krieg in West-Europa entfesselte, lebte ich in der Schweiz. Diese kleine Republik erwartete stündlich das Schicksal, das Belgien und Holland ereilt hatte; sie glich einer belagerten Festung der Humanität. Die Männer vom zwanzigsten bis zum fünfzigsten Lebensjahr standen im Militärdienst, an den Grenzen. Alle öffentlichen Gebäude waren mit Drahtverhauen, Palisaden und Maschinengewehren geschützt, alle Brücken unterminiert. Tankfallen durchkreuzten das Land, die lieblichen Berge um Zürich konnten jeden Augenblick in feuerspeiende Frontlinien verwandelt werden. Überall wurde gearbeitet, geschossen, exerziert; Wissenschaft, Reichtum, Liebe und Haß der Schweizer waren im Zustand höchster, leidenschaftlicher Tätigkeit. Damals begriff ich die Bedeutung solcher Worte wie »Vaterland« und »Gemeinschaft« – und was es heißt, von ihr ausgeschlossen zu sein. Wer hier, als ein Fremder, nicht mittun durfte, der war verloren. In der Stadt, unter Menschen hielt ich es nicht aus, kaum wagte ich, mich auf der Straße blicken zu lassen. Die Schönheit des Landes, der Rigi im blühenden Frühling, ließ mich stumpf und verzweifelt. Ich mußte fort.

Nichts lag näher, als nach Frankreich zu gehen, wo es eine tschechische Legion gab, der mich anzuschließen ich das Recht, wenn nicht die formelle Pflicht hatte. Der französische Konsul eröffnete mir, daß auch die französische Armee Freiwilligen meines Charakters offenstünde. Er gab mir einen sauf-conduit, eine besondere Empfehlung – die Sache war perfekt. Trotzdem wurde ich verhaftet, sobald ich die Grenze des im Kriegsdunkel liegenden Nachbarlandes überschritten hatte. War es die Unwissenheit oder die Bosheit, vielleicht die antitschechische, antienglische Gesinnung eines kleinen Inspektors – gleichviel. Ich konnte nicht einmal protestieren, da ich gar nicht wußte, wohin die Reise ging. Und wer einmal in den Fängen der Militärbürokratie war, dem hätte eine gemeinsame Intervention des Premierministers, des Papstes und des Präsidenten Roosevelt nichts helfen können.

Was nun hier erscheint, sind nichts als Aufzeichnungen aus meinem Tagebuch. Sie haben den Nachteil des Unverbindlichen, Einseitigen, dafür aber, vielleicht, den Vorteil des Unmittelbaren. Den Krieg zeigen sie in seiner dümmsten Form, so eben, wie er im Internierungslager erschien. Es mag übrigens die passiv elende Weise, in der wir ihn erlebten, symbolisch sein für die Weise, in der Frankreich den Krieg erlebte. Die Verwirrung und Ohnmacht, die in unsern Lagern herrschten, hatten das ganze Land ergriffen. So unwissend und angstvoll wie wir Gefangenen die Ereignisse diskutierten, so unwissend und angstvoll hatten die Franzosen während sieben Jahren die Ereignisse diskutiert – anstatt zu handeln. Das Diskutieren ändert die Dinge nicht. Man erwirbt sich Freiheit nur durch Anerkennung der Notwendigkeit. Hat man die Notwendigkeit – sei sie auch eine sehr unglückliche – mutig erkannt, so ist man frei, sie, so wie man will, zu gestalten. Zu gestalten, unabhängig von starren Begriffen, von Formen und Worten, deren Sklave man nicht sein muß. Will man sie nicht erkennen, redet man unnütz um sie herum, so wird man ihr eines Tages elend und passiv erliegen. So ist es immer gewesen. So ist es den Franzosen ergangen.

23. Mai. – Interniert »quelque part en France«; Loriol heißt das Nest. Hoffen wir, es wird nicht zu lange dauern. Wie aber gleich, an diesem ersten Morgen, alle die uralten Gefangenengefühle sich einstellen: der Gedanke der Freiheit als eines kostbaren, kaum vorstellbaren Gutes, die Sehnsucht nach den blauen Bergen der Provence, hier auf der andern Seite des Stacheldrahtes; der Neid auf unsere Wächter, die Offiziere und Soldaten, die frei sind und sich, übrigens ohne viel Bosheit, in ihrer Freiheit vor uns auf und ab bewegen. Und die Langeweile. Sie erinnert an die einer Schiffsreise, nur freilich, daß das Ziel und der Komfort fehlen. Der Komfort spielt aber die geringste Rolle. Wie hier die Internierten, um sich ein wenig freie Bewegung vorzutäuschen, zwischen Schlafräumen und Hof sinnlos hin und her gehen, das erinnert an das Herumwandern zwischen Kabine und Salon und Deck. Den müßigen Deckspielen entspricht das Treiben auf dem Hof – nur wieder ist es ärmer und häßlicher. Es gibt hier ein paar ausnehmend fette und widerliche Hunde, denen zuzusehen ein wesentliches, Stunden und Stunden ausfüllendes Amusement für erwachsene Menschen darstellt. Oder sie liegen auf ihren Strohmatratzen, sehen auf die Uhr und warten, bis das Nichtstun des Morgens übergeht in den öden Einschnitt des Mittagessens, in das Nichtstun des Nachmittags, des Abends, der Nacht und des nächsten Tages. Wenn ich sie frage, warum sie nicht lieber Fußball spielen – das Rote Kreuz hatte einen Ball geschenkt – oder Englisch lernen, sehen sie mich mit müden, spöttischen Augen an. »Seien Sie mal erst zehn Monate hier.« Lesen kann man hier nicht. Lesen kommt nicht in Frage. Was man braucht, das sind Ereignisse – daß irgendwas passiert. Ein Besuch des Arztes etwa, oder ein Wutausbruch des Lagerkommandanten, oder die Einbringung eines neuen Gefangenen – wie gestern meine eigene.

Es empfing mich lautes Fragen und Lachen, als ich spät nachts in den Schlafsaal eskortiert wurde, unter dem ich mir in meiner Unschuld etwas wie ein einbettiges Zimmer vorgestellt hatte. Denn ich wußte bis zuletzt nicht, daß ich in einem Internierungslager war. Mein Gesicht muß recht verdutzt gewesen sein, als, in der drückenden Luft dieses fensterlosen Fabrikraumes, das Licht über all den Schnarchenden anging. Es hatte etwas von dem Empfang eines neuen Schülers in der Klasse, wenn der Lehrer gerade abwesend ist. »Hier kannst du dich auf etwas gefaßt machen, mein Lieber.« Der chef de chambre, ein Bursche im blauen Pyjama, wies mir den Schlafsack jemandes an, der eben in der »infirmerie« sei: ich kroch hinein, ohne viel über die Krankheit des Unbekannten nachzudenken. Es war mir schon alles egal. Dann der Morgen: der Trompetenstoß vom Hof; der Waschraum, in dem aus einer rundumgehenden Röhre spärliches Wasser tropft. Man wäscht sich symbolisch. Greise und Jungen von achtzehn; derbe und leidende Gesichter, lauter Humor und schlechtgelauntes Gegeneinander; ein Gewirr von Stimmen, alle deutschen Dialekte, Französisch, Tschechisch. Ich paßte auf, wie die andern sich verhielten, fiel aber wegen meines ungeschickten, zu sauberen Anzuges auf und wurde mit Ironie betrachtet.
Nachmittags hat mich der Vertreter des Kommandanten, Leutnant Auville, rufen lassen: er würde tun, was in seiner Macht stehe, um meinen Aufenthalt hier abzukürzen. Das heißt, er wird meine Briefe befördern; ob sie, bei dem herrschenden Chaos, ihr Ziel erreichen, ist eine andere Frage. A. ist ein ältlicher, zarter Mensch, von kühler Höflichkeit, vielleicht nicht ohne Gefühl für das Heikle seines Amtes. Sein Vorgesetzter, capitaine Ledoux, im zivilen Beruf Mädchenschuldirektor, gilt als streng, aber gerecht. Er verachtet die seiner Obhut anvertrauten Fremden höchlich, er-

widert keinen Gruß und trägt seinen grauen Kopf um so höher, weil er weiß, daß wir wissen, wie gefährlich es um die französische Sache steht.

23. Mai. – Ein junger Tscheche, ein gutaussehender Mensch, hat mir seine Geschichte erzählt, die in ihrer Art die meine übertrifft. Er ist der Sohn eines bekannten Prager Politikers und gab Stellung, Familie, alles auf, um über Belgrad und Italien nach Frankreich zu gehen und sich der Tschechischen Legion anzuschließen. An der Grenze wurde er verhaftet, hierher gebracht und wartet nun schon seit Monaten auf Gerechtigkeit. »Les nerfs!« rief er, sich an die Stirne schlagend, »les nerfs! Man erträgt es nicht.« Die Umstehenden, an seine Ausbrüche offenbar gewohnt, lachten ihn aus und versicherten ihm, daß sie seine Geschichte genugsam kannten. Viele von ihnen sind ja auch ungefähr in der gleichen Lage. Was soll man ihnen sagen? Ehedem, in der Schweiz, habe ich mich geweigert, die Tatsachen dieser Internierungen auch nur zu diskutieren. Die Notwendigkeit des Krieges rechtfertigt sie; Härten, die vorkamen, der Ruin so mancher braven Existenz, wiegen gering gegen so viel Qual, die der von den Deutschen verschuldete Krieg angerichtet hat. Und doch muß ich es, seit ich hier bin, etwas anders ansehen. Zwar, mit der großen Mehrzahl der bloß zufälligen Emigranten, die nur zu gern deutsche Soldaten wären, wenn man es ihnen erlaubte, ließ sich bestimmt nichts anders machen.

Anders steht es mit diesem Tschechen. Anders mit diesen saarländischen Arbeitern, die sich damals, 1935, für die Erhaltung des Völkerbundregimes im Saargebiet einsetzten und die fliehen mußten, als ihre Heimat an Deutschland kam. Die Franzosen hatten ihnen alles versprochen, Schutz und Arbeit und Bürgerrecht. Nun sind sie hier, und ihre Gedanken verwirren sich, und ihre Körperkräfte verfaulen. Es sind Leute, denen die Ehrlichkeit ins Gesicht geschrieben steht, brauchbare Leute, Bergarbeiter oder Eisendreher, ihrer Religion nach Katholiken, oft Sozialdemokraten. In vier Jahren friedlicher Arbeit waren sie zu guten Franzosen geworden; jetzt, wie mir einer von ihnen sagt, macht man sie mit Gewalt zu deutschen Nationalisten. »Nie sollen meine Söhne französische Uniform tragen, nie, nie!« Und doch kämpfen Söhne oder Brüder von ihnen, willkürlich ausgewählt, als französische Soldaten! – Ich sage nicht, daß das Schicksal dieser wenigen Tausend eine relative Bedeutung für den Krieg hat; aber ich sage, daß es eine absolute Bedeutung hat. Gegenüber diesen Fremden hätte der gute Geist Frankreichs sich bewähren müssen; und hat sich nicht bewährt.

Daran liegt es. Frankreich krankt am Widerspruch zwischen dem, was es zu sein noch prätendiert, und dem, was es wirklich ist. Dem Widerspruch einer generösen, weltoffenen Theorie und einer müden, hochmütigen, treulosen Indifferenz in der Praxis. Es hat eine traditionelle Gleichgewichtspolitik gemacht, für die es keine Kraft und keinen Sinn mehr besaß. Es hat den kleinen Völkern des Ostens in dem Ton von 1792 von Völkerverbrüderung und Freiheit und sécurité collective gesprochen, aber gar keine Liebe und gar kein Interesse für diese Völker gehabt. So haben die Franzosen den Krieg erklärt, ohne ihn führen zu wollen; so eine Tschechische Legion, wie in den Revolutionen des vorigen Jahrhunderts gegründet, aber die Tschechen, die zu ihr stoßen wollten, an der Grenze eingesperrt. Während ihre Politik ein Netz von idealistisch-kühnen Verbindungen quer über den Kontinent sein sollte, haben sie in Wirklichkeit nur dies gemacht: sie sperrten sich ab und sperrten im Innern ein, was ihre Ruhe stören konnte. Das ist nicht die

Politik eines Imperiums. So schlechtgelaunt und weltfeindlich kann man nicht die höchsten Ideen und nicht einmal seinen eigenen Besitz verteidigen.
Die Nachrichten von der Front sind täglich schlimmer statt besser. Mich selbst erschüttern sie weniger, als ich geglaubt hätte. Vielleicht, weil wir das Unglück in so langen Jahren so unvermeidlich herankommen sahen; vielleicht auch, weil dies Lager wirkt wie eine Abdichtung gegen Lärm.

30. Mai. – Die letzten Tage waren viel besser, da ich nun mit anderen bei den Bauern arbeite. Welch ein Gefühl, aus dem Fabrikhof herauszukommen und, ziemlich zwanglos, nur von einem Soldaten begleitet, ein, zwei Stunden lang zur Ferme zu marschieren. Auch macht die Arbeit Spaß. Ich wußte immer, daß der Intellektuelle mehr körperliche Betätigung braucht, als er meistens hat; beim Laden der Heuwagen fühle ich mich so wohl wie Lewin in *Anna Karenina.* Die Bauern sind nett – teils aus Klugheit: denn sie freuen sich über die kostenlosen Arbeitskräfte und glauben, mit Freundlichkeit und Wein mehr aus uns herauszuholen. Außerdem, weil es französische Bauern sind – taktvoll, würdevoll, intelligent. Ein zehn- oder elfjähriger Junge, dessen stumme Energie und unübertreffliche Vorarbeit auch die Faulsten mitreißt. Mit heimlichem Lachen ließ ich mich von ihm kommandieren. »Où me mets-tu maintenant, mon petit?« – Ein Alter, der aussieht wie der Marschall Pétain, gab Wein und Zigaretten à discrétion. »On est bien chez vous, Monsieur.« – »Ja«, erwidert er, »mein Sohn ist in deutscher Kriegsgefangenschaft…«
Auf der andern Seite habe ich es nicht gern, wie einige der Internierten sich bei den Franzosen anbiedern und mit Rufen wie »Hé, mademoiselle, ça va?« oder Handküssen die Passanten belästigen; da man uns doch für deutsche Kriegs-

gefangene hält und die Deutschen in Frankreich eingefallen sind und eben jetzt ihre Opfer in einer endlosen Reihe von Sanitätsautos an uns vorüberziehen. Mir graut etwas vor unserm Rückmarsch durch die Stadt, wie ich diesen Jammerzug sehe. Aber man haßt uns nicht. Kein höhnischer Ruf klingt uns nach, kaum streift uns ein neugieriger Blick. Die beiden Hauptstraßen dieser Kleinstadt heißen »Avenue Daladier« und »Avenue Chamberlain«. Offenbar eine Erinnerung an »München«. So friedliebend war dieses Volk und so verblendet; in so schrecklicher Unwissenheit haben seine Führer und Schriftsteller es gehalten.
Es ist, nach neun Monaten, endlich doch ein Kommissar gekommen, der die Fälle der Internierten zu untersuchen hat, um die Zuverlässigsten der Armee oder dem Arbeitsdienst zuzuweisen. Er heißt Schmitz, und man behauptet, er sei Rheinländer und ehemaliger Separatist. Mir erzählt er, sein Haar sei wegen des vielen Unglücks, mit dem er sich in der letzten Zeit beschäftigt habe, grau geworden; ich habe aber den bestimmten Eindruck, daß es ihm Vergnügen macht, die Hoffnungen der Gefangenen zu erwecken und wieder zu zerstören. Es ist der erste Franzose, bei dem ich sadistische Züge entdecke. Er nennt mich »mon cher ami«, macht mir Komplimente über meinen Vater und rät mir, in die Fremdenlegion einzutreten, die er mir als eine Art Elitetruppe und Garderegiment schildert – wahrscheinlich bekommt er für jeden neuen Legionär einen Kopfpreis. »Dies, mon cher ami, brächte Ihnen auch den Vorteil, daß Sie nicht an die Front müßten.« Und auf meinen Einwand, daß ich gerade nach Frankreich gekommen sei, um, nach schwachen Kräften, etwas Nützliches für die Sache der Alliierten zu tun: »Évidemment, si vous avez des comptes à régler, c'est autre chose.« Persönliche Rache – das ist alles, was der Mann, ein Vertreter des idealistischen Frankreich, sich un-

ter dem Zweck meiner Reise vorstellen kann. – Schließlich kommt er noch auf die Kapitulation des Königs von Belgien zu sprechen, über die er tief empört ist. »Mais quand même, on les aura.« Ich denke mir: Wenn sie alle so wären wie du, Spitzbube, so würde Frankreich gewiß nicht siegen noch zu siegen verdienen – und versichere ihm, daß auch ich voller Hoffnung sei.

3. Juni. – Mit den Soldaten, unsern Bewachern am Tage, vertrage ich mich gut. Ein paar mißtrauische Dummköpfe sind darunter; böse ist keiner, die Mehrzahl freundlich, neugierig und gesprächig. Unglaublicherweise sind sie meistens der Ansicht, daß ihr eigenes Land, Frankreich, am Kriege schuld sei, und sind fast choquiert, wenn ich widerspreche. »Wir haben doch den Krieg erklärt.« Oder: »Wenn sie nicht Krieg zu führen verstehen, warum machen sie ihn dann?« »Sie« – das sind die oberen Zehntausend, die reichen Leute in Paris, die aus Langeweile Politik spielen. Die verzweifelten Anstrengungen Paul Reynauds finden keinen Widerhall in der Masse: da ist nichts als Unwissenheit und Gleichgültigkeit. Gleichgültigkeit – nicht Rebellion. Diese Soldaten versichern mir, daß sie an der Front gewiß ihre Pflicht tun würden, hoffen aber, es werde zu Ende sein, bevor sie an die Reihe kommen. Sie sind ohne Haß, ohne Zorn, sie finden, was die Deutschen machen, modern und in mancher Beziehung nachahmenswert. Einer erzählt mir, daß er verheiratet sei, aber keine Kinder habe und keine haben wolle. »Die Jugend will keine Kinder haben.« Ich: »Das ist aber nicht gut für den Staat.« Er lacht und zuckt die Achseln.
Bon sens: die Franzosen haben zu viel davon. Bon sens ist eine natürliche, menschenfreundliche Art von Geistigkeit: aber sie reicht nicht aus, um mit der Politik und den Deut-

schen und der Weltgeschichte fertig zu werden; und reicht also für das Leben nicht aus.
Bei der Arbeit auch gelegentlich Gespräche mit Deutschen; einer Art, wie ich sie sonst seit Jahren nicht getroffen hatte. Zwei »Auslandsdeutsche« fielen mir auf, der eine aus Hamburg mit einem Geschäft in São Paulo, der andere aus Frankfurt, Besitzer von zwei Hotels in Lyon. Wohlerzogene, gutmütige Burschen. Sie lieben Adolf Hitler nicht, wünschen aber seinen Sieg. Warum? »Wenn Deutschland den Krieg verliert, dann sind auch wir verloren, dann können wir unsern Laden zumachen.« Und wie ich ihnen die unabsehbaren moralischen Folgen eines deutschen Sieges entgegenhalte: »Für Sie als Berufsidealisten mögen das zwingende Argumente sein. Aber wir sind Kaufleute und müssen uns um unser Geschäft kümmern.« So weit, so gut. Wenn wir aber auf die Ursachen des Krieges zu sprechen kommen, schweifen diese Praktiker jammervoll ins Vage und sprechen vom »unvermeidlichen Kampf des Sozialismus gegen den Kapitalismus«. Es ist ein Unglück, daß so wenige über das Berufsinteresse hinaus, im Reiche des Großen, Allgemeinen zu denken gelernt haben. – Es sind auch Nazis da, aber mit denen rede ich nicht; ferner Juden, welche von den Deutschen per »boches« sprechen, dabei aber gewisse, den Deutschen eignende Fehler, eine laute Taktlosigkeit, einen Mangel an Gefühl für das Heikle der eigenen Lage, nur zu deutlich bemerkbar machen. – Der Liebste ist mir ein engerer Landsmann, ein sozialdemokratischer Arbeiter aus München, ein bayerischer Philosoph und Spaßmacher, der in allen Dingen seine eigne Meinung hat. Er war lange in der Hölle von Dachau, und wenn er jetzt hier gefangen sitzt, so ist seine unbeugsame Gesinnung und nichts anderes schuld daran. Er haßt die Nazis, aber freut sich auf den Tag, an dem er, nach ihrem Sturz, wieder in

die Heimat wird zurückkehren können, und mit lachenden Augen sagt er seinen Mitemigranten grobe Wahrheiten. – Über eines sind sie sich alle einig: daß dieser Krieg eine große Revolution sei und daß das Alte nicht wiederkommen könne – besonders nicht die kleinen Staaten. Wie ich neulich meiner Bewunderung für die Schweiz und Holland Ausdruck gab, schrien sie alle, ich sei ein Reaktionär.
Kommen wir abends in langen Marschkolonnen »nach Hause«, steht Oberlehrer Ledoux, als capitaine verkleidet, mit grimmig rollenden Augen am Eingangstor der Fabrik. Er prüft, ob unsere Kragen zugeknöpft sind und ob wir die Buchstaben TE (travailleur étranger) alle richtig auf dem Rücken gemalt haben. Seine Stimme ist um so donnernder, weil er weiß, wie üble Nachrichten aus Nordfrankreich vorliegen.

9. Juni. – Gestern hat mir Leutnant Auville im liebenswürdigsten Ton mitgeteilt, daß mein Gesuch, in die französische Armee einzutreten, im Prinzip angenommen sei und daß ich nicht mehr lang hier würde warten müssen. Ich erwiderte ihm, ich sei dieser Ehre sehr zugänglich. Aber wir können ja in vierzehn Tagen die Deutschen in Paris und eine Regierung Flandin haben.
Wenn man hier nicht arbeitet, so ist das Leben buchstäblich das eines Hundes: sich langweilen und kommandiert werden. Es ist mir auch ganz klar, warum die Hunde so gierig auf jeden Bissen sind: nicht aus Hunger, sondern um sich zu zerstreuen.

11. Juni. – In der Bahn, im geschlossenen Viehwagen. Abscheuliche Hitze, Staub und Durst. So bringt man uns durch das Land, auf der Flucht vor den Deutschen, die sich dieser Gegend nähern, und wahrscheinlich nach Afrika. Natürlich

hätte ich protestieren, mich mit Händen und Füßen dagegen wehren sollen, da mein Fall bereits geklärt sei. In Wirklichkeit war ich höflich und nachgiebig wie immer. Und da mich der Leutnant zum chef de groupe gemacht hatte, so konnte ich vollends nicht widerstehen. Chef de groupe – das heißt, ich habe den dreißig, die hier um mich herumliegen, ihr Brot und pâté auszuteilen, zu sehen, daß jeder halbwegs Platz hat, sich auszustrecken. Und dies erbärmliche Amt, selbst ein Gefangener, aufzupassen über andere Gefangene, gibt mir Verantwortung und Rang. Ich glaube, wenn einer zu fliehen versuchte, ich würde ihn nach Leibeskräften daran zu hindern versuchen. So sind wir. So stark ist unser Trieb, irgendwo zu führen, für andere zu sorgen; dem, daß sie ihn so überreichlich befriedigt haben, verdanken die Faschisten nicht zuletzt ihren Erfolg. Meine »Untergebenen« glauben, daß ich einen Roman schreibe, während ich diese Aufzeichnungen mache. Sonderbar mesquine Kameraderie, elende Notgemeinschaft, die alle Augenblicke in wütenden Zank ausartet, wegen des Durstes. Was mich quält und empört, ist das *Passive* dieser Lager, angesichts einer so enormen Weltkrise. Nicht als ob der Soldat bequemer reiste als wir, oder als ob er sich immer im Zentrum der Ereignisse befände. Aber eine gewisse Würde, eine gewisse sentimentale Genugtuung mag er doch empfinden. Wir aber – da ist nichts als Schmutz, Wut und Dummheit.

Vierundzwanzig Stunden später. Mittlerweile hat Italien den Krieg erklärt. Das ist der Grund, warum man uns gestern einige Stunden im Marseiller Hafenbahnhof stehenließ, dann wieder ins Land hineinfuhr. Es können keine Schiffe mehr nach Afrika fahren. Ordre, contrordre, désordre. Gegen Italien herrscht große Wut. Ein junger Soldat spuckte aus bei der Nennung dieses Namens. »Sehen Sie, so achte ich Italien. So und nicht anders.«

16. Juni. – *Les Milles,* eine Ziegelei in der Nähe von Aix-en-Provence, ein enormer Bau aus roten Backsteinen. Hof, Nebengebäude, Drahtverhau, alles häßlich, furchtbar häßlich; besonders in dem Regen, in dem wir einmarschierten. Platz wäre für fünfhundert; schon sind aber dreitausend Gefangene hier versammelt, und kein Tag vergeht, an dem nicht neue Gruppen, neuerdings auch Italiener, in den Hof getrieben würden. Die alten Insassen werden, ich weiß nicht warum, in das Haus gesperrt, wenn solch ein Einzug stattfindet; an den Fenstern stehen sie gedrängt, blicken neugierig und amüsiert herunter, entdecken Freunde, grüßen, winken wehmütig, oder herzlich, oder majestätisch, je nach Temperament und Anspruch. Mit Lachen erkannte ich den berühmten Schriftsteller F. und drei oder vier kleinere Häupter unter der Menge. »Trifft man sich in der Hölle wieder?« – Les Milles hat wirklich etwas von einer Hölle. Erfahrene sagen, daß es schlimmer sei als Dachau; das ist natürlich Unsinn. Wahr scheint mir nur dies: Die Deutschen organisieren die Grausamkeit sauber und genau; die Franzosen können, ohne viel darüber nachzudenken, Schlamperei und Unfähigkeit bis zum Grausamen treiben. Der Wassermangel, der Staub und Dreck, das buchstäblich stundenlange Anstehen vor der Toilette, und so viel zusammengedrängter Stumpfsinn, Hunger, Wut und Angst – das ist grausam jedenfalls in der Wirkung, und hat etwas Höllenmäßiges.

Gearbeitet wird hier nicht – dieser sicherste Trost fällt weg. Man wäscht sich mit einem Becher Wasser, trinkt seinen Kaffee oder was so genannt wird, und geht in den Hof – eine Art Kurpromenade. Hier laufen nun die Tausende, mit ihren verbrauchten Anzügen und verbrauchten Nerven, umeinander herum und unterhalten sich, indem sie ihre Neugier und Angst wechselseitig steigern. »Wissen Sie schon? Hitlers erste Bedingung ist die Auslieferung aller Emigranten« usf. Um einige Führernaturen, zum Beispiel den berühmten Schriftsteller, sind stets andächtige Zuhörer versammelt. Es werden Abordnungen an den capitaine beschlossen. Wir müssen wieder fort, ehe es zu spät wird. Die Nazis hier bereiten einen Handstreich vor, sie wollen die »politisch Kompromittierten« auf eigene Faust gefangennehmen, wenn die deutsche Armee nah genug sein wird. Und sie ist schon über Lyon hinaus. Unleugbar werden diese Burschen immer frecher, ihre Gesichter immer schadenfroher; dreist erheben sie den Arm zum Hitlergruß. Die französischen Offiziere sagen, daß sie das nicht hindern können und daß es uns nicht weh zu tun braucht. Überhaupt ist von der Wachmannschaft gegebenenfalls kein Schutz zu erwarten. Also müssen wir uns selbst schützen, die Tschechen, die Saarländer müssen Widerstand und Flucht gemeinsam vorbereiten ...

Les Milles ist eine Großstadt im Vergleich mit Loriol; Geschäfts-, Genuß- und Arbeitstrieb wachsen wild. Wer Geld hat und vor dem Zugriff der Militärkontrolle gerettet hat – aber das haben die wenigsten –, kann alles kaufen. Er kann einen »Diener« für sich an der Kantine oder Toilette anstehen lassen. Von Schleichhändlern, die herumeilen, kann er Schokolade, gebratenes Schweinefleisch, Wein, sogar Cognac haben. Die Preise sind entsprechend. Bloße Arbeitskraft ist nämlich billig, Hände und Zeit gibt es übergenug: die »Diener«, die Schuhputzer, selbst die Friseure müssen sich mit bescheidenem Gewinn begnügen. Zwei Teeverkäufer, ehemals Besitzer großer Wiener Cafés, können, gestützt auf monopolartige Beziehungen zur Soldatenküche, schon ganz andere Forderungen wagen; obwohl ein Ton höhnischer Konkurrenz zwischen ihnen herrscht, geht doch die Nachfrage stets über ihr Angebot hinaus. Wer mit Alkohol oder den hochverbotenen Tageszeitungen handelt, kann verlangen, was er will. Sehr komisch ist, wie einige Soldaten sich einmischen und lächerlich zerstückelte Fleischrationen, Bestandteile ihrer Uniform, ja selbst einen *Blick* in die Zeitung für Geld feilbieten. Ein Zeichen der Auflösung.

Um neun Uhr abends, in der Juni-Dämmerung, muß der Hof geräumt werden, und hinter den widerwillig einströmenden Gefangenen schließen sich die Tore des Hauptgebäudes. Wieder kann ich mich hier nicht des Eindrucks von Höllischem erwehren: der Erinnerung an gewisse Bilder vom Jüngsten Gericht oder an die Unterweltsszene im Gluckschen *Orpheus.* Dunkelheit und Schmutz des Hauses, das erzwungene Gedränge, die verzweifelte Heiterkeit, die physische Ohnmacht und Ehrlosigkeit dieser dreitausend, dazu noch die Schadenfreude, die Nazis, Tschechen, Juden, wie eng sie auch zusammen hausen, wechselseitig empfinden, das ist eine Hölle, in der die französischen Soldaten als gutmütige Teufel fungieren. Wer kann, zu dieser Stunde, unter solchen Umständen, an Schlaf denken? In dem Gewirr langer Ganggewölbe, im Halblicht spärlicher blauer Birnen setzt das verrückte Treiben sich fort. Es ist das Berliner Nachtleben von 1929, dann Wien und Paris in makabrer Konzentration. Gestürzte Größen von ehedem, berühmte Advokaten, Zeitungs- und Theaterleute, denen mit ihrer Stellung oft auch ein Teil ihrer Würde verlorenging, in sonderbarer Nachtgewandung, alten Mänteln und Mützen; eine Exzitation ohne Alkohol, ohne Frauen, durch nichts als die Dunkelheit, die drückende Luft, die Angst, die Zahl, den eigenen hungrigen Müßiggang genährt. Ein Neger aus Kamerun, der das Deutsche mit Berliner Akzent spricht, und ein Zwerg müssen zur Erheiterung dienen. Die Wachtposten stehen in dem Gedränge wie Kretins; Gott weiß, was sie sich denken. Notfalls hätten sie nicht einmal Platz, ihr

Bajonett zu gebrauchen. Versucht man, sie ins Gespräch zu ziehen, etwas von dem, was gestern in Bordeaux vorging, zu erfahren, so weichen sie aus, wozu sie offenbar strengen Befehl haben.

Während ich die Leiter zu dem Speicherraum hinaufsteige, der meiner »Gruppe« zum Schlafen angewiesen ist, gehen die letzten Lichter aus, wegen Fliegeralarms: es gibt aber einige Taschenlampen. Oben produzieren sich zwei auf Violine und Zither. Nazis, Tschechen und die andern sitzen um die beiden Braven herum, von denen der eine, ich glaube ein Ungar, sich weigert, ein italienisches Lied zu spielen, wegen der politischen Lage. Ihre Leistungen finden gerührten Beifall, zum Schluß wird Geld für sie gesammelt. Sonst kein Licht, keine Luft, und draußen die Katastrophe und die völlige Ungewißheit des nächsten Tages.

Noch um zwei Uhr ist Leben in den Gängen unten, wenn auch spärlicher und verdächtiger. Ein alter wahnsinniger Professor mit scheußlich verwildertem Bart steht unter einer blauen Lampe und hält sich ein Buch vor die Augen. Wie er mich kommen hört, tritt er mir in den Weg, verbeugt sich zeremoniell und krächzt: »Erlauben Sie, daß ich mich vorstelle: Kommerzienrat...« Ich war aber so traurig und wütend, daß ich schrie: »Nein, ich erlaube gar nichts!« – und weiterlief.

Alle glauben, daß der Krieg zu Ende ist und wünschen es; wer aber siegt, wer verliert, das ist der überwältigenden Mehrheit vollständig gleichgültig. So erleben die Menschen die Entscheidungen der Geschichte.

18. Juni. – Gestern erreichte der Wahnsinn seinen Höhepunkt. Das Gerücht eines Waffenstillstandes wurde bestätigt und zehnmal dementiert und wieder bestätigt. Die Emigranten sahen sich schon an die Deutschen ausgeliefert, er-

schossen, gevierteilt, die Nazis befreit, belohnt und dekoriert. Das Schreien und Protestieren auf dem Hof wurde so wütend, daß der Kommandant, in seiner armseligen Verlegenheit, Maschinengewehre auffahren ließ. Darauf erschien über den Köpfen der Rebellen ein Plakat: »Schießt, wir ziehen französische Kugeln den Foltern durch die Deutschen vor!« – was nun doch auf die Militärs Eindruck machte. Sie haben aber keine Befehle, ihr Generalstab ist auf der Flucht, und auch wenn es ihnen selbst unangenehm wäre, uns in die Hände der heranrückenden Deutschen fallen zu sehen, so fürchten sie doch viel mehr die Folgen einer eigenen Initiative. Ich habe Leutnant Auville noch einmal gefragt, ob man mich unter solchen Umständen nicht in Gottes Namen ziehen lassen könnte; es ist aber immer die gleiche unverbindliche, obwohl fast sentimentale Freundlichkeit, die gleichen vagen Versprechungen. – Die jungen Soldaten amüsieren sich nach wie vor. Sie freuen sich, nun nicht mehr an die Front zu müssen, und glauben, daß die Bedingungen dieses sogenannten Waffenstillstandes auf ihr privates Leben überhaupt keinen Einfluß haben werden. Nur einer vertraute mir, daß er an eine »rote« Revolution glaubt. »In diesem Fall«, sagt er mir, »müssen Sie sich, wenn Sie hier herauskommen, eine Uniform verschaffen, denn wer dann keine Uniform trägt in Ihrem Alter, der wird zu den oberen Zehntausend gerechnet. Halten Sie auch ein weißes und ein rotes Abzeichen bereit, für alle Fälle.« Wo sollen denn aber hier die Kräfte für eine Revolution herkommen? – Man hat den Krieg geführt, wie man vorher die Politik gemacht hat, und den Frieden geschlossen, wie man den Krieg geführt hat – blind, von Tag zu Tage lebend. Jetzt, all den Beispielen zum Trotz, gibt man sich neuen Illusionen hin, spricht von »relativ milden Bedingungen«, die die Souveränität des Staates intakt ließen. Die Souveränität! Man muß die Deutschen und Hitler kennen.

26. Juni. – Das ist die dümmste Reise, die ich in meinem Leben gemacht habe. Den 21. wurde bekanntgegeben, daß diejenigen, die Grund hätten, die Deutschen zu fürchten, auf ihren Wunsch nach Afrika gebracht werden würden; es meldete sich die Mehrzahl, etwa zwei von dreitausend. Den 22. begann die Fahrt, diesmal sogar in Personenwagen. Am nächsten Morgen, in dem kleinen Hafen von Sète, erhielten wir die Nachricht von der Unterzeichnung des Waffenstillstandes, fuhren aber dennoch weiter und kamen den 24. mittags nach Bayonne. Die Landstraßen waren vollgepfropft mit Lastwagen, Privatautos, Pariser Omnibussen, vor- und zurückströmenden Flüchtlingen zu Fuß und Rad, Verhafteten und Gendarmen, Permissionären und Deserteuren in verwilderter Uniform. Man hatte den Eindruck eines großen, völlig ungenützten Reichtums an Menschen und einer erbarmungswürdigen Desorganisation. Unser Zug fuhr in einer Reihe von vielleicht zehn, ebenso endlosen, mit Soldaten, Internierten oder Flüchtlingen. Solche Züge standen auf allen Bahnhöfen und Nebengeleisen, oft mit Kochherden, Betten und Kisten zu Wohnungen eingerichtet. In Bayonne hieß es, daß die Deutschen, vor denen man uns hatte retten wollen, in zwei Stunden von Norden her ankommen würden, und es ging also wieder aus der Station hinaus, in das Land, wo der Zug irgendwo auf freier Strecke stehenblieb. Unsere Begleitmannschaft erhielt jetzt den Befehl, uns an der Flucht nicht mehr zu hindern, was mehrere Hundert sich zunutze machten. In Gruppen, zu zweit oder allein, mit sonderbarem Gepäck, sprangen sie in die Regennacht hinaus und verschwanden im Dunklen. Ich blieb jedoch im Coupé, weil ich von der deutschen Gefahr

und der Chance einer solchen Flucht ohne Geld und Ausweispapiere nicht viel hielt. Gegen Morgen fuhr auch der Zug wieder weiter und die ganze Strecke wieder zurück. Die Nahrung war erst Brot und pâté, dann gar nichts mehr. Gestern abend, hinter dem Bahnhof von Toulouse, gab es Zeitungen mit den Waffenstillstandsbedingungen, die nun doch weniger »milde« sind. Ich vergesse die Szene nicht: Tausende von verwilderten, bärtigen Menschen, Züge mit Negern und Indochinesen, die man aus ihrer fernen Heimat in diesen Wahnsinn geschickt hat; die trüben Gesichter der Offiziere; ein giftiger Sonnenuntergang, Kot und Kotgeruch auf den Schienen – und dies elende Extrablatt.
Dann lief ich in einer Toulouser Vorstadt herum, um Wein und Essen zu kaufen – wie ein erster Ausgang nach langem Aufenthalt in einem Krankenhaus. Die Leute sind so charmant wie eh und je – vielleicht, daß das Schicksal sie ernster machen wird. »Ah, Monsieur, qui se serait figuré ça!« (eine Krämersfrau). – Die Erzählungen der Soldaten laufen ziemlich einstimmig auf Verrat hinaus. Im entscheidenden Augenblick habe es stets an Munition gemangelt, die Offiziere seien immer zuerst davongelaufen, und so fort. – »Verrat« ist ein bequemes, unter Franzosen beliebtes Wort: es dürfte aber, was hier an Harmlosigkeit und Gutmütigkeit und Verstocktheit und Lieblosigkeit, an faulem Bürokratismus, an schielender Sympathie, an Willensschwäche zusammengekommen ist, kaum ausreichend zum Ausdruck bringen.

2. Juli. – Marseille – im Gefängnis, nach einer mißglückten Flucht. Die eigentliche Anarchie, die jetzt hier herrscht, ist mit grausamer Polizisten-Pedanterie sonderbar vermischt. Wer auf der Hafenavenue, der »Canebière«, keine Papiere bei sich hat – und meine blieben in Leutnant Auvilles Obhut –, wird in dies Kellerloch gesteckt. Unter den freund-

lichsten Reden und Witzen übrigens, so daß man schon denkt: nun, so schlimm kann es nicht werden. Diese Detektive und Beamten nennen einen »du« und klopfen einem auf die Schultern: »Du courage, mon vieux. Wer wird das Leben so ernst nehmen?« Aber dann fällt die Türe ins Schloß, und man findet sich in einem Burgverlies, wie man es aus Ritterromanen kennt, wo für sechs Raum wäre und zwölf wie tote Fische nebeneinander auf dem Holz liegen. – So ist die französische Freundlichkeit: unverbindlich. Es ist bloß formale Humanität, die uns nicht hilft. – Nein, man darf nicht verallgemeinern. Das Volk ist hilfsbereit und gut; zum Beispiel der Ziegenhirt, bei dem ich neulich schlief und der, trotz seiner Bettelarmut, für sein Strohlager und seinen Wein kein Geld nehmen wollte. Oder der Gendarm, der mir auf der Fahrt hierher feierlich den Rest eines Bleistiftes schenkte, als er hörte, daß ich ein »homme de lettres« sei. »Dann können Sie sich alles notieren, was Sie erleben.« Sonst war der Mann ein Skeptiker. »Der Krieg«, sagte er, »ist für uns zu Ende. Frankreich hat nichts zu fürchten. Verliert England, so muß es selbst und nicht wir die Zeche bezahlen. Und gewinnt es, dann haben wir auch gewonnen.« Als ich ihn fragte, was nun all die berühmten französischen Schriftsteller machen würden, die noch vor drei Wochen die Deutschen so unbarmherzig mit ihrer Feder geißelten, antwortete er: »Dürfen sie die Wahrheit nicht mehr sagen, so sagen sie Lügen. Darin besteht ihr Beruf.« – Natürlich gibt es auch wohlhabende Leute hier, die helfen und die unter der gegenwärtigen Schande Frankreichs sehr leiden. Es gibt alle menschlichen Zustände und Grade immer und überall. Daß aber die Armen, die Fischer, Kleinbauern und Arbeiter, in diesem Lande besser sind als die Bourgeoisie, das, ohne jede Romantik, glaube ich sagen zu können. –

Meine Mitgefangenen hier: ein Krämer, der den Zucker zu

teuer verkauft hat, ein schmutziger Mensch mit einem ungeheuren Schnurrbart. Als er hereingestoßen wurde, wollte er sich erst schütteln vor Lachen über den ungewohnten Aufenthalt, geriet aber gar bald in Verzweiflung. Ein algerischer Taschendieb, achtzehn Jahre alt, der ständig seinen Mund an das Loch in der Türe preßt und den Wärter mit melancholischen Pfiffen und Rufen herbeizulocken sucht. Wie er zum Untersuchungsrichter gerufen wird, nimmt er von allen einen tragischen Abschied, kommt aber nach kurzer Zeit zurück, Blut im Gesicht. Third degree, passer au tabac, es läuft überall auf das gleiche hinaus. – Der Rest: mehr oder weniger Menschen in meiner Lage, nur keine Deutschen mehr, da diese jetzt die Herren sind. Einer, ein Österreicher, läuft immer die drei Schritte auf und ab, mit geballten Fäusten, murmelnd: »Diese Ungerechtigkeit, diese empörende Ungerechtigkeit!« – Keine Möglichkeit, mit der Außenwelt, mit dem amerikanischen Konsulat zu kommunizieren, entgegen allen Versprechungen. Der Mann, der morgens und abends Brot durch das Loch in der Türe reicht, geht weder auf Verführerkünste noch auf Wutausbrüche ein. Die Nächte sind – es hätte keinen Sinn zu sagen, unerträglich, denn man erträgt sie, wenn auch ungern. Das Licht brennt grell, und die Wasserspülung rauscht alle drei Minuten, automatisch. Von nebenan schrilles Geschrei und Gelächter: es sind Mädchen von der »Canebière«, die mit ihren Wärtern scherzen.

Die »freien« Tage in der Stadt, vorher. Die arbeitslose Jugend, Hunderttausende, ist den ganzen Tag am Meer und kümmert sich den Teufel um Sieg oder Niederlage. Das geht, solange es Sommer ist und solange die Ernährung halbwegs ausreicht. Über den angeblichen englischen Angriff bei Oran war die Erregung groß, angeheizt durch Communiqués aus Vichy. »Ça, c'est se mettre au niveau des boches.« Noch immer viel Verblüffung und wenig Einsicht. Die Lage erinnert mich an die der Tschechen nach dem Frieden von München: die wußten damals auch nicht mehr, was sie denken und hoffen und wen sie lieben und hassen sollten. Es ist klar, daß man eine Art von »Faschismus« einzurichten versuchen wird. Aber das kann nicht gelingen: 1) Weil das Volk ihn nicht haben will. 2) Weil hier alles fehlt, was zum Faschismus gehört, zum Beispiel Souveränität und Stärke gegen außen, nivellierende Kraft nach innen. – Vor ein paar Jahren hörte ich einen französischen Volksschullehrer sagen: »Pauvre France! Son rôle est fini.« Dieser Ausspruch ging mir in den letzten Tagen im Kopf herum.

15. Juli. – In der Nähe von Nîmes. Wieder in einem Lager, das, verglichen mit der »Sureté« in Marseille, nun allerdings die Freiheit selber ist. Etwa hundert große Zelte auf einer sandigen Hochfläche; darum herum ein Stacheldraht, der niemanden hindert, in der harten, klassisch schönen und blauen Landschaft spazierenzugehen. Nähert man sich dieser Menschenansammlung von weitem, so hört man ein betäubendes Summen wie von einem Bienenkorb. Das Leben schießt hier viel frecher, als ich es bisher erlebt hatte, ins Kraut. Während in den Städten schon Mangel herrscht und es dort täglich böser wird, kann man hier, wenn man nämlich etwa aus Amerika Geld bekommem hat, leben wie Aladin mit der Wunderlampe. Wie unsere Einkäufer das machen, ist ihre Sache; immer sind ihre Tische mit Würsten, Käse, Wein, Kuchen, Schokolade bedeckt. Der berühmte Schriftsteller hält sich die edelsten Burgundersorten und zeigt mir, nicht ohne Stolz, sein Nachtlager, eine Luftmatratze, üppig mit Pelzen bedeckt. Zwischen den Zeltreihen läuft eine Hauptstraße, aus der Erwerbs- und Spieltrieb einen nachts magisch erleuchteten Boulevard ge-

macht haben – während die Städte im Dunklen liegen. Etwa fünfzehn sogenannte Cafés stehen hier, Tische und Bänke, mit Lauben, manchmal sogar mit Zeitungsständern, damit alles so ist, wie es in Wien oder Czernowitz war. Hier wird nun sechzehn Stunden am Tag geschrien: »Guter Tee, meine Herren – der Kaffee ist frisch – unübertrefflicher Kaffee!« – von Leuten, die manchmal früher große Kaufleute waren und sich untereinander mit »mein Herr«, wenn nicht mit »Herr Doktor« anreden. Wer kein Kapital zuzusetzen hat, engagiert sich als Geschirrwäscher oder Feuerschürer. Der Besitzer einer Schreibmaschine hat ein Übersetzungsbüro aufgemacht; ein anderer eine Tisch-Schreinerei. Sehr zu loben ist der Einfall eines Unternehmungslustigen, der mit Kunst und Mühe ein warmes Brausebad hergestellt hat – eine unbezahlbare Wohltat bei dem Staub und Wassermangel. Ein Kabarettstar aus Berlin gibt abends seine Lieder zum besten – sehr veraltete Lieder in Wahrheit, Lieder, die ihre Lebenskraft durchaus eingebüßt haben, was aber wohl er selbst und seine Hörer meistens nicht merken. »Wenn Sie 50 Centimes Eintritt nehmen«, so sagt ihm mit ernster Miene einer der Cafébesitzer, »so garantiere ich Ihnen heute abend ein volles Haus.« Es gibt mehrere Musik-Kapellen; bei Fackelschein spielen sie bis ein, zwei Uhr in der Nacht, zum Beifall der auf und ab Promenierenden, welche, gegen die Moskitoplage, farbige Netze um den Kopf tragen. Auch Frauen mischen sich ein, angeblich Ehegattinnen aus einem benachbarten Frauenlager, in Wirklichkeit aber wohl mehr Damen aus Nîmes. Besonders lustig geht es vor der Legionärskantine zu. Die »Legionäre« – das sind Soldaten der französischen Fremdenlegion, deutscher oder zentraleuropäischer Abkunft, denen man nicht traute und die man während des Krieges hier zusammengesperrt hat: oft ältere Leute, Träger französischer Auszeichnungen, mit

Narben bedeckt, aus der Zeit, da »marche ou crève!« das grausame Motto dieser Kampftruppe war. Es sind rauhe Burschen, stehlen wie die Raben, haben aber etwas Kameradschaftliches und von edlem Räuber. Hat einer von ihnen etwas gegen ihren Ehrenkodex getan, so versammelt ihr frei gewählter Führer sie im Kreise und straft mit eigener Hand den Sünder ab. Sie stehen auf bitterem Kriegsfuß mit den Marokkanern unter der Wachmannschaft, sonst aber kameradschaftlich mit den französischen Soldaten. Diese irren in Gruppen durch den nächtlichen Jahrmarkt, trinken Wein in den Cafés der deutschen Juden, hören der Musik zu und wundern sich.

Es ist auch mehr Grund zum Verwundern als zur Fröhlichkeit. Ja, dieser ganze Betrieb ist mir noch widerlicher als der vor dem Waffenstillstand, als wenigstens Gefahr und Spannung war. Hier ist weder Würde noch Wirklichkeit: Menschen, denen Hintergrund und Zukunft verlorengingen und die hier unter sich, im Ghetto, ihre veralteten Künste feilbieten. Und währenddem geht draußen, über England, eine Entscheidungsschlacht vor sich. Französische Zeitungen gibt es hier übergenug; aber die haben sich ja, buchstäblich von einem Tag auf den andern, von den Füßen auf den Kopf gestellt, und man erfährt aus ihnen nichts, wie auch die Franzosen recht wohl wissen. Der junge Leutnant, der immer mit weißen Glacés und einem Rohrstöckchen in der Hand herumgeht und den ich für einen Faschisten hielt, erzählte mir gestern von einer Rede Churchills im Radio. Er war sehr beeindruckt davon und wünscht den Engländern den Sieg. Das tun überhaupt fast alle Offiziere und Soldaten, wenn sie es auch nur im kleinen Kreise auszusprechen wagen. Es ist nichts bequemer und dümmer als die Meinung unserer Theoretiker hier, wonach »faschistische Sympathien« der Armee die Niederlage verschuldet hätten.

Wie sollten denn wohl diese Menschen ihre eigene Entehrung, die offenbare Vernichtung ihres Berufsstandes wünschen?! Die französische Armee war konservativ, aber unpolitisch und politisch unwissend: darin lag ihre Noblesse wie ihre Schwäche. Sie wäre auch Léon Blum und der »Front populaire« gefolgt, wenn die Volksfront zu regieren verstanden hätte.

23. Juli. – Ich wäre viel lieber Heizer auf einem englischen Kriegsschiff als hier, wie außerhalb der Zeit, in dem Lager-Café zu sitzen und Pfefferminztee zu trinken. Der Mensch ist so, daß sein Wohlbefinden und Glück von der Erfüllung einer anständigen Aufgabe abhängen und daß er die ärgsten Entbehrungen gern erträgt, wenn er nur diese Aufgabe hat. Ohne sie ist physischer Luxus langweilig und sind Entbehrungen widerwärtig. Hier ist beides: ein Scheinluxus von Musik, Wein, freier Zeit, Bonbons und Pfirsischen – und die Ernährung mit verdorbenem Fleisch, der schmutzige Staub, den der Mistral in die Zelte bläst, die ekelhaften Ablagerungsplätze rings um das Lager, der Infirmerie-Stall, voll von Vergifteten, von denen schon mehrere gestorben sind – ich will keine unbewiesenen Zahlen angeben. Die vollständige Sinnlosigkeit macht diese Mischung aus falscher Fröhlichkeit und ungesunder Misere nun vollends unerträglich. Auch sehnt sich jeder fort, und um das Haus des Lagerkommandanten drängen sich den ganzen Tag die Bittsteller. Hier legt sich aber der Dolmetscher, einer der Unsrigen, ein Schankkellner aus Wien, in den Weg, verlangt Bestechung und hilft oder hindert nach Gunst. Man kann nur wie zu einer sehr hohen Person zu ihm gelangen – »B.«, heißt es, »empfängt heute nicht.« Ich sage ihm, daß ich selbst Französisch spreche und seine Dienste nicht brauche. »Sie sprechen zu korrekt, zu vornehm«, antwortet er, »der

commandant würde Sie nicht verstehen.« – Überhaupt geht doch die Frechheit mancher Menschen über jede Vorstellung hinaus. Zum Beispiel kommt hier jeden Morgen ein Kaufmann mit einem Auto voll Waren, meistens Obst, der an die Internierten verkaufen soll, was er hat und was sie brauchen können. Aber man kommt gar nicht an ihn heran. Ein paar kräftige, geschäftstüchtige Leute haben sich zusammengetan, umstehen den Wagen, kaufen ihn leer und verkaufen dann weiter, zu doppeltem Preis.
Einer der italienischen antifaschistischen Arbeiter, die hier bei uns ihren Abend zu verbringen lieben, sagte gestern in einem großen Kreise von Zuhörern: »Wir Fremden werden in Zukunft in Frankreich nur Sklaven sein. Es hat keinen Zweck, länger Widerstand zu leisten. Tut, was wir auch zu tun entschlossen sind, und geht nach Hause zurück!« »Aber wie wollen wir das machen?« fragte ich. »Sehr einfach. Ihr müßt eure Gesinnung wechseln.« (Il faut changer d'opinion.) Über diesen, mit ernster Selbstverständlichkeit vorgetragenen Rat mußte ich eine Weile nachdenken. Kann man sich wundern, wenn er auf unsere betrogenen saarländischen und tschechischen Arbeiter Eindruck macht? Der Erfolg wiegt viel; und Frankreich, das gastliche Frankreich, hat diese Männer mit gar zu höhnischer Undankbarkeit behandelt. – Auf der gleichen Linie lag, was mir neulich auf der Landstraße ein belgischer Flüchtling sagte: »Die Deutschen sind so furchtbar nicht, und es läßt sich unter ihnen so gut wie unter dem König Leopold arbeiten. Die Reichen werden immer die Reichen bleiben, die Armen immer die Armen; le reste est de la blague.« Das ist vielfach die Stimmung. Ich sage nicht, daß sie so bleiben wird, bin vielmehr überzeugt, daß die Deutschen, so wie sie einmal sind, diese Chance in kurzer Zeit verdorben haben werden; aber ich sage, daß sie in diesem Juli 1940 besteht. – Die Urteile der

Franzosen, mit denen ich sprach, sind etwa die folgenden: die Niederlage könnte Frankreich auf die Dauer guttun, denn man hat vorher zu gut und zu leicht gelebt. – Ein Systemwechsel war notwendig; aber Laval ist ein…, und von den Mitgliedern der neuen Regierung verdienen nur Pétain und Weygand irgendwelche Achtung. – Man haßt und verachtet die Italiener, nicht aber, oder noch nicht, die Deutschen. – Man hält Hitler für ein Genie – denn ce type hat alles ausgeführt, was er sich vorgenommen hatte – und bedauert, daß er es für das Böse anwendet. – Man nimmt ein steigendes Interesse am Unternehmen General de Gaulles und wünscht den Sieg der Engländer, hat aber nichts dagegen, daß England und Deutschland sich gegenseitig schwächen, weil – dies zu glauben ist man immer noch unwissend genug – Frankreich sich unterdessen erholen könnte.

3. August. – Wieder in Marseille, frei und diesmal hoffentlich endgültig. In der Stadt sind etwa vierhunderttausend Flüchtlinge, alle Hotels, Schulen, Wartesäle, Anlagen liegen von ihnen voll, so daß ich endlich froh war, ich darf nicht sagen wo, unterzukommen. Den 28. fing man an, Internierte zu entlassen, aber schrecklich langsam, beginnend mit solchen, deren Urgroßväter bei Waterloo gekämpft hatten oder dergleichen, so daß ich vollends die Geduld verlor, nach Uzès ging und zu dem Kommandanten des Bezirks vordrang. Ich habe eine unüberwindlche Angst vor hohen Militärs; es war aber ein netter, höflicher Mensch. »Befreit«, sagte er, nachdem ich ihm meinen Fall vorgetragen hatte. »Sie hätten nie interniert werden dürfen. Sehen Sie nur zu, daß die deutsche Behörde nichts von Ihrem Aufenthalt erfährt, und verlassen Sie das Land so schnell wie möglich. Wenn normalere Zeiten wären« – er seufzte – »so könnten

Sie Klage erheben.« Entzückt und betäubt von der Freundlichkeit des Mannes ging ich hinaus. Ein verständiges Wort – und viel Groll und ausgestandener Unsinn sind vergessen. So endet für mich, zunächst, diese Geschichte. Ich sah in der Schweiz, was eine wissende, einsatzbereite Gemeinschaft ist. Ich sah in Frankreich, was eine durch Verkettungen widriger Umstände, durch Verirrungen des Denkens, durch Unwissenheit, durch Leichtsinn, durch böses Gewissen paralysierte Gemeinschaft ist. Die objektive Geschichte der französischen Niederlage wird erst in zwanzig Jahren erzählt werden können: dann wird genügend Distanz sein, um klar zu sehen oder zu vereinfachen und zu vergröbern. Wir sehen noch zu viele und zu widersprechende Gründe, als daß wir sagen könnten, was der »wahre« Grund sei. Wir sehen auch, was die Zukunft betrifft, sehr viele und sich widersprechende Möglichkeiten. Verzweifeln soll man bei der Beurteilung einer so mannigfachen und ungeheuren Energie wie der eines Volkes nie – bei der Beurteilung des französischen schon gar nicht. Ich habe in den letzten Tagen manches gehört, was zur Hoffnung Anlaß gibt. Ich sprach mit Bauern, Fischern, Arbeitern, Kaufleuten. Sie denken nach und sie beginnen zu realisieren, daß der Staat eine ernstere Sache ist, als sie vielleicht glaubten. »Die Regierung Laval«, sagte mir ein Arzt, bei dem ich in Behandlung bin, »möchte das Problem Frankreichs auf ein Ernährungsproblem reduzieren. In der Tat wird es im Winter ein schweres Problem sein. Und doch, ich kaufe keine Vorräte, mich widert das Hamstern an. Viel wichtiger ist die Frage, *wie, wofür* wir als Bürger der Französischen Republik in Zukunft leben sollen. Von ihrer Lösung hängt das Glück jedes einzelnen und hängt letzthin sogar die Ernährung ab.«

Hier enden Golo Manns ›Französische Aufzeichnungen 1940‹.

Nachspiel

Die Eltern hatten 1938 die Schweiz verlassen und lebten in Princeton. Zahlreiche Eintragungen in Thomas Manns Tagebuch von 1940 zeigen, wie sehr er sich um den Sohn Golo sorgte. Thomas Manns einflußreiche Freundin Agnes Meyer versuchte, über das State Department für ihn ein amerikanisches Visum zu bekommen, Außenminister Cordell Hull intervenierte in Zürich, die Verbindung zu Golo riß aber ab. Am 15. Mai 1940 heißt es im Tagebuch: »[Man rechnet] nach Stunden mit der Invasion auch der Schweiz.« Aus formalen Gründen scheiterten die Bemühungen in Zürich, die Hoffnungen richteten sich dann auf Paris, nachdem Golos Telegramm »aus einem unverständlich wiedergegebenen Ort in Frankreich« eintraf (Tagebuch 25. Mai), »wo er vermutlich … Kriegsdienst tut«.

Die rasche Besetzung Frankreichs verstärkte die Ängste um »den braven Jungen«. Abgesehen davon war Thomas Mann in einer Stimmung tiefer Niedergeschlagenheit, er sah auch für sich selber keine Zukunft mehr: »Welches Ende wird mein persönliches Leben finden in diesem Wirrsal?« (16. Juni 1940) Doch unermüdlich wurden von Thomas, Katia und Erika neue Pläne geschmiedet, neue Verbindungen geknüpft: »Golo möglicherweise in einem von Deutschen noch freien Teil Süd-Frankreichs.« (19. Juni) Das bestätigte sich im Lauf des Juli, als über den Zürcher Verleger und Freund Emil Oprecht Nachrichten von Golos Internierung eintrafen. »Neuerliche Telegramme seinetwegen.« (5. August) Agnes Meyer hatte inzwischen brasilianische Regierungsstellen eingeschaltet und sich in den Staaten »an höchste Autoritäten« gewandt; auch der amerikanische Botschafter William C. Bullitt, der angeblich Feuchtwanger geholfen hatte, sollte, laut Erika, die nach London unterwegs war, interessiert werden. Aber: »Es droht zu spät zu werden.« (Eintrag 22. August 1940)

In Marseille drängten sich derweilen deutsche Emigranten vor den Konsulaten, um die notwendigen Visa zu erhalten, vor allen anderen amerikanische Einreisepapiere. Botschafter Bullitts Eingreifen erwies sich als höchst förderlich; auch war ein Amerikaner, Mr. Fry, beauftragt, den Flüchtlingen zu helfen. Alma Mahler-Werfel hat in ihrem Buch *Mein Leben* die gemeinsame Überquerung der östlichen Pyrenäen beschrieben: vom französischen Cerbère zum spanischen Port Bou.

»Es war der 12. September. Um fünf Uhr in der Früh fuhren wir mit Heinrich, Nelly und Golo Mann von Marseille ab. Franz Werfel hatte am Tage vorher alle seine Schriften und Skizzen in einer Aschenschale verbrannt.

In Perpignan verweilten wir ein paar Stunden, bis uns der Zug nach Cerbère bringen sollte. Dort wurden wir in einem völlig leerstehenden Hotel einquartiert und erwarteten unsere Ordres. Die beiden Amerikaner, Mr. Fry und ein junger, uns unbekannter Mann, hatten gehofft, daß man uns mit unseren amerikanischen Papieren durchlassen werde, was aber leider nicht gelang.

So war also der erste Schachzug mißlungen!

Ich stand früh auf und ging zum Bahnhof, wo eine Zusammenkunft stattfinden sollte. Oben in dem leeren unheimlichen Hotel hatte es mich nicht lange gelitten. Frühstück war keines zu bekommen. Ein Tee war alles. Nun wurde Kriegsrat gehalten. Man beschloß, es aufs Geratewohl und ohne Papiere zu versuchen. Man wollte sehr früh aufbre-

chen; die spanische Sonne brannte schon um sechs Uhr früh höllisch auf uns nieder. Golo Mann, sonst ein äußerst verläßlicher Mensch, war unauffindbar. Er kam nach zwei Stunden sehr erfrischt von einem Meerbad, und nun endlich konnten wir an die Besteigung der Pyrenäen denken.
Im Dorf fiel es Nelly Mann plötzlich ein, daß es Freitag der dreizehnte sei, und sie wollte durchaus umkehren. Franz Werfel und ich gingen voraus, um der Diskussion und ihrem wahnwitzigen Geschrei ein Ende zu machen. Wir sollten ja als harmlose Spaziergänger gelten und nicht als Schmuggler. Gleich nach dem Ortsende bog der junge Amerikaner von der Straße ab und ging auf steinigem Pfade steil aufwärts. Bald kletterten wir weglos. Die Ziegen vor uns stolperten, die Schiefersteine flimmerten, sie waren spiegelglatt, und wir mußten hart an Abgründen vorbei. Zum Festhalten, wenn man ausglitt, gab es nur Disteln.
So ging es zwei Stunden steilsten Klimmens. Dann empfahl sich der Jüngling und eilte zurück, um Heinrich Mann noch die Richtung zu zeigen. Wir aber standen am Bergesgipfel ganz allein. Von weitem sahen wir das Hüttchen des spanischen Grenzpostens, es leuchtete weiß auf den weißen Steinen. Dort hatten wir hinzugehen. Mühsam krochen wir den Berg hinab und klopften angstvoll an die Tür, die sich bald öffnete und einen sturblickenden katalanischen Soldaten zeigte, der nur Spanisch verstand. Das einzige, was ihm einging, waren die Zigarettenschachteln, die wir in seine Taschen gleiten ließen. Er wurde freundlicher und machte uns Zeichen, ihm zu folgen. Endlich durften wir auf einer gangbaren Straße gehen – aber wohin führte uns dieser Trottel? Zum französischen Grenzposten zurück! Wir hätten also ruhig mit einem Auto hinfahren können. Wir wurden vor den Chef geführt... Ich hatte alte Sandalen an, schleppte eine Tasche mit dem restlichen Geld und

Schmuck und mit der Partitur der 3. Symphonie von Bruckner.
Die Flucht durch Frankreich hatte fast unser ganzes Geld aufgezehrt, hunderttausend Francs, die ich Gott sei Dank unter Protest Werfels bei der Bank abgehoben hatte. Er hatte Angst, jemand könne es gesehen haben und mich deshalb umbringen.
Wir müssen äußerst heruntergekommen gewirkt haben, und die Opern-Schmuggler in ›Carmen‹ machten es bestimmt besser. Es war uns ganz elend von dem Marsch in der glühenden Sonne, und der Chef wurde plötzlich sehr lieb und winkte mit der Hand, man solle uns durchlassen. Stempel hatte er uns zwar keinen gegeben – so gut war er wieder nicht. Aber unser Weg hinab schien nun ohne Hindernisse.
Schweißtriefend und todmüde wankten wir nun zurück, stiegen über theatralische Eisenketten, die Frankreich von Spanien trennen, und begaben uns, nachdem der Soldat hinunter ins Zollhaus telefoniert hatte, auf den weiteren Abstieg. Am Weg nach Port Bou fand ich ein halbes Hufeisen, ich steckte es ein, wir nahmen es als Glückszeichen und schritten froher aus. Unterdessen war es spät geworden. Die Hitze war unvorstellbar, aber kein Beamter war zu sehen. Sie hielten augenscheinlich Siesta. Die Angestellten, denen wir uns zuerst mit Devotion genähert hatten – weil wir sie für Staatsfunktionäre hielten –, behandelten uns mit unheimlicher Liebenswürdigkeit. Sie versprachen uns gutes Gelingen, brachten Wein, schimpften auf Mussolini, der ihnen das Getreide und Fett wegnähme, und auf Franco, ohne Grundangabe. Katalonien war ja stets links, und wir faßten Mut, trotz größter Erschöpfung. – Endlich kamen die andern Weggefährten an. Wir taten, als kennten wir uns nur flüchtig, und Golo Mann flüsterte ich rasch zu, soviel Geld

als möglich an die Kerle (es waren gewöhnliche Träger) zu verschenken. Diese hatten sich schon laut darüber unterhalten, daß ein Sohn von Thomas Mann von der Partie sei. Die Leute sprangen wie die Wilden um uns herum, nachdem wir ihnen so ziemlich alles gegeben hatten, was an Francs in unseren Börsen war.

Sie telefonierten um die besten Zimmer im Ort und rissen sich um unser aller Gepäck, als wir nach vielstündigem Warten endlich zur Paßkontrolle an die Station beordert wurden. Man führte uns wieder über eine üble Abkürzung, bei der man durch anstrengendes Kraxeln nur Zeit verlor.

Jetzt erst aber kam der gefürchtete Moment: die Ankunft in Port Bou. Und es zeigte sich wie immer, die gefährlichen Situationen erlebt der Mensch mutterseelenallein. Nirgends ein Amerikaner oder Helfer.

Wir saßen wie arme Sünder auf einer schmalen Wandbank nebeneinander, und unsere Paß-Scheine wurden an Hand von Kartotheken überprüft. Heinrich Mann fuhr unter falschem Namen, als Heinrich Ludwig. Franz Werfel, mit eigenem Namen, war gefährdet, und Golo Mann als Sohn seines Vaters auch. Golo aber saß seelenruhig und las in einem Buch, als ob ihn der ganze Krempel nichts anginge. Nelly Mann hatte ihren alten Mann mehr getragen als geführt, ihre Strümpfe hingen wegen der Disteln am Wege in Fetzen von ihren blutenden Waden.

Nach qualvollem Warten endlich bekam jeder sein Papier mit Stempel zurück. – Wenn ich bedenke, wie viele Männer sich oben am Berg umgebracht haben oder ins spanische Gefängnis kamen, so muß ich von großem Glück sagen, daß die Behörde hier unsere amerikanischen Papiere anerkannte.

Wir suchten und fanden nun Mr. Fry, der unser Gepäck hatte. Und so gingen wir im verdämmernden Abend irgendwohin, wo für uns ein Zimmer bestellt war. Das Hotel war im Bürgerkrieg fast ganz zerschossen worden. Es standen nur noch ein primitives Speisezimmer und drei bis vier schäbige Schlafzimmer. Das ganze Haus sah aus wie ganz Spanien... es war eine blutende Wunde.

Am Abend ist im Gastzimmer ein junges Paar vom Maire getraut worden. Das Rathaus war auch zerstört.

So schliefen wir bis vier Uhr morgens – einen wahren Todesschlaf. Erwachten schreckhaft, denn um sechs Uhr früh ging der Zug. Auf der ganzen Flucht gingen alle Züge immer zwischen drei und sechs Uhr in der Früh.«

Soweit Alma Mahler-Werfel. Varian Fry, der verdiente amerikanische Organisator des Hilfskomitees in Marseille, bestätigt in seinem Buch *Auslieferung auf Verlangen. Die Rettung deutscher Emigranten in Marseille 1940/41* die abenteuerliche Geschichte und ergänzt sie durch die Schilderung der Szene, als die fünf Flüchtlinge, von französischen Polizisten eingewiesen, bei der spanischen Grenzstation eintrafen:

»Die Wachtposten prüften ihre Pässe sehr sorgfältig. Sie zeigten kein Interesse an Herrn und Frau Werfel und Herrn und Frau ›Ludwig‹ [Heinrich Mann und Frau reisten unter falschem Namen]. Aber einer von ihnen hatte ein Auge auf Golo Mann geworfen. Sein ›affidavit in lieu of passport‹ besagte, daß er in die USA reisen wollte, um seinen Vater Thomas Mann in Princeton zu besuchen.

›Sie sind also der Sohn von Thomas Mann?‹, fragte der Wachtposten.

Golo Mann dachte sofort an die Gestapo-Listen. Er hielt sein Schicksal für besiegelt, beschloß aber, seinen Part wenigstens heldenmütig zu beenden.

›Ja‹, sagte er. ›Mißfällt Ihnen das?‹

›Im Gegenteil‹, meinte der Wachtposten. ›Ich fühle mich

geehrt, den Sohn eines so bedeutenden Mannes kennenzulernen.‹

Und er schüttelte Golo Mann herzlich die Hand. Dann telephonierte er zum Bahnhof und bestellte ein Auto, das sie abholen sollte.«

Die Flucht führte weiter nach Barcelona, von dort nach Madrid und dann per Flugzeug nach Lissabon.

»Freude und Genugtuung« verzeichnet das Tagebuch Thomas Manns am 20. September 1940 nach dem Eintreffen des Telegramms von Bruder und Sohn aus Lissabon. Zwei Tage später erhielt er die »Trauernachricht der Torpedierung eines englischen Kinder-Schiffes, nach Canada bestimmt«, und erfuhr, wieder zwei Tage später, durch ein Kabel von Erika, daß Tochter Monika und Schwiegersohn Lanyi auf dem Schiff gewesen waren: Lanyi ertrunken, Moni gerettet und in einem Krankenhaus in Schottland.

In ihrer Ausgabe vom 14. Oktober 1940 berichtet die *New York Times* unter der Überschrift »Ankunft von Schriftstellern, die vor den Nazis flüchteten«, daß das griechische Schiff »Nea Hellas« tags zuvor um 9 Uhr in Hoboken, New York, angelegt hatte. Im Text heißt es: »Heinrich Mann, der mit seinem Neffen Gottfried Mann reiste, wurde an der Pier von Dr. Thomas Mann begrüßt, dem von sich aus ins Exil gegangenen Schriftsteller und Nobelpreisträger. Dr. Mann ist der Vater von Gottfried und der Bruder von Heinrich Mann. Gottfried, der seinen Vater eineinhalb Jahre nicht gesehen hatte, lebte in Zürich und gab dort eine deutschsprachige Zeitschrift heraus, als der Krieg begann. Bald danach ging er nach Frankreich, um dort Kriegsdienst zu leisten, wurde aber festgenommen und für fünf Wochen in ein Konzentrationslager verbracht.«

Die Herausgeber

Zeittafel

27. 3. 1909	Golo Mann (Taufname Angelus Gottfried Thomas Mann) als drittes Kind von Thomas und Katia Mann, geb. Pringsheim, in München geboren.
September 1918	Wilhelmsgymnasium München
Frühjahr 1921	Pfadfinder bei den »Jungbayern«
Ende 1922	Internat Schloß Salem; dort Abitur (Herbst 1926)
Sommer 1927	Studium der Geschichte in München (Hermann Oncken)
1927 bis 1929	Studium in Berlin (Friedrich Meinecke, Werner Sombart)
Sommer 1929	Studium der Philosophie (Karl Jaspers), Soziologie (Max Weber), Geschichte (Willy Andreas) in Heidelberg
1932	Promotion bei Karl Jaspers (*Zum Begriff des Einzelnen, des Ich, und des Individuellen bei Hegel*, publiziert 1935)
1933	Staatsexamensarbeit *Geschichte der Wallenstein-Forschung*
Juni 1933	Beginn des Exils in Sanary-sur-Mer
November 1933 bis Sommer 1935	Lehrer an der École Normale Supérieure in Saint-Cloud
November 1935 bis Juni 1936	Lektor für deutsche Sprache und Literatur an der Universität Rennes.
1936 bis 1940	Vorwiegend in Zürich, redaktionelle Mitarbeit und eigene Beiträge für die Zeit-

	schrift *Mass und Wert*, Brief- und Textentwürfe für den Vater, Vorarbeiten für die Gentz-Biographie und den *Wallenstein*
August 1939	Rückkehr nach Zürich nach längerem Aufenthalt in Princeton bei den Eltern
Mai 1940	Als Kriegsfreiwilliger nach Frankreich, wo er sogleich interniert wird
September 1940	Flucht über die Pyrenäen nach Spanien, von Lissabon Fahrt in die USA
1942 bis 1943	Professor für Geschichte am Olivet College, Michigan
1943 bis 1946	Dienst in der amerikanischen Armee, vor allem als Presseoffizier
1946	*Friedrich von Gentz. Geschichte eines europäischen Staatsmannes* (amerikanische Ausgabe)
1947	*Friedrich von Gentz. Geschichte eines europäischen Staatsmannes* (deutsche Ausgabe)
1949	Tod Klaus Manns
1949 bis 1958	Professor am Claremont Men's College, Kalifornien
1954	*Vom Geist Amerikas. Eine Einführung in amerikanisches Denken und Handeln*
1955	Tod Thomas Manns
1958	Übersiedlung nach Kilchberg bei Zürich
1958 bis 1959	Gastprofessor an der Universität Münster
1958	*Deutsche Geschichte des 19. und 20. Jahrhunderts*
1959 bis 1964	Professor für Politische Wissenschaften an der Technischen Hochschule Stuttgart

1960 bis 1965	Herausgeber mit Alfred Heuß der *Propyläen Weltgeschichte*
1961	*Geschichte und Geschichten*
1963 bis 1979	Mitherausgeber der *Neuen Rundschau*
ab 1964	Freier Schriftsteller in Kilchberg
1965	Schillerpreis der Stadt Mannheim
1968	Georg-Büchner-Preis der Deutschen Akademie für Sprache und Dichtung, Darmstadt
1969	Tod Erika Manns
1969	Gottfried-Keller-Preis, Zürich
1971	*Wallenstein. Sein Leben erzählt von Golo Mann*
1973	*Zwölf Versuche*
1973	Mitglied des Ordens Pour le mérite
1977	Tod Michael Manns
1979	*Zeiten und Figuren. Schriften aus vier Jahrzehnten*
1979	*Was die Wirklichkeit lehrt. Golo Mann zum 70. Geburtstag* Herausgegeben von Hartmut von Hentig und August Nitschke
1980	Tod Katia Manns
1982	*Nachtphantasien*
1984	Ernst Robert Curtius-Preis, Bonn
1985	Goethe-Preis der Stadt Frankfurt am Main
1986	*Erinnerungen und Gedanken. Eine Jugend in Deutschland*
1988	*Lavalette. Eine Episode aus napoleonischer Zeit*
1989	*Wir alle sind, was wir gelesen. Reden und Aufsätze zur Literatur* Herausgegeben von Wolfgang Mertz und Karin Schlapp

1989	*Wanderbüchlein mit und für Golo Mann. Zum achtzigsten Geburtstag* Herausgegeben von Hans-Martin Gauger und Herbert Heckmann
1991	*Wissen und Trauer. Historische Portraits und Skizzen* Herausgegeben von Wolfgang Mertz und Karin Schlapp
1992	Tod Monika Manns
7. 4. 1994	Tod in Leverkusen
1999	*Erinnerungen und Gedanken. Lehrjahre in Frankreich* Herausgegeben von Hans-Martin Gauger und Wolfgang Mertz
1999	*Ludwig I. von Bayern* Herausgegeben von Hans-Martin Gauger

Personenregister